1 MONTH OF
FREE
READING

at

www.ForgottenBooks.com

By purchasing this book you are eligible for one month membership to ForgottenBooks.com, giving you unlimited access to our entire collection of over 700,000 titles via our web site and mobile apps.

To claim your free month visit:

www.forgottenbooks.com/free369250

ISBN 978-0-266-31327-4
PIBN 10369250

DE

ONTESQUIE

D'APRÈS DES DOCUMENTS NOUVEAUX ET INÉDITS

PAR

LOUIS VIAN

AVOCAT A LA COUR DE PARIS

PRÉCÉDÉE D'UNE PRÉFACE

DE M. ÉD. LABOULAYE

DE L'INSTITUT

Ouvrage couronné par l'Académie Française : prix Guizot

DEUXIÈME ÉDITION REVUE ET AUGMENTÉE

PARIS

LIBRAIRIE ACADÉMIQUE

DIDIER ET Cⁱᵉ, LIBRAIRES-ÉDITEURS

35, QUAI DES AUGUSTINS, 35

PRÉFACE

Parmi les grands esprits du dix-huitième siècle, Montesquieu est celui dont la vie nous est le moins connue. Nous avons, il est vrai, les *Éloges* qu'on fit après sa mort. D'Alembert, Maupertuis, le chevalier de Solignac ne s'épargnèrent pas pour louer leur illustre ami; mais ces pièces d'apparât, dressées sur des mémoires fournis par M. de Secondat, ont le défaut de nous peindre l'auteur en buste et dans une attitude théâtrale. On voit l'écrivain, on ne voit pas l'homme. Ce n'est pas assez pour un âge aussi curieux et aussi sceptique que le nôtre.

Nous avons tous été à l'école de Sainte-Beuve. Pour nous satisfaire il ne suffit pas de nous mon-

trer les vertus du héros qu'on offre à nos regards;
nous voulons le voir en déshabillé, avec ses
habitudes et ses faiblesses. Il semble que nous
le comprenons mieux quand on le fait descendre
à notre niveau. Ce qu'il nous faut, ce sont des
Mémoires, une Biographie, des Confessions.

Après quinze ans de recherches, M. Louis Vian
nous apporte un Montesquieu tout nouveau. Dans
ce travail, fait avec un soin qu'on ne saurait trop
louer, dans ces pages où l'on sent à chaque ligne
l'admirateur d'un grand homme, il y a de véritables découvertes qui feront la joie des érudits; il
y a en même temps une infinité de détails faits
pour amuser les curieux. Les premiers liront
avec intérêt le projet de censure dressé par
la Sorbonne, et toute la procédure qui précéda la
mise de l'*Esprit des Lois* à l'*Index*. Rarement diplomate a dépensé plus de ressources, que ne fit le
Président, pour lutter contre la cour de Rome,
et pour échapper à une condamnation, dont le
moindre défaut était l'inutilité. Quant aux curieux
qui sont surtout friands d'indiscrétions, ils n'ap-
prendront pas sans un certain plaisir que Montesquieu tenait à la Régence par ses faiblesses, tout
autant que par la hardiesse de ses idées. Je ne dis

rien des critiques auxquels on révèle que Montesquieu épousa une protestante. Une pareille tolérance en fait de religion suffit pour expliquer des
livres entiers de l'*Esprit des Lois*, et non pas les
moins importants.

Ces Mémoires (c'est le vrai nom qu'il faut donner au livre de M. Louis Vian) changeront-ils les
idées généralement reçues sur Montesquieu? je
ne le crois pas, et ce n'est pas l'intention du biographe.

L'auteur des *Lettres persanes*, de l'*Esprit des Lois*,
de la *Grandeur et de la Décadence des Romains*, a
toujours passé pour un homme d'esprit : on n'en
a jamais fait un saint. On n'en a pas fait davantage un bénédictin enfermé dans sa cellule et tout
entier à une œuvre d'érudition, encore bien qu'il
aimât avec passion les Sciences et les Lettres.
Voyageur, en un temps où on ne sortait guère de
France, grand propriétaire, vigneron fanatique,
ami du grand monde et des salons, fort disposé
même à fréquenter les cours, Montesquieu a toujours été regardé comme une espèce de lord
anglais, instruit, libéral, et non moins curieux
d'étudier les hommes que les livres. M. Louis
Vian ne fait qu'accuser plus nettement ces traits

déjà connus, et il leur donne un plus grand air
de vérité.

En parcourant ces pages si pleines de détails
nouveaux, on sent mieux combien Voltaire et Helvétius avaient raison de rapprocher Montesquieu
de Montaigne.

Ils sont de même famille et de même esprit.
Tous deux ont gardé le goût du terroir; et, au travers de l'originalité et de la hardiesse de leurs
idées, on sent le Gascon à je ne sais quelle vivacité qui donne à leur langage plus de piquant et
de saveur. Tous deux ont également ce mérite que,
sous l'apparence de l'ironie, ils ont au plus haut
degré le goût de la justice, l'amour de la patrie.
M. Louis Vian a mis en plein relief ce beau côté de
Montesquieu. L'homme qu'il nous peint est bien
celui qui disait de lui-même : « J'ai eu naturellement de l'amour pour le bien et l'honneur de la
patrie, et peu pour ce qu'on appelle la gloire. J'ai
toujours senti une joie secrète lorsqu'on a fait
quelque règlement qui alloit au bien commun. »

Ce qui ressort également des recherches de
M. Louis Vian, c'est la bonté de Montesquieu. Il
n'est pas seulement prêt à obliger ceux qui ont
besoin de lui, comme Piron, La Baumelle, l'hor-

loger Henri Sully, le batelier de Marseille et tant
d'autres; il n'a ni la jalousie, ni la vanité des gens
de lettres du dix-huitième siècle, et, par ce côté,
il est infiniment supérieur à Voltaire, toujours
prêt à mordre même ceux qu'il admire dans ses
bons moments.

Il faut également remercier M. Louis Vian
d'avoir fait revivre ces aimables salons où se plaisait Montesquieu. On connaît madame du Deffand,
cette méchante langue qui disait de si bonnes vérités; on sait ce qu'était madame Geoffrin, si heureuse et si fière de recevoir des gens de lettres et
des princes à sa table : mais madame de Rochefort, madame d'Aiguillon sont moins connues, et
cependant il semblerait qu'il y avait là des esprits
plus solides et des cœurs plus dévoués. On ne peut
oublier que Montesquieu, seul à Paris avec Darcet, son secrétaire, est mort entre les bras de
ses deux amies, la duchesse d'Aiguillon et madame Dupré de Saint-Maur. C'est à cette dernière
que M. Louis Vian a emprunté le récit le plus
touchant et le plus vrai des derniers instants de
Montesquieu.

Tout ce que peut révéler une biographie se
trouve dans le livre de M. Louis Vian; la seule chose

que ne puisse y mettre le disciple le plus dévoué, l'admirateur le plus sincère, c'est le génie du maître, c'est cette flamme, qui d'un homme semblable aux autres par ses misères fait un esprit supérieur, qui animera de sa pensée une longue suite de générations.

Plus on étudie les écrits de Montesquieu, plus on est frappé de la profondeur et de la justesse de ses vues. Je ne crois pas que depuis Aristote le monde ait connu un politique de cette trempe ; il y a telle page de l'*Esprit des Lois* qui semble écrite d'hier, pour donner une leçon à l'Europe, ne fut-ce que celle où l'auteur s'élève avec tant de raison contre la folie des armées permanentes.

Mais plus on apprécie l'écrivain de génie, plus s'accroît le désir d'en connaître la vie ; c'est un goût naturel qui nous porte à nous faire les contemporains de ceux que nous admirons ; nous voudrions les entendre, leur parler, et souvent nous sommes de leur famille beaucoup plus que ceux que le hasard du sang leur a donné pour héritiers.

On ne saurait trop encourager ces études biographiques qui rajeunissent de grandes figures trop délaissées, et qui réveillent l'admiration et la reconnaissance.

Les amis de Montesquieu ne sauraient assez remercier M. Louis Vian, qui n'a rien négligé pour restituer sa fraîcheur première à ce portrait trop longtemps oublié. Pour ma part, je ne saurais dire trop hautement combien je suis obligé à M. Louis Vian pour tout ce qu'il m'a appris de nouveau et de piquant sur le grand homme que nous honorons d'un même culte et d'une même affection.

ÉD. LABOULAYE.

INTRODUCTION

> Pour juger les hommes, il faut leur
> passer les préjugés de leur temps.
>
> MONTESQUIEU.

MOTIFS POLITIQUES DE CE TRAVAIL. — HÉSITATIONS ET ENCOU-
RAGEMENTS. — RÉFLEXIONS SUR LA BIOGRAPHIE. — CELLE DE
MONTESQUIEU N'EST QU'UNE LÉGENDE : PREUVES. — ERREURS
ET PRÉJUGÉS QU'ELLE CONTIENT ET QUI LA FAUSSENT. — PLAN
D'UNE VÉRITABLE VIE DE MONTESQUIEU.

Il est une nation favorisée entre toutes, aussi habile
à manier les armes que la plume et la parole, excel-
lant dans les Arts, les Lettres et les Sciences, pleine
de bravoure, de gaieté et de gloire, douée d'un bon
sens presque égal à son esprit, jetant ses idées aux
quatre coins du ciel et les reprenant lorsqu'elles ont
réussi chez les autres, prête comme un enfant gâté à
se révolter ou à se laisser conduire, divisée pendant
la paix et unie pendant la guerre. Mais ses qualités
sont compromises par un défaut, l'ignorance politique.

Durant les quatorze siècles qu'a duré son ancienne
monarchie, le trait fut peu sensible, parce que la

royauté assumait la responsabilité du gouvernement et que l'État c'était elle.

Peu à peu quelques familles nobles, instruites par l'exemple et désirant occuper leurs loisirs d'une façon élevée, prirent part au maniement des affaires; le mal ne parut pas trop encore.

Dans la troisième période, le pouvoir tomba entre les mains des classes riches qui, faute de traditions, eurent pour se guider l'étude de l'histoire, l'expérience des choses, des hommes et de l'argent.

Aujourd'hui, grâce à la suppression du cens, chacun est électeur et veut être député, sénateur, ministre, voire président de la République. Jamais la nécessité de connaître les questions sociales n'a été plus urgente; car le suffrage universel, sous peine d'être une force numérique, a pour condition préalable l'instruction primaire.

Cette étude nous permet d'avoir un jugement sur les institutions nationales, nous apprend l'importance de nos devoirs et de nos droits, nous empêche d'être le jouet des tyrans qui sont des sophistes et des sophistes qui seraient des tyrans, nous commande le dévouement à la patrie et nous enseigne l'amour intelligent de l'humanité.

Allons donc à cette école, et appliquons-nous à qui saura le plus vite le nouveau métier, le métier de citoyen.

Le maître existe depuis cent vingt-cinq ans. Ses livres ont déjà formé quelques élèves ; ils peuvent en instruire davantage. La science gouvernementale, avec ses principes et ses faits, se trouve sans parti pris chez lui ; et nul n'est plus capable, en dehors de tout régime, de faire connaître ce qui est vrai et ce qui est possible en politique.

C'est la France qui possède ce grand professeur de droit constitutionnel, et son nom est Montesquieu.

Malheureusement, comme il l'avait prévu lui même [1], il est dans une position à part : on l'approuve ou on le critique beaucoup, on le cite davantage, mais on le lit peu, et on l'étudie encore moins, sauf à se vanter de le connaître, car sa connaissance honore.

Le mot de cette énigme m'a longtemps préoccupé. Certes Montesquieu n'a aucune des qualités qui mettent toujours à la mode chez nous, ni la raillerie des choses saintes, ni la passion de l'égalité ; pourtant ses œuvres sont incontestablement immortelles. J'attribuai la manière dont il est traité, d'abord à la légèreté prétentieuse du public énervé par la bourse, le théâtre et le journal. Ensuite les gens sérieux ne sont-ils pas fatigués de lui comme les paysans grecs l'étaient

1. « Il (l'*Esprit des lois*) sera plus approuvé que lu. » *Pensées diverses.*

d'Aristide ou comme les Romains de Juvénal l'étaient de la probité : *laudatur et alget.* L'expérience m'apprit enfin toute la vérité. Il n'est très-intéressant et très-instructif que quand il est devenu très-clair, c'est-à-dire à mesure qu'on possède mieux sa vie et son siècle.

Alors j'ai eu l'idée d'écrire sa biographie pour encourager le public à ouvrir ses livres, l'aider à s'y plaire et lui permettre de les comprendre, ou du moins pour en fournir quelques citations précises et en donner une idée exacte aux gens qui veulent en parler quand même.

Une hésitation m'est venue. Nous ne sommes plus au temps[1] où Montesquieu passionnait les esprits, où Marat concourait pour son éloge, où les Conseils des *Anciens* et des *Cinq Cents* proposaient de lui rendre les honneurs du Panthéon, où un employé des douanes faisait un poëme de vingt-six chants à sa gloire, et où ses œuvres se vendaient à une ou deux éditions par année. Un libraire m'a dit récemment : « La moitié de Montesquieu est morte « avec l'ancien régime, et l'autre est entrée dans « nos institutions, en sorte qu'il n'y a plus lieu de le « réimprimer. »

Je persiste dans mon projet, par reconnaissance

---

1. Voir, *infra*, Écrits sur Montesquieu par ordre de date.

pour cet écrivain qui a été le Descartes de la politique
et de la législation :

Nous courons, mais sans lui nous ne marcherions pas.

Il faut bien, d'ailleurs, que mon dessein ait quelque
utilité, si. j'en juge par les encouragements qu'il a
reçus des hommes les plus distingués : des publicistes comme MM. Alloury, Hervé, Laugel, Douhaire,
Lavedan et Francisque Sarcey ; Mgr Darboy et
M. l'abbé Trouilh ; MM. Ortolan, Bonnier, Gide,
Guyot et Barkhausen, professeurs de droit ; des séna-
teurs tels que MM. de Meaux, de La Sicotière et
Sacase ; des conseillers d'État, des députés, des avocats et surtout le ministre d'État d'Italie, associé de
notre Académie des sciences morales et politiques,
M. le comte Sclopis, qui me précède dans la même
carrière, où il a laissé des traces lumineuses.[1] L'Académie française a daigné couronner mon travail.
M. Éd. Laboulaye, sénateur, membre de l'Institut,
professeur de législation comparée au Collége de
France, dans l'édition définitive qu'il donne de son
auteur favori[2], veut bien m'appeler « l'homme qui
« mieux que personne au monde connaît Montes-

1. Recherches historiques et critiques sur l'*Esprit des lois*
2. *Œuvres complètes de Montesquieu*, avec les variantes des premières éditions, etc. Paris. Garnier, 7 vol. in-8.

« quieu et ses ouvrages. » Enfin M. Guizot m'a écrit, le 11 septembre 1871 :

..... Vous avez bien raison d'étudier à fond et minutieusement tout ce qui se rapporte à Montesquieu.

De tous les grands esprits du dix-huitième siècle, il est, je crois, celui qui restera le plus grand dans tous les siècles, et duquel notre siècle en particulier a le plus à apprendre et le moins à désapprendre.

*
* *

Caton l'Ancien avait composé des *Annales*, pleines de faits, de lois et de batailles, sans y mettre le nom d'aucun citoyen, rapportant à Dieu et à la patrie tous les services rendus.

Peu à peu, à mesure qu'on a cru moins aux principes, on a cru davantage aux hommes, et le progrès a changé le style des auteurs. Aujourd'hui, dans notre société cosmopolite et athée, l'égoïsme a fait naître la biographie qui est la glorification de l'individu.

Une nouvelle cause a développé ce genre de littérature. Depuis que l'histoire a cessé d'être un art pour devenir une science, l'érudition nous a montré que les détails ont leur importance, et que la vie des grands hommes est le commentaire le plus pathétique de leur temps et du genre qu'ils ont illustré.

Les Anglais ont consacré deux volumes à un des

marins qui ont tenté de découvrir le passage du pôle nord; les Allemands ont fait une *Vie de Jésus* pour établir que Jésus-Christ n'a jamais existé; la mode en Italie est de s'occuper des musiciens célèbres, et chez les Espagnols de peindre les grands ascètes. Nous, nous préférons nous occuper des militaires, depuis la chanson de Roland jusqu'à l'histoire de Napoléon.

Quelques écrivains prennent pour sujets des inventeurs, ceux-ci des poëtes, ceux-là des princes, beaucoup des actrices.

Nulle part, même en France, il n'y a personne, ni magistrat, ni publiciste, ni docteur ès lettres ou en droit, qui ait entrepris un travail biographique sur Montesquieu [1]. Depuis longtemps des maîtres de la critique s'en sont plaints.

D'après l'un [2], le mal vient de ce qu'il vécut alternativement trop dans la solitude ou dans la société, tantôt avec les gens du monde, tantôt avec les paysans, peu avec les écrivains : prudence fréquente chez les moralistes, qui aiment mieux être observateurs

1. Pendant que j'achève d'imprimer ce volume, on me signale, dans l'*Université catholique*, une « Étude sur un grand homme du dix-huitième siècle, » qui n'est autre que Montesquieu, par M. Algar Griveau. Les huit articles parus de 1839 à 1842, dans cette revue, sont pleins de recherches, mais ils ressemblent plutôt à une réfutation théologique qu'à une histoire de notre auteur.

2. Auger, *Vie de Montesquieu*, dans les *Œuvres complètes de Montesquieu*. Paris, Lefebvre, 1820.

qu'observés. L'autre [1] allègue que Montesquieu est un de ces hommes qu'on n'aborde qu'avec crainte, à cause de la considération qu'ils inspirent et de l'espèce de culte dont ils sont l'objet. Peu s'en faut qu'il ne soutienne que c'est une religion reconnue en France [2].

Mauvaises raisons, indignes de notre temps ! Sous le prétexte donné par Saint-Simon que « il faut tout dire, parce que cela sert à l'histoire [3], » de savants indiscrets ont publié les mémoires les plus intimes et les lettres les plus familières du dix-huitième siècle. Pourquoi ne pas y fouiller ? Nous avons fait nos humanités dans les *Causeries* d'un vieil étudiant en médecine. Pourquoi ne pas chercher à regagner en précision ce que nous avons perdu en respect ?

A mon avis, formé par quinze ans d'études et de réflexions, ce qui paralyse les biographes de Montesquieu, c'est qu'ils ont devant eux une légende et des erreurs dont Gœthe [4] lui-même ne s'est pas douté.

Loin de moi de médire des traditions ; le meilleur de notre histoire en est composé, et elles sont presque toujours le récit fabuleux d'un fait réel ; mais la

---

1. Sainte-Beuve, *Causeries du lundi*. Garnier, 1852.

2. « La gloire de Montesquieu, comme celle de Bossuet et de Racine, est une de ces religions françaises. » M. de Bonald.

3. *Mémoires*, 1719, ch. ix.

4. *Des hommes célèbres de France au dix-huitième siècle*, traduit de l'allemand par de Saur et de Saint-Geniès. Paris, Renouard, 1823.

légende de Montesquieu s'est formée d'une façon qui a besoin d'être expliquée.

Il était d'usage, sous l'ancien régime, dans les grandes familles de robe, que le fils aîné composât la vie de son père. C'était une espèce de discours qui servait moins à faire connaître un personnage qu'à présenter à ses enfants et à ses collègues un modèle des vertus domestiques et parlementaires.

Le hasard protége toujours les chercheurs ; M. Lefèvre, marchand d'autographes, qui le tenait sans doute de Villenave, rédacteur des *Annales politiques*, m'a vendu un manuscrit[1] de vingt pages in-8° intitulé : *Mémoire pour servir à l'éloge historique de M. de Montesquieu par M. de Secondat son fils*, et daté du 4 avril 1755. Ce document réunit les conditions du programme ; Sem et Japhet n'en ont pas usé autrement vis-à-vis de leur père ; chacun doit en faire cas. Ma seule peine est qu'il ait servi de base à tout ce qui a été écrit sur Montesquieu.

Je n'ose pas dire que M. de Secondat, homme soigneux de la gloire de sa maison, ait envoyé des copies de sa notice à tous les auteurs qui lui en demandèrent. Pourtant Dreux du Radier s'en prévaut dans la table du *Journal de Verdun ;* d'autres le firent croire

---

1. Voir, sur ce manuscrit, l'*Année littéraire*, 1776, t. VI, et la Notice qui précède les *Œuvres de Montesquieu* éditées par Belin, 2 vol. Paris, 1817. — Il est imprimé *infra* pour la première fois.

comme Maupertuis et Solignac, lorsque, en 1755, à l'Académie de Berlin et à celle de Stanislas, ils prononcèrent un éloge de Montesquieu rempli de renseignements semblables et faux. C'était la légende familière qui se faisait, comme le premier pas, sans qu'on y pense.

Vous trouverez partout le morceau que madame d'Aiguillon elle-même appelait « l'apothéose de Montesquieu [1]. » D'Alembert le publia deux fois. En tête du cinquième volume de l'*Encyclopédie*, au mois de novembre 1755, il l'accompagna de cette note : « La « famille a eu la bonté de nous fournir les mémoires « dont nous avions besoin. » Dans ses œuvres posthumes revenant sur une anecdote, il ajouta : « Ce « détail n'est pas exact, quoique nous l'ayons rap- « porté d'après un Mémoire que la famille nous avait « fourni. » Je ne vois dans cet éloge qu'une légende philosophique, écrite par un sectaire qui veut absolument se faire un complice de plus.

Le morceau oratoire de Villemain sur Montesquieu est un des chefs-d'œuvre de l'éloquence appliquée à la critique littéraire, et l'apologie du gouvernement constitutionnel. Mais le genre ne comportait pas les particularités qui nous charment tant aujourd'hui et qui peignent mieux que l'art le plus consommé.

1. *Correspondance de madame du Deffand*, édit. M. de Lescure. Paris, Plon ; Lettre de Paris, 3 octobre 1755.

Aussi l'homme y est-il effacé par le publiciste. Voilà encore la légende prise, cette fois, par le côté politique.

Excepté le talent il n'y a rien à remarquer dans les notices sur Montesquieu faites depuis sa mort jusqu'à ces derniers temps. Les auteurs [1] se sont plus ou moins copiés les uns les autres, sans se citer ni se contredire. Quant à Walckenaër, auteur de l'article publié dans la *Biographie universelle de Michaud*, je m'étonne que cet érudit, qui avait contribué à faire lever le séquestre mis sur les biens du petit-fils de Montesquieu émigré, se soit contenté de faire un mélange des trois légendes.

Un dernier embarras encombre cette biographie, car les préjugés ne vont pas sans erreurs. Je pourrais satisfaire la malignité du lecteur, en lui racontant mes courses et mes luttes à la recherche de la vérité. Pour montrer l'utilité du pyrrhonisme en histoire, il me suffira de raconter la découverte de deux inexactitudes, dont la plus sérieuse vient des étrangers.

Une généalogie des Secondat, publiée, en 1858, dans le *Nobiliaire de Guyenne et Gascogne* par O' Gilvy, allègue que Montesquieu « avait épousé « en 1715, à Clérac, le 22 mars, noble dame de Lar-

---

1. Voir, *infra*, Écrits sur Montesquieu par ordre de date.

« tigue. » Je demandai, sans malice, au maire du pays indiqué cet acte de mariage ; il me répondit qu'il ne l'avait pas. Un de mes amis, qui est expert en héraldique, se piqua de retrouver l'acte et y parvint. Cette pièce, inconnue jusqu'ici, prouve que « Montesquieu « avait, en 1715, le 30 avril, épousé à Bordeaux, Janne « Lartigue. » Ainsi, le renseignement exact sur l'année était faux sur le mois, sur le lieu, sur l'orthographe du nom et sur la particule.

L'autre exemple est plus important. Tous ceux qui se sont occupé de l'*Esprit des Lois*, savent qu'il a passé devant la Congrégation de l'*Index*. Mais a-t-il été condamné ? Les uns le croient, jugeant d'après leur conscience et se rappelant que Montesquieu n'a pas fait intervenir Dieu dans la formation des sociétés et a expliqué l'histoire de tous les peuples par l'influence des climats. Selon les autres, le duc de Nivernais, ambassadeur près du pape, était parvenu à épargner à Montesquieu une condamnation ; Sainte-Beuve le tenait de Dupin, qui le tenait de François de Neuchâteau, qui le tenait des parents du duc de Nivernais. Pour savoir la vérité, il suffisait de consulter une publication périodique du Saint-Siége : *Index librorum prohibitorum.*

Mais il ne faut pas rire de ces devanciers. Nous serons peut-être devanciers à notre tour ; et qui sait si les qualités que l'on demande aux critiques aujourd'hui ne seront pas demain regardées comme des défauts.

Telles sont la légende et les erreurs répandues sur Montesquieu. Ce n'est, en conscience, pas assez pour le faire connaître maintenant surtout. Mais, avant de semer le blé il faut arracher du champ l'ivraie qui en occupe la place.

Autrefois la critique littéraire demandait à un écrivain ses livres et un peu son temps; elle les étudiait en détail, y cherchant l'écrivain, l'historien, le philosophe, l'économiste, le législateur, et en faisait une analyse aussi ingénieuse qu'éloquente. Le dernier mot sous cette forme a été dit, en 1839, sur notre auteur par le ministre actuel de l'Intérieur en Hollande, M. Heemskerk, dont le coup d'essai fut un coup de maître. Son ouvrage est une thèse de doctorat de trois cents pages, écrite en latin, sous le titre de *Specimen inaugurale de Montesquivio*; elle m'aurait découragé, si elle eût été complète sur la biographie.

Aujourd'hui on prend moins d'intérêt aux œuvres qu'à l'homme; on veut savoir où, comment, pourquoi il a écrit, et les petites circonstances de sa vie, celles où nous agissons plus naturellement que dans les grandes. Abélard nous intéresse plus par ses amours que par ses livres. Aussi les professeurs de rhétorique sont-ils obligés d'être moralistes.

Pour combler une lacune, j'ai donc voulu essayer

de faire cette notice, et je m'y suis préparé par tous les moyens.

Il existe chez un descendant très-éloigné de Montesquieu des correspondances et des manuscrits inédits, qu'il a refusés à Walckenaër, à Laîné, même à Cousin. Je suis allé d'abord me faire traiter de même par ce gardien des Hespérides. Une *pensée diverse* de son ancêtre aurait dû me détourner de cette démarche : « J'avoue, dit Montesquieu, que j'ai trop de vanité « pour souhaiter que mes enfants fassent une grande « fortune; ils regarderaient mon tombeau comme le « monument de leur honte. Je puis croire qu'ils « ne le détruiraient pas de leurs propres mains, « mais ils ne le relèveraient pas, s'il était à terre. »

Ma seconde préoccupation a été de travailler sérieusement pour apprendre l'histoire de son siècle dans les mémoires, les journaux politiques et littéraires, dans les chroniques, dans les romans, les pièces de théâtre, les almanachs, les tableaux et les vignettes, afin de bien apprécier les événements où il a vécu et les allusions qu'il a pu y faire.

Dans tous les pays civilisés, on a écrit des volumes sur, pour et contre lui; ils m'ont passé sous les yeux; car on ne connaît un génie de cette trempe que quand on a entendu parler de lui ses amis et ses critiques, les disciples qu'il a faits et les institutions élevées sur ses plans.

Je me suis donné le luxe d'aller voir tous les portraits, médailles, médaillons, bustes et statues qui ornent ses œuvres, ses biographies, les musées, les bibliothèques, les Académies, les tribunaux, les parlements, les places publiques et les cabinets d'amateurs. Puissé-je avoir emprunté quelques traits à Dassier, à Grateloup, à Clodion, à Eisen, à de Sève, à Marillier ou à Lemoine.

Il m'a été permis de visiter le château où il est né et la maison où il est mort, ses habitations de ville et de campagne. Dans ces lieux divers, j'ai recueilli les traces de son séjour et des renseignements précieux. Tantôt les êtres m'ont expliqué ses théories, tantôt un usage particulier ses critiques générales.

On sait sur son compte bien des détails, mais ils sont disséminés un peu partout. Des érudits tels que MM. Édouard et Hippolyte Fournier, Borel d'Hauterive, Ravenel, Gustave Brunet, Maurice Tourneux, Tamisey de la Roque, Félix Frank, Judicis, Challamel, Vatel, d'Auriac, Schwab, Lorédan Larchey, Vaillant, Malassis, Desnoiresterres, Gaullieur, Edmond Cougny, Charles Strauss et Thézard, m'ont signalé tout ce qu'ils ont rencontré. Mes meilleurs aides ont été un avocat distingué de la Cour de cassation M. Fliniaux, M. le docteur Guérard, un des plus savants médecins de Paris, M. Céleste, l'ingénieux, laborieux et consciencieux employé de la bibliothèque de Bordeaux, enfin les manuscrits d'un avocat au Parlement de Guyenne, nommé Bernadau, qui avait gardé note de toutes ses conversations avec les contemporains de Montesquieu.

Mon cabinet contient ses éditions originales, parues soit en France, soit à l'étranger, dans lesquelles se trouve sa première pensée. L'amour de mon sujet m'a fait acheter aussi toutes celles qui ont suivi, de son vivant ou d'après sa dernière volonté, afin de me rendre compte des exigences de la censure à son égard et des progrès de son génie.

De plus, beaucoup de ses productions sont égarées dans des recueils avec lesquels elles n'ont aucun rapport. Une grande quantité de pièces et de lettres non imprimées sont dans des dépôts publics ou entre les mains de MM. Étienne et Gabriel Charavay, Boutron, Prosper Faugère, Victor Cousin, Boilly, Feuillet de Conches, Dambry, Philippe de Saint-Albin, Truelle Saint-Évron, Lozzi et le comte Sclopis. Je les ai réunies, et j'ai appelé inédits non-seulement tous les morceaux non imprimés, mais tous ceux qui, émanant de Montesquieu, n'ont pas encore été publiés dans ses œuvres.

Ce long travail de recherches, de promenades, de collation, de méditation, n'a été qu'un plaisir pour moi; car il me paraît qu'ainsi j'ai obtenu un Montesquieu véritable.

Les écrivains ne l'ont jamais représenté qu'en buste, comme madame de Staal, et drapé à l'antique, comme Sylla ou comme Eucrate. Je l'ai montré de la tête aux pieds avec ses habits, ses mœurs, ses livres et son temps. Les accessoires, sans jouer un rôle inopportun dans sa vie, y auront place : la ressemblance tient autant aux petits détails qu'aux lignes d'ensemble. Ce sera peut-être moins grand, mais sans doute plus réel et plus animé. Socrate nous est connu par deux de ses disciples : Platon l'a idéalisé; Xénophon l'a peint au naturel. Je préfère les *Mémorables* aux *Dialogues*, comme on préfère le fruit à la fleur, et la vérité à la vraisemblance. Plutarque, en digne prêtre d'Apollon, a composé des *Vies* pour porter les hommes au bien par des narrations édifiantes; les biographes d'aujourd'hui, sans sacrifier aux préoccupations morales, ne s'appliquent qu'à l'exactitude des détails historiques.

Un tel procédé, plus exact qu'aimable, n'aura pas l'assentiment de tous les lecteurs. Les uns m'accuseront de porter atteinte à la magistrature, en confessant les faiblesses d'un magistrat, comme si une exception du dix-huitième siècle infirmait une règle du dix-neuvième[1]. Les autres me reprocheront d'avoir

1. Transporter dans des siècles reculés toutes les idées du siècle où l'on vit, c'est des sources de l'erreur celle qui est la plus féconde. A des gens qui veulent rendre modernes tous les siècles anciens, je dirai

manqué de respect à un grand homme, parce que
j'ai parlé de ses bonnes et de ses moindres actions :
Henri IV, en pareil cas, répondit à l'ambassadeur
d'Espagne que son maître avait assez de vertus pour
avoir des défauts. La majorité se plaint déjà qu'on
lui ait changé Montesquieu. Pardon, Messieurs !
vous ne l'aviez pas lu ; sans quoi, vous auriez trouvé
que mes recherches n'ont fait que préciser ce que les
lettrés soupçonnaient depuis longtemps.

Mais je m'emporte peut-être contre des critiques
imaginaires, au lieu de donner, avant de finir,
des explications utiles. En Allemagne et en Angleterre, les biographies ressemblent un peu à des bureaux de renseignements ; chez nous on les prendrait
pour des mémoires apocryphes. Quelques écrivains
remplissent leur texte de documents et mettent des
notes au bas de toutes les pages : c'est comme si les
directeurs de théâtre promenaient dans les coulisses le
public qui vient au spectacle. D'autres ne donnent
pas leurs sources et rectifient leurs prédécesseurs sans
les nommer, dans la crainte d'interrompre la narration,
de passer pour pédants ou d'être pillés sans être cités.
Mon souci a été de garder le milieu entre ces deux
méthodes.

D'ailleurs, pour faire cette notice, j'ai été guidé par

ce que les prêtres d'Égypte dirent à Solon : « O Athéniens, vous
n'êtes que des enfants. *Esprit des lois*, l. XXX, ch. xiv. »

les succès qu'ont obtenus les derniers travaux sur La Bruyère, Beaumarchais, Voltaire et Louvois. MM. Fournier, de Loménie, Desnoiresterres et Rousset sont des maîtres pour qui l'histoire universelle est une suite de biographies, et qui savent retrouver un siècle dans la vie d'un homme ou la vie d'un homme dans un siècle.

Je ne les ai pas pris pour modèles avec l'espoir, mais avec le désir de les égaler ; car il faut sans cesse, auteur ou lecteur, suivre le conseil de don Diègue à son fils, Le Cid : « *Arda para salir*, en toutes choses, « tâchons de nous élever. »

HISTOIRE

DE

MONTESQUIEU

I

Avant que l'Assemblée constituante eût morcelé la
France en départements et que la facilité des communications, à force de multiplier les voyages, eût rendu
semblables les pays et les habitants, nos provinces
avaient toutes un caractère différent. Mais il n'en existait pas de plus singulière que le Bordelais en Gascogne.

Cette contrée[1], qui est également éloignée du Nord
et du Sud, abritée du siroco par les contre-forts des
Pyrénées, garantie de la sécheresse par le voisinage
de l'Océan, a toujours eu un climat tempéré, où il ne

1. Ducourneau, *la Guyenne historique et monumentale*. Bordeaux,
Coudert, 1842. Préliminaires.

fait ni chaud ni froid, et où il n'y a ni pluie ni vents excessifs.

Le sol est fort varié. Çà et là s'étendent des vallées riantes, étroites, sinueuses, encaissées, à pentes douces, couvertes de céréales et de prairies arrosées par de petites rivières frétillantes et desservies par un grand fleuve navigable. Ici sont les *landes*, champs plats, sablonneux et arides où poussent des sapins dans des touffes de bruyère. Ailleurs se groupent de nombreux et pauvres mamelons nommés *dunes*, qui ressemblent aux vagues d'une mer pétrifiée. Enfin sur les côteaux, les collines et les hauteurs, voici les *graves*, cette couche de graviers, qui absorbe la chaleur pendant l'été et qui garantit de la gelée pendant l'hiver; terre sacrée qui produit la vigne et donne au vin de Bordeaux « quelque chose de fin et d'exquis, de net et de dépouillé, et un peu de tannin [1]. »

Ce bel et bon pays, parsemé de villes coquettes, de pittoresques bourgades, de jolis châteaux, coupé de bois, de culture, de prairies, de terres labourables, de céréales, de chanvre et d'oseraies, offre l'idée de la véritable aisance : de tout un peu.

L'originalité de cette région est d'avoir subi un grand nombre d'invasions et de conquêtes. Les Romains y apportèrent le goût des arts les plus raffinés; les Goths y ont semé les erreurs d'Arius; les Arabes

---

1. E. Deschanel, *Physiologie des écrivains*, in-12. Paris, 1864, p. 40.

d'Espagne lui ont montré le mahométisme; Charlemagne et ses successeurs y ont fait prêcher l'Évangile;
les Anglais, pendant trois cents ans, lui ont donné des
habitudes d'indépendance municipale et même féodale; les Vaudois et les Albigeois l'ont dégoûtée de
la Réforme, et Henri II l'a découragée de faire de
l'opposition. Après quoi il ne faut pas s'étonner si les
Gascons, depuis les *Politiques* du seizième siècle jusqu'aux *Girondins* de la Révolution, ont été mobiles,
spirituels, éloquents, hardis, ingénieux, fins, fanfa-
rons, actifs, moins pratiques que positifs, peu pu-
diques comme les méridionaux, et surtout hâbleurs,
comme le renard de La Fontaine, c'est-à-dire doués
de ce scepticisme qui procède d'un caractère heureux et d'une imagination vive, égaye les affaires
avec un bon mot, excuse les fautes par des sophismes, ne recule pas devant un paradoxe, aime l'hy-
perbole, discute sans conclure et se plaît à embellir
la vérité. Nos pères appelaient « tour de gascon » une
action habile, et « gasconnade » un jeu d'esprit.

La capitale de ce pays mérite aussi une mention.
Bordeaux, située ni trop loin ni trop près de la mer est
desservie par un fleuve qui fait d'elle un port. Autrefois une muraille, percée de douze portes et défendue par trois forteresses, l'enveloppait de tous les
côtés. Les monuments publics y étaient rares, mais
les maisons y étaient bien aménagées dans des rues
larges et autour de places nombreuses : on s'y sentait
à l'aise et à l'abri pour aller et venir, y faire le com-

merce et l'industrie. Des priviléges municipaux, conservés à travers les siècles, ajoutaient à ces avantages. Les habitants, faciles sur les principes, se proposant pour but la fortune et ne comptant que sur le travail, n'étaient soucieux que de la liberté individuelle. Le despotisme qui menace les intérêts, et la démocratie qui subordonne les affaires à la politique, leur étaient également odieux; leur idéal était ce gouvernement qui protége chacun et ne gêne personne, enfin « qui « va à son but à moins de frais, celui qui conduit les « hommes de la façon qui convient le mieux à leur « penchant et à leur inclination¹. » D'ailleurs les gens aisés ont des goûts modérés : ils ne sont ni dévots, ni athées, ni rêveurs, ni passionnés; ils aiment l'ordre, l'économie, le bon sens, l'esprit et même les arts². Tels étaient les Bordelais.

Ces paysans et ces citadins avaient, comme on le voit, un caractère très-particulier : pour comble, ce qui en devait être ou un des effets, ou une des causes, il existait un patois gascon. Sans doute le français était leur idiome, mais, dans la campagne, ils y substituaient un dialecte de la langue d'oc que Montaigne³ trouvait « singulièrement beau, sec, bref, signifiant,

---

1. *Lettres persanes*, I. LXXX.
2. E. Bersot, *Études sur la philosophie du dix-huitième siècle : Montesquieu*. Paris, Ladrange, in-12, 1852, p. 65-69; — Brissaud, *les Anglais en Guyenne*, 1875, Paris; — et les articles de M. Lud. Drapeyron, *XIXᵉ Siècle*, novembre et décembre 1876.
3. *Essais*, liv. II, ch. XVII.

« mâle, militaire, nerveux, puissant et pertinent. »
Les habitants des villes lui empruntaient des tour-
nures de phrases et s'en servaient pour donner des
acceptions inusitées aux mots ou même pour en forger.
Tous les auteurs méridionaux font des gasconismes.

A quinze kilomètres sud-est de la capitale de ce
pays, au milieu de ces choses, de ces hommes et de
ce langage, mais un peu à l'écart, dominant la vallée,
au centre de vastes prairies et enveloppée d'arbres qui
la cachent au soleil du Midi, se dressait comme un
grand sphinx une immense masse noire.

C'est un donjon gothique, polygone presque rond
offrant dix-sept pans droits et soixante-quatorze mètres
de circonférence, flanqué à l'ouest d'une grosse tour
fendue du haut en bas, ornée de tourelles à machi-
coulis, couronné de créneaux, éclairé de fenêtres irré-
gulières, baigné tout au tour par des fossés d'eau vive
qui varient de quatorze à trente-cinq mètres de large,
du reste inaccessible excepté au moyen de trois ponts-
levis successifs qui sont défendus par des barbacanes
à meurtrières. Comment ne pas être orgueilleux,
quand on est le maître d'une semblable citadelle d'où
l'on peut braver le pouvoir et protéger ou opprimer
ses voisins?

Sur le fronton ogival de la porte d'entrée se présen-
tait un écu, timbré d'un tortil de baron, supporté par
deux griffons, entouré du cordon de Saint-Michel et
portant : « d'azur, à deux coquilles d'or, accompa-
« gnées en pointe d'un croissant d'argent, » avec la

devise : *Virtutem fortuna sęcundat.* Voilà le fief de
La Brède[1].

Ce château, moins fort par sa position que par l'épais-
seur et la forme de ses murailles et par ses moyens
de défense, avait été bâti au treizième siècle, par un
seigneur gascon, féal du roi d'Angleterre, qui, sur
l'ordre de son maître, l'avait armé contre les soldats
français. Il fut l'un des derniers boulevards de l'indépendance anglo-gasconne sous Charles VII, puis de
l'opposition parlementaire contre Louis XIV. Un de
ses possesseurs devait commencer, au dix-huitième
siècle, les premières attaques contre la monarchie et
la religion.

Alors cette terre baroniale de La Brède était tombée
en quenouille, ou plutôt, le 25 septembre 1686, une
fille unique l'avait avec son titre apportée en dot à son
mari. Ce furent le père et la mère de notre Montesquieu[2].

Les deux époux étaient d'assez bonne noblesse;
les ancêtres de Jacques de Secondat avaient occupé
des emplois à la cour lettrée, amoureuse et protes-

---

1. Léo Drouyn, *la Guyenne militaire*, in-4. Bordeaux, 1865; —
Labat, *le Château de La Brède*, dans le *Recueil de l'Académie d'Agen*,
1834; — Grouet. *La Brède*, in-8. Bordeaux, 1839; — O'gilvy, *Nobiliaire de Guyenne*. Bordeaux, 1858, in-4. — Fréd. Thomas. *Vieilles
lunes d'un avocat (Premier quartier)*, in-18. Hachette Paris, 1863. *Le
château de Montesquieu.*

2. Voir *infra*, comment il reçut ce dernier nom en héritage de son
oncle; — O'gilvy, *Nobiliaire de Guyenne*. vº Secondat, in-4. Bordeaux,
1858; — Grouet. *La Brède*, in-8. Bordeaux, 1839; — Beauręin, *Variétés bordelaises*. Bordeaux, 1784, t. IV et V.

tante de Navarre et s'étaient convertis en même temps
qu'Henri IV. Une famille anglaise, venue en France
lors de la domination et restée après le départ de
ses compatriotes, s'éteignait dans Marie-Françoise
de Penel. Leurs enfants devaient avoir dans les veines
des principes réformés et des idées constitutionnelles.

Le baron, ancien garde du corps du roi, jurat de
Bordeaux, né en 1654, était éclairé et pieux; la baronne, née en 1665, fut le modèle des vertus chrétiennes, et a laissé une réputation de sainte.

Il est bon de se rappeler ici en quoi consistaient alors
les droits féodaux, que les services rendus, pendant
le moyen âge et la renaissance, par la noblesse,
avaient fait accorder à ses descendants[1].

Le seigneur, dans son domaine, avait à l'église
une place où, de son vivant, il recevait du curé l'eau
bénite et l'encens, et, à sa mort, la sépulture. La
taille, le guet, les prises, les douanes, les péages, les
corvées personnelles, réservées aux autres, étaient
pour lui remplacées par le service militaire à vie. Son
fief, exempt du cens, lui permettait de percevoir tous
les impôts qu'aujourd'hui l'État lève comme contributions directes ou indirectes, avec cette différence
qu'alors les roturiers pouvaient toujours les acquitter

---

1. Senac de Meilhan, *le Gouvernement, les mœurs et les conditions
en France avant la Révolution.* Édit. M. Lescure. Paris, P. Malassis,
in-18; — Taine, *les Origines de la France contemporaine.* Paris,
Hachette, 187   in-8; — Borel d'Hauterive, *Annuaire de la noblesse.*
Paris, 1843...7, in-18; — L.-R. Vian, *Histoire du village de
Saint-Chéron.* Saint-Cheron, in-8, 1873, 5 vol. le 1er.

en nature. Ajoutez le privilége paternel et onéreux de faire rendre la justice en son nom; enfin en échange de la renonciation au commerce et à l'industrie, le droit de chasse, si important à cause des forêts giboyeuses qui existaient et des habitudes guerrières qu'il entretenait.

Aussi, pour conserver de telles propriétés dans les familles, et pour les rendre indivisibles et inaliénables, avait-on trouvé le droit d'aînesse.

Hors de chez lui, les attributs du noble étaient de prendre le nom de sa terre, d'en porter le titre, de mettre partout ses armoiries timbrées et d'avoir le pas sur les bourgeois et les vilains. Il pouvait, sans se soumettre aux juridictions inférieures, porter ses procès aux baillages, sénéchaussées et présidiaux, comme aujourd'hui les grand'croix de la Légion d'honneur au correctionnel et au criminel. Surtout il était admissible à tous les emplois civils, militaires et administratifs, à l'exclusion des roturiers.

Après ces détails, on comprend que cette classe, n'ayant pas besoin de s'enrichir, considérât qu'il y avait dérogeance à s'adonner à toute profession manuelle.

On comprend encore mieux qu'un grand homme, mais un homme enfin, pourvu par sa naissance de tous ces avantages, en ait joui et même fait l'éloge. C'est en prison que Mirabeau a écrit contre les lettres de cachet, et Frédéric n'était pas roi quand il a réfuté Machiavel.

Le membre important de la maison qui nous occupe, veuf et sans enfants, était l'aîné, frère de celui dont nous venons de parler, « un des plus beaux génies, « selon sa famille [1], et peut-être l'homme le plus « libre et le plus juste de son temps, » messire Jean-Baptiste Secondat, baron de Montesquieu, président à mortier au parlement de Guyenne.

A la fin du dix-septième siècle, il y avait deux sortes de noblesse, celle qui s'acquérait à l'armée, et celle qui s'obtenait dans la magistrature. La principale différence entre elles était que l'une avait ses entrées à la cour, tandis que l'autre ne les avait, pour ainsi dire, pas : d'où naquirent des dédains et des jalousies dont tous les écrivains se sont fait les échos, et qui expliquent quelques contradictions apparentes de l'*Esprit des Lois*; car l'auteur y exalte les nobles de robe [2], et y critique les nobles d'épée.

Les nobles de robe se composaient surtout des fils de riches financiers à qui leurs pères avaient acheté un hôtel et une charge près d'un parlement.

Les parlements étaient moins nombreux et par conséquent plus importants que nos Cours d'appel d'aujourd'hui.

Leur juridiction consistait notamment à enregistrer les lettres de grâce, à juger les appels comme d'abus sur requête civile et autres causes majeures, à statuer

1. V. à la fin du volume, l'*Eloge historique de M. de Montesquieu*.
2. *Esprit des Lois*, liv. XX, ch. XXII; liv. V, IV; liv. III, V.

sur les procès criminels intentés aux ecclésiastiques, aux nobles et aux magistrats, à décider en première instance les causes civiles personnelles, possessoires ou mixtes des privilégiés ayant droit de *committimus* au grand et au petit sceau.

Ces corps avaient aussi leur côté politique. Les actes législatifs du roi devaient être soumis aux parlements, dont l'examen pouvait avoir l'un de ces deux résultats suivants. Ils les enregistraient et les promulgaient, après avoir résolu leurs difficultés pratiques, trouvé le moyen de les concilier avec les anciennes ordonnances et consulté les besoins des populations. Dans le cas contraire, pour lui représenter les inconvénients de la mesure prescrite, ils adressaient au roi une supplique. On connaît l'origine, l'empiètement et l'annulation politique de ces cours souveraines [1]. C'était le temps où le régent, par reconnaissance et par conviction, leur avait rendu le droit de remontrances. Le parlement de Paris venait de se faire exiler pour son opposition au système de Law et à l'enregistrement de la bulle *Unigenitus*. Il fut la seule partie de la nation qui eut l'idée, sinon l'amour de la liberté civile, et l'horreur de l'agiotage. La grande préoccupation des parlements était la défense et le maintien de ce qu'ils regardaient comme les lois du royaume. Au milieu des Guise et des Espagnols, on les vit se déclarer pour la France et,

---

1. *Revue des Cours littéraires*, juillet 1867. Alf. Maury, *les Parlements au dix-huitième siècle.*

avant les états généraux, élever seuls la voix en faveur du peuple contre le despotisme des bureaux;
mais, juges de tous les conflits entre la monarchie et
le Saint-Siége, ils firent constamment, contre les pré-
tendus empiètements de la cour de Rome, prévaloir
l'indépendance de l'autorité civile qu'ils appelaient les
libertés de l'Église gallicane. Un de mes amis s'occupe
à écrire une histoire des démêlés du parlement avec
le clergé, sous le nom de *Guerre des deux robes.*

Les parlementaires discrets, circonspects, hautains
et cérémonieux, formaient une société à part dans
les immenses vestibules, sur les vastes escaliers de
pierre, au milieu des salons solennels, au fond des
nombreuses bibliothèques de leurs grands hôtels, dé-
corés du luxe le plus austère.

Certain président au Parlement de Paris vit, un jour,
arriver chez lui, un de ses collègues de Pau, qui venait, pour la première fois, juger la capitale. Ils sortent
ensemble à pied; les voilà sur le quai des Théatins. Le
magistrat de province regarde avec admiration cette
suite de palais et, les comparant en secret au sien, il
en désigne un des plus beaux à son guide et lui dit :
« A un président? — Non. — Diable ! A un conseiller?
« — Non. »

Montesquieu n'ajoutait jamais un mot de plus à ce
court dialogue qu'il se plaisait à raconter [1]. Du reste,
les hôtels de ces magistrats n'abritaient en général

---

1. Jay, *Œuvres complètes*, t. VIII (*les Hermites en province*).

aucune fête, aucune comédie, sauf quelquefois un riche dîner, le plus souvent une conversation sur les matières de jurisprudence et de philosophie.

Les parlementaires, levés dès l'aube, se rendaient au Palais, montés sur leur mule, une lanterne à la main, à travers la ville. Tout dormait, la justice veillait déjà et passait sa journée à l'audience, en robe écarlate, en perruque longue, les yeux demi-clos et la main sur la bouche, entourée de la puissance publique : image de la méditation, du droit, de la science et de la force.

Il faut qu'on m'excuse de m'être ainsi étendu sur la Gascogne, sur la noblesse et sur la magistrature au dix-huitième siècle. Ce sont les trois clés du caractère et des ouvrages de l'homme dont je vais écrire la vie et dont voici le portrait.

Il était d'une taille moyenne, et d'une corpulence très-maigre et très-nerveuse. Un de ses contemporains[1] dit qu'il ressemblait beaucoup aux bustes des philosophes anciens et notamment à Cicéron. Le burin et le pinceau qui, d'après nature, nous l'ont représenté dans la force de l'âge, donnent quelques détails plus précis.

Le caractère dominant de cette physionomie très-mobile est la finesse : chaque trait est aiguisé et dénote un esprit pénétrant, délié et même un peu subtil.

---

1. Bernadau, *Tableau de Bordeaux*, in-12. Bordeaux, 1810 ; — C. J.-B. Bonnin, *Pensées. etc*. Paris, 1824, p. 142.

Ses cheveux, qui étaient blonds, sont groupés sur sa tête avec le talent et le désir de plaire. Le front respire un grand penchant à l'analyse et une sérénité superbe. Le nez fort et long est orné de narines dégagées qui trahissent la délicatesse et la sensualité. La circonspection est empreinte sur sa lèvre d'en haut, et sur l'autre, l'enjouement porté à la raillerie. Le menton avancé montre de l'énergie. Enfin, quoique ce soit celui d'un myope, ce qui frappe le plus dans cette tête extraordinaire, c'est l'œil; il exprime tant de supériorité, et la paupière qui surplombe est si large, qu'on sent l'homme de génie dans ce regard qui lance des éclairs.

Naissance de La Brède. — Enfance; collége. — Premier ouvrage. —
Vie d'étudiant. — *Esprit des Lois.* — Entrée dans le monde — Mœurs.
— Nomination dans la magistrature. — Mariage.

M. et madame de Secondat eurent d'abord de leur
mariage, Marie[1], née le 11 septembre 1687, qui
épousa M. Trousset d'Héricourt, et mourut à Marseille, où son mari était gouverneur du fort d'If.
Après le second enfant, qui fait le sujet de cette étude,
il leur naquit encore, le 31 août 1691, une fille, appelée
Thérèse, qui fut religieuse à Agen, où elle est morte
en 1772. En 1693, ce fut un fils du nom de Joseph qui
vécut à peine quelques années. Le 9 novembre 1694,
Charles-Louis-Joseph vint au monde à Bordeaux ; nous
le retrouvons devenu abbé, selon l'usage pour les cadets de famille. En 1696 eut lieu la naissance de
Marie-Anne, morte à quatre ans.

Si l'on passe vite sur ces enfants, parce que leur
existence a laissé peu de traces, il faudra cependant se

1. O'gilvy, *Nobiliaire de Guyenne et Gascogne*, in-4. Bordeaux,
1858, v° Secondat.

les rappeler, à cause des relations qu'ils eurent avec le suivant.

Je vais parler maintenant du plus illustre.

On se figure mal, dans notre France actuelle, les circonstances qui, chez les nobles d'autrefois, accompagnaient la naissance d'un fils aîné. Les historiens de l'école de Michelet racontent volontiers qu'alors les parents obligeaient leurs vassaux à venir saluer l'enfant dans ses langes, sous peine d'être pendus haut et court au bois de Justice. Voici la vérité.

Le lendemain de la Révolution d'Angleterre et un siècle avant celle de France, messire Jacques de Secondat, baron de la Brède, seigneur de Baron-en-Entre-Deux-Mers, de Martillac, du fief d'Olivier, de Léogan et autres lieux, eut son fils aîné. Je n'ai pu retrouver son acte de naissance, mais on [1] a relevé cette note sur le livre de messe d'une femme du pays : « Ce « jourd'hui, 18 janvier 1689, a été baptisé dans notre « église paroissiale, le fils de M. de Secondat, notre « seigneur. Il a été tenu sur les fonds par un pauvre « mendiant de cette paroisse, nommé *Charles*, à celle « fin que son parrain lui rappelle toute sa vie que les « pauvres sont ses frères. Que le bon Dieu nous con- « serve cet enfant ! »

Au surplus, ce n'est pas une exception, le seigneur de Montaigne [2] agit de même en 1553, ainsi que le ba-

1. Beaurein, *Variétés bordelaises*, t. IV et V. Bordeaux, in-12, 1785.

2. *Essais*, liv. III, chap. XIII.

ron de Beauvais en 1641, et le comte de Buffon en 1742.

Les curieux [1] soupçonnaient, d'après une médaille conservée à l'Académie de Bordeaux, que cet enfant s'appelait encore *Louis*. J'en ai acquis la preuve en lisant une assignation [2], donnée par lui, en date du 26 janvier 1736, où il se désigne ainsi.

Un dernier détail mérite d'être rappelé. Les nobles, surtout dans les provinces méridionales, avaient alors une autre habitude plus connue, parce qu'elle était, j'en conviens, plus fréquente : le chef de famille portait, avec le titre, le nom patronymique, tandis que les enfants prenaient celui du domaine qui devait leur appartenir dans l'héritage paternel. Celui-ci devint donc *Charles-Louis de la Brède.*

Aussitôt [3] après sa naissance, ses parents le mirent entre les mains d'une nourrice, mais sous leurs yeux, dans un des cinq moulins du village, celui du Bourg. Ils l'y laissèrent pendant trois années, pour qu'une alimentation simple fortifiât sa santé et que la fréquentation de ses vassaux le rendît moins fier. Le résultat est qu'il eut une bonne constitution, qu'il aimait les paysans et qu'il était aimé d'eux. Son frère de lait, Jean Demarennes [4], brave berger de la *lande*, ne pou-

---

1. Bernadau, *Courrier de la Gironde*, 17 août 1849.
2. Archives départementales de la Gironde.
3. Beaupein, *ubi suprà*, et Bernadau, *Tableau de Bordeaux*, in-18, Bordeaux, 1810.
4. Fréd. Thomas, *Vieilles lunes d'un avocat (Le château de Montesquieu).* Paris, Hachette, 1863, in-18.

vait jamais être six mois sans venir le voir avec ses échasses, fût-il à Paris.

Pendant cette période, l'enfant ne parla que le patois : à quoi des hommes compétents attribuent les solécismes, les idiotismes et même les barbarismes qui se remarquent dans tous ses ouvrages [1].

Le marquis de Mirabeau raconte : « Je disputai « même Montesquieu, et un jour que nous criions en « vrais méridionaux, il me dit, avec son accent gascon : « Qué dé génie dans cette têté-là ! et quel dommagé « qu'on n'en puissé tirer qué dé la fougué [2]. » Telle était sa prononciation. « Et, dit d'Argenson [3], il trouve « en quelque façon au-dessous de lui de s'en corri- « ger. » Il écrivit toujours *Bourdeaux* [4], et prononçait son nom *Montesquiou* ; aussi beaucoup [5] de ses contemporains le désignent-ils ainsi.

Ensuite ses parents le retirèrent au château et lui firent l'honneur de le prendre pour parrain de son frère, Charles-Louis-Joseph, le futur abbé.

---

1. Walckenaer, *Archives littér. de l'Europe*, t. II, 1804 ; — M. Meyer, *Études de critique*. Paris, Didot, 1850, p. 221 ; — Sainte-Beuve, *ibid.*; — Voltaire-Beuchot, *Lettre du 28 novembre 1768 à Marmontel*; — J.-J. Rousseau, *Lettre à Moultou*, 1762; — *Lettre persane* 72.

2. Loménie, *Correspondant* du 25 décembre 1871, les Mirabeau.

3. *Loisirs d'un ministre*. Liége, in-8, 1787, t. II, p. 63.

4. Voir toutes ses lettres à Guasco.

5. Holberg, voir, *infrà*, chap. XXIII; — *Bibliothèque raisonnée des savants de l'Europe*. Amsterdam, 1747 ; — *Roi de Sardaigne*, chap. x, *infrà*; — *Lettres juives*, in-12. La Haye, P. Paupier, 1766, p. 322.

On vient de publier[1] une page du journal de M. de Secondat, qui renferme de sa femme ce portrait bien précieux pour notre temps où l'atavisme prend une si grande place.

Comme plusieurs de mes enfans ne peuvent avoir aucune idée de leur mère, je leur dirai sincèrement que c'était une des plus dignes personnes qu'on peut voir. Elle était fille de feu M. Pierre Penel, baron de la Brède, et de feue Marie de Lasserre, l'une et l'autre de noble extraction, particulièrement M. de la Brède.

Elle était d'une taille raisonnable, infiniment douce, d'une physionomie charmante. Elle avait l'esprit d'un homme ; habile pour les affaires sérieuses, nul goût pour les bagatelles, une tendresse pour ses enfans inexplicable, un soin continuel pour toutes les choses de son devoir, une piété solide qui allait à tout, et particulièrement une passion pour les pauvres, si dominante qu'elle se serait volontiers rendue leur semblable en leur donnant tout, si la considération de son état ne l'en eût empêchée. Elle servait particulièrement la religion.

Sa lecture ordinaire était le Nouveau Testament. Je luy ay trouvé une discipline et une ceinture de fer dont elle avait fait un bon usage et dont je ne m'étais point aperçu.

Elle mourut, comme elle avait vécu, à Bordeaux, le 13 octobre 1696, le dix-huitième jour des couches de Marianne, âgée de trente ans onze mois et quinze jours. J'avais demeuré dix ans et quelques jours en sa compagnie, n'ayant jamais reçu d'elle aucun sujet de peine et de chagrin que celui de l'avoir perdue à la fleur de l'âge et dans le bas âge de mes enfans.

Telle était la mère de Montesquieu.

1. Tamisey de La Roque, *Revue comique*, 27 avril 1878.

Madame de Secondat [1] mourut ainsi, quand son fils aîné n'avait que sept ans ; mais elle avait eu le temps de lui apprendre à dire sa prière. Heureux privilége ! Les grands incrédules du dix-huitième siècle, Gibbon et Volney, ont peut-être manqué du sentiment de la religion parce que leur enfance, cette fleur de l'âme, ne s'était pas ouverte sous les douces caresses d'une mère.

M. de Secondat était un père aussi tendre qu'instruit ; il avait donné les meilleurs soins à préparer l'éducation de son fils dont il avait, dit-on [2], deviné l'avenir. La perte de sa femme, en présence de six enfants, le décida à mettre au collége l'aîné, qui y était propre à tous les points de vue.

La maison qui passait alors dans la noblesse pour offrir les plus sérieuses garanties d'éducation, d'instruction et d'hygiène, était celle des oratoriens de Juilly, près Meaux, avec son antique manoir, son grand parc, ses belles eaux et son air pur. Sa réputation est encore méritée aujourd'hui, comme son dernier chroniqueur le prouve [3], en citant les élèves qui l'ont illustrée, tels que Berryer et le P. Gratry.

La Brède entra dans ce collége le 11 août 1700 et le quitta le 11 août 1705. Ses principaux professeurs, les PP. Graveron et Gaichiez, étaient des écrivains distingués dans leur ordre.

1. O'gilvy, *ubi supra*.
2. *Éloge historique de M. de Montesquieu*, infra.
3. Hamel, *Histoire de Juilly*.

En 1723, « il sentait, raconte le P. Castel[1], qu'on
« ne lui avait pas assez fait connaître le vrai précis
« de la religion purement catholique dans sa première
éducation. » Mais ses études littéraires avaient été
très-solides[2]; ce qui lui donna d'être le plus instruit
des écrivains de son temps, malgré les erreurs qu'ont
pu relever dans ses ouvrages Crévier, Heyne et
Ernesti.

D'ailleurs les grands génies d'Athènes et de Rome
apprennent en général aux élèves passionnés l'admiration des républiques ou la haine des monarchies,
et le mépris de l'humanité par l'orgueil de soi. Dans
son commerce assidu avec eux, l'esprit de La Brède
s'imprégna de théories démocratiques et de philosophie stoïcienne : double trace visible dans tous ses
livres et dans toute sa vie.

Son amour pour les auteurs s'était offensé surtout
d'entendre les oratoriens lui dire que l'idolâtrie de la
plupart des païens méritait la damnation éternelle.
Aussi composa-t-il, à vingt-deux ans, sous forme épistolaire, un petit écrit où il entreprenait de réfuter cette
opinion, en appelant à son aide non-seulement quelques Pères de l'Église, comme saint Justin, mais encore
Casaubon, Lamothe le Vayer et d'autres pyrrhoniens.
Il paraît depuis l'avoir résumé dans la *XXXV° Lettre
persane*, qui proclame la tolérance religieuse et pré-

---

1. *L'homme moral opposé à l'homme physique*, in-12. S. E. Toulouse, 1760. Lettre XVI ; — Trublet, *Mémoires sur Fontenelle.*
2. Bernadau, *Tableau de Bordeaux.*

tend que Dieu confondra un jour tous les cultes dans sa souveraine impartialité. « Le temps, dit-il, qui « consume tout, détruira les erreurs mêmes. »

Je suis porté à croire que le père du jeune La Brède lut cet opuscule ; et peut-être que, voyant poindre dans son fils un libre penseur et un écrivain, il le détermina à ne jamais publier ce travail qui, selon sa famille[1] « brille d'esprit et de traits d'une imagination « vive et lumineuse. »

Au surplus, La Brède était destiné à la magistrature. Ses deux grands-pères[2] avaient été présidents au Parlement de Guyenne, et son oncle l'était encore. Le choix d'une autre carrière n'était pas possible. Il s'agit de faire son droit.

Cette étude comprenait les lois romaines, les canons de l'Église et toutes les coutumes de France qui étaient en vigueur selon les lieux ; à quoi il fallait ajouter les commentaires en grec, en latin, en patois et en français. Ces textes n'avaient pas encore été codifiés, en sorte que chacun était forcé d'approfondir la science des principes. Un de ses amis nous apprend que[3] : « Montesquieu était obligé par son père de « passer toute la journée sur le Code. » Lui-même « ajoute[4] « Au sortir du collége, on me mit dans les

---

1. Éloge historique de M. de Montesquieu, *infra*.
2. O'gilvy, *Nobiliaire*, ubi supra.
3. Note de Guasco sur une lettre de Montesquieu, du 11 octobre 1752.
4. Lettre du 7 mars 1749.

« mains des livres de droit. J'en cherchai l'esprit. »
Il devait trouver celui des lois, comme Newton
trouva la gravitation, grâce à ce pressentiment et à
cette ténacité qui font les découvertes et les œuvres
de génie.

Une idée, d'une pratique plus immédiate, du jeune
étudiant, fut de se créer un plan de travail, dont l'es-
quisse existe dans ses manuscrits sous le titre de
Manière d'apprendre ou d'étudier la jurisprudence[1].
Il recueillait aussi des chansons[2] qui formaient
une histoire satirique de Louis XIV. On prétend que
cette collection était destinée au roi d'Angleterre.
Elle a dû lui fournir quelques traits des *Lettres persanes*.

La Brède allait également dans le monde. La position de sa famille lui permit d'être présenté et admis
dans les premiers salons de Bordeaux : véritable
faveur pour un esprit élevé qui, en lui créant de
grandes relations, le met à la portée de bien voir les
hommes et les choses, afin d'étudier les uns et de
profiter des autres. On l'annonça[3] comme un homme
d'esprit et il fut accueilli avec empressement par les
gens en place, surtout par le plus illustre des gou-
verneurs de la province, le maréchal de Berwick, fils
naturel de Jacques II. Leur amitié a laissé des traces
précieuses : le cruel persécuteur des protestants fut

---

1. Labat, *Sur La Brède*. Académie d'Agen, 1834.
2. Bernadau, *mss.*
3. Montesquieu, *Pensées*.

plus humain depuis son passage en Guyenne (1716-1719), et le froid président a ébauché sur Berwick, un éloge [1] qui est de l'éloquence la plus émue.

La Brède se fit distinguer dans la société par une grande amabilité de caractère [2]. La chronique croit savoir les personnes qu'il fréquenta le plus : milady Black [3], aussi charmante que respectable ; la comtesse de Pontac [4], qui brillait par sa beauté avant de le faire par son esprit et ses amitiés littéraires ; madame Duplessis [5], qui rassemblait une collection d'histoire naturelle ; mesdames de Bouran et Dangeart, « qui arrangeaient et dérangeaient tout ce qu'elles voulaient ; » enfin madame Duvergier, la femme du procureur général à laquelle il écrivait [6] : « Pendant que « nous fûmes dans le petit chemin, quoique entre « deux ruisseaux, nous ne formâmes pas une seule « pensée galante ; nous avons bien réparé cela depuis « le retour. »

La nécessité m'oblige à toucher un point délicat de cette existence, parce qu'il peut servir à faire connaître certains côtés de l'homme et à comprendre quelques passages de l'auteur.

On disait autrefois « libertin comme un robin, »

1. Voir chap. XIV.
2. Bernadau, *Tableau de Bordeaux*.
3. Villemain, *Choix d'études*, p. 389. Didier.
4. Note de Guasco sur la lettre de Montesquieu du 10 février, 1745.
5. *Ibid*.
6. Lettre inédite Cabinet d'Étienne Charavay.

on dit aujourd'hui « galant comme un homme de
lettres, » on dira toujours « roué comme la régence. »
Ces trois proverbes expliquent peut-être pourquoi
Montesquieu s'est adonné à « l'amour que, selon
« un éditeur[1] bien informé de 1783, il ressentait
« tantôt impétueux, rarement sombre, souvent ba-
« din. » Il avoue lui-même qu'il a eu des maîtresses
jusqu'à trente-cinq ans[2], et ses papiers[3] conservent la trace qu'il en eut au delà. On[4] peut croire en
outre qu'il préférait les femmes laides, c'est-à-dire
celles que leur infériorité rend plus faciles à séduire
et plus affectueuses. « J'ai été assez heureux, écrit-il
« quelque part[5], pour m'attacher à des femmes que
« j'ai cru qui m'aimaient; dès que j'ai cessé de le
« croire, je me suis détaché soudain. » Et plus loin :
« J'ai assez aimé à dire aux femmes des fadeurs, et
« à leur rendre des services qui coûtent si peu. »

Du reste la galanterie n'était que l'accessoire de
son existence; le principal était l'étude et la méditation : *ante omnia, Musæ*[6].

Sur ces entrefaites, le 15 novembre 1713, M. de
Secondat mourut. Son fils aîné le fit enterrer[7] dans

1. Préface d'*Arsace et Isménie*, écrite par son fils.
2. *Pensées diverses.* « A trente-cinq ans, j'aimais encore. »
3. Labat, *ubi supra.*
4. Il dit, *Essai sur le goût*, § *Du je ne sais quoi* : « Les femmes laides ont souvent des grâces et il est rare que les belles en aient. »
5. *Pensées diverses.*
6. Virgile, *Georg.*
7. Beaurain, *Variétés bordelaises*, 1875, t. IV.

l'église paroissiale du village dont il avait été seigneur.

Ensuite il passa sans transition sous la surveillance de son oncle, le président à mortier, baron de Montesquieu, dont j'ai parlé plus haut. Ce brave homme prit ses devoirs à la romaine, c'est-à-dire qu'il n'eut pas de cesse qu'il n'eût donné à son pupille une profession et une femme.

Deux mois après que La Brède eut atteint les vingt-cinq ans d'âge, qui permettaient d'entrer dans la magistrature, le 24 février 1714, il fut nommé conseiller laïc au parlement de Guyenne. Nous étudierons cette carrière dans un autre chapitre.

Pour remplir son deuxième mandat, le tuteur officieux éprouva vraisemblablement plus de difficultés. Le pupille se rendit, mais sans doute après avoir fait les deux objections suivantes, qu'il a mises depuis dans l'*Esprit des Lois :* « Les filles, que l'on ne con« duit que par le mariage aux plaisirs et à la liberté, « qui ont un esprit qui n'ose penser, un cœur qui « n'ose sentir, des yeux qui n'osent voir, des oreilles « qui n'osent entendre ; qui ne se présentent que « pour se montrer stupides, condamnées sans relâche « à des bagatelles et à des préceptes, sont assez por« tées au mariage ; ce sont les garçons qu'il faut en« courager[1]. — Le luxe d'une monarchie rendant le

---

1. *Esprit des Lois*, l. XXIII, ch. IX.

    Quæritur argentum, puerisque beata creandis
    Uxor....   (Hor. *Epist.* l. 1, ep. 2).

« mariage à charge et coûteux, il faut y être invité et
« par les richesses que les femmes peuvent donner et
« par l'espérance des successions qu'elles peuvent
« procurer[1]. »

Près de la baronnie de Montesquieu, à Clairac, il y
avait une jeune fille candide[2] et bonne, pas jolie[3] et
boîtant même[4] un peu lorsqu'on la regardait, mais
riche[5] puisqu'elle avait cent mille livres de dot. L'oncle
de La Brède la demanda à son père, ancien lieutenant-
colonel[6], chevalier de Saint-Louis, qui dût tout d'abord
avouer que sa fille était calviniste très-zélée[7].

La Brède descendait, comme on l'a vu, de protestants convertis[8], néanmoins la réponse était grave.
Depuis la révocation[9] de l'édit de Nantes, la pratique
de la religion réformée était un crime puni au moins
de mort civile : les protestants et même les catholiques qui se mariaient devant le ministre ne pouvaient
contracter qu'un concubinage et n'avoir que des bâtards ; enfin à leur décès, ils étaient jetés à la voirie.
Non-seulement Louis XIV avait, en 1685, prescrit ces

1. *Esprit des Lois*, liv. XXIX, ch. v.
2. Hérault de Séchelles, *Voyage à Montbard*.
3. F. Hardy, *Memoirs of Charlemont*, 1812.
4. Collé, *Mémoires*. Extrait d'une lettre de Crébillon fils au baron de Besenval ; — *Lettres persanes*, Introduction.
5. O'gilvy, *Nobiliaire de Guyenne*, ubi supra.
6. État de la France, 1712.
7. Bernadau, *Tableau de Bordeaux*, in-18, 1810 ; — Hardy, *Memoirs
of Charlemont*, 1812.
8. O'gilvy, *Nobiliaire*, ubi supra.
9. Anquez, *De l'état civil des réformés en France*, in-8°, 1868 ;
— Coquerel, *Histoire des Églises du désert*.

rigueurs, mais il les avait rappelées par des ordonnances dont la dernière datait du 8 mars 1715. Du
reste, en 1749, le parlement de Bordeaux devait encore annuler trente-deux unions protestantes ou mixtes, envoyant les épouses à l'hôpital et les époux aux
galères.

La Brède persista dans sa demande, toutefois à la
condition que le mariage aurait lieu de la seule manière reconnue par l'État : c'était ainsi qu'on tournait
la loi.

La fiancée vint habiter Bordeaux, et, après les deux
publications indispensables, le 30 avril 1715, les futurs
se présentèrent à l'église Saint-Michel.

Une ordonnance récente posait en principe qu'il n'y
avait plus de protestants. Donc, n'admettant pas que
l'un des époux le pût être, le curé maria catholique-
ment « messire Charles Secondat de Montesquieu, sei-
« gneur de La Brède, conseiller au Parlement, habi-
« tant de la paroisse de Saint-Maixent, et demoiselle
« Jeanne Lartigue de cette paroisse, en présence de
« deux témoins, » dont l'un ne savait même pas
signer. Ni l'oncle de l'époux, ni le père de l'épouse ne
paraissent avoir assisté à cette cérémonie [1].

Je me suis étendu sur cet acte ignoré, auquel cha-

1. Voici les bans et l'acte de ce mariage :

N° 234. — *Paroisse de Saint-Maixent.*

« Aujourd'hui, trentième du mois d'avril 1715, j'ai donné mon
certificat de la publication des deux bans de mariage à M. de Secondat, baron de la Brède, qui doit se marier le même jour avec Made-

cun va vouloir donner un motif différent. On peut simplement l'imputer à l'avarice. Si on l'attribue au scepticisme, M. Coquerel[1] regrettera d'avoir accusé d'amitié pour les persécuteurs de la religion réformée le seul philosophe du dix-huitième siècle qui se soit allié avec une de ses coreligionnaires. D'ailleurs les catholiques auront une explication nouvelle de l'influence protestante qui règne dans les *Lettres Persanes*, dans l'*Esprit des Lois*, et même dans la *Grandeur des Romains*.

Mais on peut exercer de l'influence sur quelqu'un sans en avoir le cœur : la tradition rapporte que Mon-

moiselle Lartigue, à Saint-Michel, Mgr l'archevêque ayant dispensé du troisième. En foi de quoi j'ai signé.

« *Signé :* Ringueneau, curé de Saint-Maixent. »

N° 342. — *Paroisse Saint-Michel.*

« Le 30 avril 1715, après la cérémonie des fiançailles, et la publication de deux bans, faite par deux diversions de dimanches ou fêtes commandés, sans avoir découvert aucun empêchement civil ou canonique reconnu, vu la dispense du troisième, en date du trentième avril, signé Bensemont, vicaire-général, ont reçu la bénédiction nuptiale : Messire Charles Secondat de Montesquieu, chevalier, seigneur baron de La Brède, conseiller au parlement, habitant de la paroisse de Saint-Maixent, d'une part, et demoiselle Jeanne Lartigue, de cette paroisse, de l'autre.

« Ledit mariage fait en présence de sieur Antoine Brocad, écuyer, colonel général des Costes, maître Étienne Brossier, maître tailleur, habitant de la paroisse Sainte-Eulalie, témoins à ce requis, qui ont signé, excepté ledit Brossié.

Signé : Secondat de Montesquieu, époux ; Janne Lartigue, etpouse ; Moreau ; A. Brocad, et Grimaud, curé de Seause.

1. *Histoire des Eglises du désert ;* table.

tesquieu n'aimait pas sa femme. Du reste, impropre
au mariage, « qui n'a, dit-il[1], que des peines pour
« ceux qui n'ont plus de sens pour les plaisirs de l'in-
« nocence, » il regrettait, dans une *Lettre persane*
de 1718[2], l'abolition du divorce, et s'arrangeait de
façon à pouvoir écrire vers la fin de sa vie : « J'ai aimé
« ma famille pour faire ce qui allait au bien dans les
« choses essentielles, mais je me suis affranchi des
« menus détails[3]. »

Néanmoins, pour la généalogie, un an après ce
mariage, il en naquit un fils[4].

Sa descendance assurée, M. de La Brède se remit à
rendre des arrêts, à étudier les sciences, à améliorer
ses terres, à fréquenter les salons, à préparer ses ouvrages, sans négliger la coquetterie, tantôt à Paris,
souvent à Bordeaux, quelquefois dans sa seigneurie.
Car le plaisir, l'histoire naturelle, le monde, l'administration, les voyages, les devoirs et l'étude se parta-
gèrent sa vie d'une façon égale et tempérée, comme
nous allons le voir.

1. *Esprit des lois*, l. XXIII, ch. xxi.
2. 19 chahbam.
3. *Pensées*.
4. Voir chap. xv.

Le baron de Montesquieu, président à mortier au parlement de Guyenne, qui avait perdu son fils unique au berceau, mourut dans les premiers mois de 1716, après avoir institué comme légataire universel son neveu, à condition qu'il porterait son nom. Celui-ci l'avait déjà pris le jour de son mariage ; depuis cette époque, en effet, La Brède signa « Montesquieu, » et ne fut plus connu que sous cette appellation qu'il devait illustrer. C'est sans doute faute de savoir ou de se rappeler ce détail, que les biographes n'ont rien pu recueillir sur ses années de jeunesse.

En même temps il prit possession des autres biens de son oncle.

L'hôtel était situé à Bordeaux, rue Margaux, près de la chapelle des jésuites, et les terres dans l'Agénois. Mais la partie la plus brillante de la succession était la charge de judicature qui avait été achetée comptant par son bisaïeul et qu'il devait transmettre à son fils.

A ce sujet, on se souvient volontiers que l'*Esprit des Lois* [1], parlant de cette vénalité, dit qu'elle est contraire au principe du gouvernement, qu'il soit despotique ou républicain, et conforme au monarchique. Les lecteurs, un peu à la légère, ont accusé Montesquieu de s'en être fait l'apologiste. Voltaire, entre autres, qui savait comment son contemporain était devenu président à mortier, a même ajouté : « On retrouve l'homme « partout; nul de nous n'est sans faiblesse [2]. » La vérité est que notre auteur a tout simplement écrit que ce mode de transmission est une conséquence de la monarchie. Les termes permettent de croire qu'il ne le désapprouvait pas; d'ailleurs cette opinion eût été excusable le lendemain du jour où Law et Dubois, désespérant de vaincre l'influence des parlements qui s'opposaient à l'application du *système*, avaient songé à rembourser les charges pour les rendre amovibles [3].

Du reste, cette vénalité, depuis l'ordonnance de Moulins, rendue par le chancelier de l'Hôpital, était soumise à des conditions de moralité et de capacité qui la rendaient aussi respectable que celle des officiers ministériels d'aujourd'hui.

1. Livre V, ch. XIX.
2. Voltaire-Beuchot, *Dictionnaire philosophique*, v° *Esprit des lois*, t. XXXI, p. 90.
3. Duclos, *Mémoires secrets*.

Je rappelle, au besoin, que rien ne contribua plus que cet usage à former ces familles où la science, la probité et le patriotisme étaient héréditaires.

Pour se rendre compte de la charge de Montesquieu, il importe de savoir la composition d'un parlement.

Ces cours souveraines se divisaient en cinq chambres : la grand'chambre, la tournelle, les deux chambres des enquêtes et la chambre des requêtes. Ses membres étaient un procureur général et deux avocats généraux, quatre-vingt quatorze conseillers, deux présidents à mortier et un premier président. Les présidents à mortier ne faisaient qu'un avec celui-ci et le remplaçaient le plus souvent. On les nommait ainsi du bonnet de velours noir, bordé d'un galon d'or qu'ils portaient comme signe de leur dignité.

Le ressort du parlement de Bordeaux comprenait la Guyenne, la Saintonge et le Limousin qui avaient à leur tour vingt-neuf sénéchaussées. C'était le troisième de France pour l'étendue, et le premier pour la rigueur de ses prisons [1]. Je fais cette remarque parce que le spectacle du mal excite la pitié : celui-ci a sans doute inspiré à Montesquieu ses beaux chapitres [2] sur les peines, qui ont décidé Louis XVI à corriger nos lois criminelles et à abolir la torture [3].

« J'allais dire, s'écrie-t-il [4], que cette pratique pour-

---

1. Michelet, *Histoire de France*, la Régence.
2. *Esprit des lois*, livre VI, ch. IX et suiv.
3. Question préparatoire abolie sous Necker, disciple de Montesquieu, le 24 août 1780.
4. *Ibid.*, livre VI, ch. XVII.

« rait convenir dans les gouvernements despotiques,
« où tout ce qui inspire la crainte entre plus dans les
« ressorts du gouvernement; j'allais dire que les es
« claves chez les Grecs et chez les Romains... mais
« j'entends la voix de la nature qui crie contre moi. »

Sa nomination comme président à mortier est du
29 juin 1716, et son installation du 23 juillet suivant.
Mais il était entré dans la magistrature au mois de
mars 1714 et il y resta jusqu'en 1726. Ce sont donc
douze ans de fonctions judiciaires.

Montesquieu se mit au courant de ses devoirs, qui
exigeaient des études sérieuses; car si le parlement
de Bordeaux suivait le droit romain et les lois françaises dans l'usage ordinaire, il avait à appliquer dix
coutumes particulières qui formaient autant de juris-
prudences spéciales.

Cette multiplicité de textes ne déplaisait pas à notre
publiciste; au contraire [1]. Il y était favorable, un peu
sans doute parce qu'il était seigneur d'un fief ayant
sa coutume [2], mais surtout parce qu'il était partisan
de la méthode historique. Savigny et M. Laboulaye,
ses meilleurs disciples, en ont donné une excellente
explication [3] que j'abrége à regret. Certainement en
théorie, rien n'est plus beau et plus utile que l'unité
de législation. Cependant, à toutes les époques, le droit
se maintient dans un rapport essentiel avec la nature

1. *Esprit des lois*, liv. XXX, chap. xviii.
2. *Coutumes de Montesquieu*, in-8, 1843. Bordeaux.
3. Éd. Laboulaye, *Éloge de Savigny*, 1842.

du peuple qu'il régit; il en est la manifestation, loin
d'être une règle absolue. D'après Montesquieu, « les
« lois ont suivi et doivent toujours suivre les mœurs [1] »
et « il ne faut point faire par les lois ce qu'on peut faire
« par les mœurs [2]. » En un mot, au nom de la liberté,
notre auteur ne voulait pas qu'un code modifiât le caractère d'une population; il prétendait que le génie national agît peu à peu sur le développement de la législa-
lation : chez nous on n'en a demandé l'unité, que
lorsqu'elle a existé dans les mœurs.

Quoi qu'il en soit, l'histoire d'un membre de la magistrature assise et celle de sa compagnie, se confon-
dent ensemble. Montaigne et La Boëtie, qui ont
fait aussi partie de ce même parlement pendant une
dizaine d'années chacun, n'ont pas laissé de traces de
leurs fonctions judiciaires.

La tradition [3] dit que la carrière de Montesquieu fut
pleine de dévouement aux intérêts publics, de travail et
d'équité. Il s'est expliqué sans détour sur ses aptitudes : « Quant à mon métier de président, j'ai le
« cœur très-droit, je comprenais assez les questions
« en elles-mêmes; mais quant à la procédure, je n'y
« entendais rien [4]. » Son génie donnait à ses pensées
un essor trop élevé pour l'assujettir à cette attention
détaillée que nécessitent l'étude des dossiers, l'audi-

---

1. *Esprit des lois*, l. XIX, ch. xxi.
2. *Pensées.*
3. Bernadau, *Tableau de Bordeaux.*
4. *Pensées.*

tion des plaidoiries et la minutie des formes si utiles aux intérêts des particuliers et si fastidieuses pour les juges. Montaigne avait dit : « Jurisprudence est « science de sa nature génératrice d'altercation et di- « vision. » La pensée de Montesquieu était que : « On « pourrait, par des changements imperceptibles dans « la jurisprudence, retrancher beaucoup de procès[1]. » Enfin, comme ses collègues d'aujourd'hui, il était op- posé aux appels et en donnait les raisons dans des termes presque inédits[2] : « Quand on a appelé d'un « juge à un autre et que celui-ci a prononcé, c'est un « grand abus de permettre de recourir à un troisième; « parce que l'esprit de l'homme est fait de manière « qu'il n'aime pas à suivre les idées des autres, qu'il « se porte naturellement à réformer ce qui a été fait « par ceux à qui il croit des lumières inférieures. Mul- « tipliez les degrés des tribunaux, vous les verrez « moins occupés à rendre la justice aux citoyens qu'à « se corriger les uns les autres. »

Deux faits doivent être signalés dans la carrière de Montesquieu.

En 1725, il fut chargé de faire le discours de ren- trée du parlement de Guyenne. Sa mercuriale, élo- quente, émue, abondante, s'adressant plus à l'âme qu'à la raison, fait voir de quoi il était capable dans ce genre. On y retrouve d'abord ses plaintes habituelles contre la complication des lois et contre les formes ju-

1. *Pensées.*
2. Labat, *Le Château de La Brède*, recueil de l'Académie d'Agen, 1834.

diciaires, « qui, selon lui, ruinent les plaideurs et em-
« barrassent les juges. » La transition était facile de
la justice à ses collaborateurs. Il loua le talent et le
désintéressement des avocats, tout en blâmant la vivacité dont ils usaient entre eux, et engagea les procu-
reurs à moins employer « les artifices et les piéges de
« la chicane. » Le point principal fut le portrait suivant, qui montre quelle haute idée il se faisait de sa
profession. « Pour lors, il n'a plus suffi que le magis-
« trat examinât la pureté de ses intentions, ce n'a plus
« été assez qu'il pût dire à Dieu : *proba me, Deus, et*
« *scito cor meum ;* il a fallu qu'il examinât son esprit,
« ses connaissances et ses talents. Il a fallu qu'il se
« rendît compte de ses études, qu'il portât toute sa vie
« le poids d'une application sans relâche, et qu'il vît si
« cette application pouvait donner à son esprit la me-
« sure des connaissances et le degré de lumière que
« son état exigeait. »

Ce discours eut un tel succès que, jusqu'à la Révolution, on le réimprima tous les ans à la rentrée du Parlement de Bordeaux ; et on le vendait ce jour-là à la
porte du palais de Justice [1].

Je veux parler d'un fait plus important. En 1722 [2],
le gouvernement avait imposé de quarante sols chaque
tonneau de vin sortant de la Guyenne. Tous les négo-
ciants s'émurent de voir surtaxer la richesse princi-

1. Bernadau, ms.; — Grimm, *Correspondance,* 16 juillet 1772.
2. Voir *Registres secrets du parlement de Bordeaux,* aux Archives
de la cour d'appel de Bordeaux.

pale du pays. Le parlement de Bordeaux, à l'exemple peut-être de celui de Paris, pensa aussi à présenter au roi des remontrances. Il en chargea Montesquieu, comme le plus capable de ses membres, et qui sait ? comme le plus riche propriétaire de vignobles.

Le président à mortier du parlement de Guyenne, fut reçu par le chancelier de France qui était alors, je crois, d'Aguesseau.

On a souvent, dans les palais de Justice, mis côte à côte ces deux hommes[1] qui ne s'appréciaient pas ; du moins Montesquieu n'a jamais parlé de d'Aguesseau, et d'Aguesseau n'admirait[2] pas Montesquieu. Sans doute, ils ont quelques points de ressemblance, tels que l'horreur des nouveautés, le respect du pouvoir et l'amour de la patrie ; mais leurs différences sont plus grandes encore.

D'Aguesseau était un catholique pratiquant, un disciple de Malebranche, un jurisconsulte doublé d'un moraliste, un politique inspiré de l'Écriture sainte, un père de famille patriarcal. Sa vie fut entièrement consacrée à servir l'État et le roi, et ses loisirs à composer, dans une forme oratoire et savante, de nombreux et substantiels traités en règle sur des points de droit, qui font honneur à sa profession.

Montesquieu suivait sa religion en homme du

---

1. Fr. Sclopis, *Recherches historiques et critiques sur l'Esprit des lois*. Turin, 1857, in-8, p. 87.

2. *OEuvres complètes de Montesquieu*. Paris, Garnier, 7 vol. in-8, 1877. Édition donnée par Éd. Laboulaye, t. III, p. 56.

monde, étudiait la philosophie en historien, ne prenait
dans la jurisprudence que le côté politique, cherchait
la raison de tous les gouvernements et ne donnait à
son intérieur que les restes de la société. Son passage
dans la magistrature, ses voyages hors de son pays,
ses études, ses méditations, lui permirent de publier
un chef-d'œuvre qui illustre la France et qui a contribué à la civilisation.

Au sortir de cette audience officielle, d'Aguesseau
dut présenter Montesquieu à la cour. C'était pendant
la vogue des *Lettres persanes*. Le duc d'Orléans n'i-
gnorait pas que l'auteur, dans son ouvrage [1], regrettait l'ancien rôle des parlements et l'exil de celui de
Paris, et qu'il l'avait un peu molesté lui-même. Néanmoins, la tradition de son aïeul Louis XII l'emporta.
« Monsieur le président, lui dit-il, votre livre est plein
« de bonnes choses. Que vous a-t-il coûté à compo-
« ser ? — Le papier, Monseigneur, » répondit le Gascon [2]. Et l'entretien continua.

Personne n'était plus fait pour séduire le duc d'Orléans, que l'historien de son règne ; car rien ne peint
mieux la régence que les *Lettres persanes*. Aussi, bientôt après cette visite, les Bordelais obtinrent tout ce
que permettaient les finances de l'État : l'impôt, réduit
à trois sols par livre, fut reporté sur toutes les marchandises [3].

1. *Lettres persanes*, 92 et 140.
2. Bernadau, *mss.*
3. Éloge historique de M. de Montesquieu, *infra*.

On a remarqué [1] que, depuis 1749, les cours portèrent dans leurs remontrances une théorie de droit public plus élevée que celle dont jusque-là elles s'étaient prévalues. Le fait a été attribué à la lecture de l'*Esprit des lois*. Ce livre dit en effet :

« Que serait devenue la plus belle monarchie du
« monde, si les magistrats, par leurs lenteurs, par leurs
« plaintes, par leurs prières, n'avaient arrêté le cours
« des vertus mêmes de ses rois, lorsque ces monar-
« ques, ne consultant que leur grande âme, auraient
« voulu récompenser sans mesure des services rendus
« avec un courage et une fidélité aussi sans mesure [2]. »

Mais il n'a pas un mot en faveur des prétentions politiques de ces corps.

Quelques historiens ont supposé que Montesquieu aurait suivi ses anciens collègues dans leur opposition contre le chancelier Maupeou et même dans la demande des États-généraux, parce qu'il a écrit : « Comme dans tout État libre, tout homme qui est « censé avoir une âme libre, doit être gouverné par « lui-même... il faut que le peuple fasse par ses re- « présentants tout ce qu'il ne peut pas faire par lui- « même [3]. » En 1771 et en 1788, les parlements étaient bien changés. D'abord, ils avaient secondé

---

1. *Œuvres de Montesquieu*, Paris, Dalibon, 1822, t. I, p. 34.
— Alf. Maury, *les Parlements au dix-huitième siècle* (Revue des cours publics, 1867); — Lacretelle, *Histoire du dix-huitième siècle*, 1812, 3e édit., t. III, p. 128.

2. *Esprit des lois*, l. V, ch. x.

3. *Ibid.*, liv. XI, ch. vi.

la royauté et s'étaient montrés ennemis de la féodalité par amour de la liberté des peuples.et avaient protégé le clergé contre les entraînements d'une foi mal éclairée. Alors ils se prenaient pour la justice elle-même, contrariant les actes de l'autorité, voulant connaître des affaires ecclésiastiques et faisant les tribuns vis-à-vis des nobles. J'ose le dire, soit à dessein, soit par le fait, ils ont été plus contraires que favorables à l'établissement des Chambres législatives [1].

Une anecdote certaine répondra mieux que tous les arguments. C'était en 1751, pendant la plus grande opposition du parlement à la bulle *Unigenitus*, une discussion s'éleva entre l'auteur de l'*Esprit des lois* et le garde des sceaux. « Je me souviens, raconta Montesquieu, que, causant un jour sur le même sujet, avec mylord Chesterfield, il me dit : « Vos parlements pourront bien faire encore des barricades, mais ils ne feront jamais de barrières [2]. »

Toutes ces fonctions, ces devoirs de société et ces plaisirs occupaient Montesquieu sans l'absorber. Il lui restait encore du temps pour l'étude.

1. Académie des sciences morales et politiques. Séance du 21 avril :876.
2. Michaud, *Biographie universelle*, v° Chesterfield, par Suard.

Montesquieu à l'Académie des sciences, lettres et arts de Bordeaux[2].

Dans cette ville riche, tout entière au commerce et à l'industrie, mais illustrée par Ausone, saint Paulin, Venet, Montaigne et la Boëtie, quelques personnes de la magistrature et du barreau se réunissaient et et s'occupaient ensemble de musique, de littérature et de science. Le membre le plus actif de la société était un avocat, nommé Melon[2], qui plus tard fut inspecteur des fermes, contrôleur des finances et secrétaire de Law. Ce fut le même qui, après Vauban et Boisguilbert, mais avant les physiocrates, résuma le premier les questions d'économie politique et fit apercevoir les rapports qu'elles ont entre elles, c'est-à-dire montra la nécessité de soustraire à l'empirisme le gouvernement des intérêts matériels[3]. D'ailleurs il

1. Actes de l'Académie de Bordeaux, *passim*, surtout l'année 1828 ; — Archives historiques du département de la Gironde, Bordeaux, Lefebvre, in-4°, 1868-1877.

2. Actes de l'Académie de Bordeaux, 1828 ; — Voltaire, *Observations sur Law, Melon et Dutot*.

3. *Essai politique sur le commerce*, 1734. « Montesquieu faisait

était, dans ses écrits, partisan en matière de commerce du système protecteur. Je crois qu'on n'a pas encore assez remarqué l'influence de ce novateur du dix-huitième siècle sur Montesquieu, dont il était l'ami.

L'avantage de mettre en commun les faits ou les résultats acquis isolément, et l'utilité de répandre et d'encourager l'instruction et les arts frappa bientôt Melon. Ses relations lui firent obtenir l'autorisation de constituer à Bordeaux une société « pour polir et « perfectionner les talents admirables que la nature « donne si libéralement aux hommes nés sous ce cli- « mat. » Les lettres-patentes qui l'instituaient, datées de 1712, furent enregistrées en 1713. Montesquieu disait d'elle au président Barbeau, dans une lettre iné- dite du 3 septembre 1743 : « Je vous assure qu'avec « de la bonne volonté et de la bonne conduite, on « fera quelque chose de cette Académie. » C'est après celles de Caen et de Paris, la plus ancienne de France et l'une des plus savantes, quoi qu'en dise Voltaire [1].

Le premier soin des membres de ce corps fut de prendre pour protecteur le plus fameux de leurs compatriotes, le duc de la Force, et pour secrétaire per- pétuel son promoteur, Melon.

A peine constituée, elle s'occupa de donner des exemples et des récompenses. Grâce à elle, on sentit dans la province se développer la poésie, l'histoire,

beaucoup de cas de cet ouvrage et de son auteur. » Bernadau, *mss.* — *Éloge de Montesquieu*, par Maupertuis.

1. *Candide*, chap. xxii.

l'anatomie, l'agriculture, l'astronomie, la météoro-
logie; on vit surtout se multiplier les herbiers, les
collections d'insectes, d'oiseaux, de minéraux et les
cabinets de physique.

C'était à la fin de 1715, le dix-septième siècle venait
de disparaître et le dix-huitième de se lever. Louis XIV
avait encouragé les lettres et les arts de l'imagination;
selon l'usage, la protection de son successeur fut acquise aux sciences et aux essais de la raison. Le duc
d'Orléans était un prince fort intelligent et d'un esprit
très-développé, que l'ennui de la vieille cour avait jeté
dans les curiosités de l'alchimie [1] et que la révocation
de l'Édit de Nantes avait rendu irréligieux. Aussi,
comme les savants de son temps, aspirait-il à deviner
les causes plutôt qu'à observer les faits, et son désir
de connaître les phénomènes de la nature n'était-il
que l'espoir piquant de démentir la Bible.

Bientôt les connaissances pratiques ne tardèrent pas
à l'emporter dans l'Académie de Bordeaux. C'est alors
que Labrède, qui devait bientôt s'appeler Montesquieu
demanda à y entrer. Ses titres étaient sa réputation
de travailleur et son désir d'embrasser l'histoire naturelle, civile et politique.

Admis le 3 avril 1716, et reçu le 1er mai, il fut ins-
tallé le 18 du même mois. Peu de membres furent aussi
dévoués, aussi assidus [2]; aucun ne fut plus distingué. Il

---

1. Il avait, tant qu'il avait pu, cherché à voir le diable, dit Saint-
Simon, *Mémoires*, 1707.

2. Actes de l'Académie de Bordeaux, 1828.—Archives de la Gironde.

fonda d'abord pour sa bien venue, un prix d'anatomie, accompagné d'une médaille qui porte d'un côté ses armes, avec ces mots : *C. L. Secondat de Montesquieu, senatus Burdigalensis, præses infulatus a secretis officiarius.* Plus tard c'est une collection d'objets de physique qu'il donne, et en 1723, une action de la Compagnie des Indes. Les intérêts de l'Académie le préoccupaient sans cesse. Vous le verrez y pensant à Bordeaux, à Paris, à Versailles, en voyage, présentant de nouveaux membres, attirant des érudits étrangers par une place de bibliothécaire, comme l'abbé Venuti[1], lui cherchant un protecteur, comme le cardinal de Polignac[2], soutenant ses procès contre tous, forçant enfin ses collègues à s'épargner le plus possible les uns les autres. Une lettre inédite[3] du 17 décembre 1754 nous donne son programme à ce sujet :

« ... Dans le fond, les Académies sont instituées
« comme une alliance entre les gens de lettres et
« peut-être comme le temple de la paix. Il n'y en a
« jamais eu aucune qui ait permis que, dans ses mé-
« moires, quelque chose pût offenser quelqu'un de
« ses membres. En effet, dans ce cas l'Académie se
« déchirerait elle-même et serait continuellement juge
« et partie dans mille procès, et il serait absolument
« impossible qu'un tel corps pût subsister. On ne peut
« pas dire que cela décourage la critique; si un cri-

---

1. En 1739.
2. En 1736.
3. Bibliothèque Cousin, à la Sorbonne.

« tique n'a pas· ce champ de bataille, il en peut
« prendre mille autres, parce que toutes les impri-
« meries sont ouvertes... »

Ces titres, ces services et ces qualités valurent à
Montesquieu d'être nommé plusieurs fois président.

Mais ce qui nous attire le plus est ce qu'il a écrit
pour cette société, à des dates diverses. Le malheur
est que la moitié est inconnue, grâce à la négligence
des uns et à la jalousie des autres. J'en ai trouvé des
fragments un peu partout.

On peut diviser ce qui reste en plusieurs genres.

Les pièces les moins importantes [1] sont une dissertation *sur le système des idées* (1716), où Montesquieu
prouvait que celui de Malebranche est très-ancien,
et une seconde *sur la différence des génies*, dont je
ne connais que le titre (1717).

La politique des Romains dans la Religion fut, à
mon avis, le seul ouvrage remarquable qu'il présenta.
Le fond, inspiré du traité de *la divination* de Cicéron [2],
était faible, les recherches insuffisantes ; le pan-
théisme et le christianisme y étaient confondus d'une
manière fâcheuse, et le style contenait trop d'antithèses ; mais on y trouvait des aperçus brillants, une
curiosité sagace et déjà des considérations générales.
Montesquieu lut cette dissertation en deux séances
particulières et eut un très-grand succès : l'acadé-

---

1. Voir les registres mss. de l'Académie de Bordeaux.
2. Voir la traduction de J.-V. Leclerc, Préface.

mie décida qu'il la relirait dans une séance publique,
le 18 juin 1716. L'oubli dans lequel il l'a toujours
laissée fait croire qu'il l'avait condamnée ou qu'il
ne se doutait pas alors que sa voie fût dans la philosophie de l'histoire.

Les travaux scientifiques furent ceux qui le capti-
vèrent davantage; j'ai la preuve, dans une lettre
inédite citée plus loin[1], qu'en 1737 son ambition
était d'en publier un recueil.

Malgré une vue faible et basse, il faisait des observations à la loupe; il avait disséqué une grenouille
et étudié les qualités nutritives de divers végétaux.
Son herbier était fort précieux : en 1793, les agents
de la Convention le détruisirent comme suspect[2].

La médecine, la physique, l'histoire naturelle, tout
le sollicitait. C'étaient, à ce propos, des discours,
des observations, des réponses aux correspondants
et des *résomptions*[3] ou résumés de lectures faites
à l'Académie.

Le 17 novembre 1717, la folle *Recherche de l'essence des maladies en général* et des fièvres en particulier n'obtint que son blâme; mais la doctrine
hasardée des esprits animaux le séduisit.

En 1718, il prouva d'une manière fort sensée à un
médecin que les taches des enfants, appelées *envies*
ne sont qu'un préjugé. On le voit, en août suivant,

1. *Infrà* chapitre XIV.
2. *Le Républicain françois*, fructidor an III, p. 1173.
3. Jouannet, *Statistique de la Gironde*, 1837.

discuter très-pertinemment les différentes hypothèses qui s'étaient produites sur l'usage des *glandes rénales:* problème non résolu, même aujourd'hui qu'on a des données plus exactes sur ce point de physiologie. La statistique des maladies de l'année à Bordeaux ne lui donna l'occasion que de faire des réponses aimables et ingénieuses.

Avec la médecine, il s'occupait aussi de physique. Son discours de 1718, *sur la cause de l'écho*, peut être considéré comme un exposé sommaire et sans doute incomplet des idées de son temps sur ce sujet; il est plus littéraire que scientifique.

Le mémoire sur la *transparence des corps* (1er mai 1720) admet que les corps sont d'autant plus transparents qu'ils opposent le moins de petites surfaces solides aux rayons de la lumière traversée par eux, et suppose qu'il existe apparemment des animaux pour lesquels les murailles les plus épaisses sont transparentes.

Le rapport sur la *pesanteur des corps* garde l'empreinte plus ou moins défigurée de la philosophie cartésienne avec ses tourbillons et sa matière subtile. Newton était depuis longtemps membre associé de l'Académie des sciences de Paris; ses travaux sur l'attraction devaient donc être connus en France. On se demande si Montesquieu les a ignorés ou s'il ne les admettait pas.

En 1720, il résume un mémoire sur le *flux* et le *reflux de la mer* et semble approuver une hypothèse

fondée sur un système des pressions qui est parfaitement inconnu aujourd'hui. Au reste, cette question ne
lui a jamais porté bonheur[1]. On se rappelle surtout
qu'il a dit, dans l'*Esprit des lois*[2] : « La mer, qui
« semble vouloir couvrir toute la terre, est arrêtée par
« les herbes et les moindres graviers qui se trouvent
« sur le rivage. » Comme si la théorie de la gravitation
n'était pas découverte depuis plus d'un quart de
siècle !

En 1723, Montesquieu, dans une dissertation sur le
mouvement relatif, réfuta le mouvement absolu : chimère si appréciée alors.

Les observations sur l'histoire naturelle nous font
assister au travail d'un esprit qui cherche à se rendre
compte des phénomènes.

Il s'abstint de porter un jugement prématuré sur
les *huîtres fossiles.*

La fleur de la Vigne était un sujet inconnu pour
lui ; la manière dont il s'en tira était fort spirituelle.

Tantôt un correspondant obtint de lui des encouragements pour avoir observé un insecte qui avait vécu
plusieurs jours sans nourriture. Tantôt un médecin du
crû mérita de sa part de gaies félicitations pour avoir
trouvé le FRETILLARIA AQUITANIA.

Son *projet d'histoire physique de la terre ancienne*

1. *Grandeur des Romains*, ch. XV, *in fine* : « Il est admirable qu'a-
près tant de guerres, les Romains n'eussent perdu que ce qu'ils avaient
voulu quitter, comme la mer qui n'est moins étendue que lorsqu'elle
se retire d'elle-même.

2. Liv. II, ch. IV.

et moderne, ne paraît pas avoir eu de suite ; on sait seulement qu'en 1719, il pria, dans les journaux [1], tous les savants « d'adresser des mémoires à Bor- « deaux, à M. de Montesquieu, président au parlement « de Guyenne, qui en payera le port. » Le sujet est digne de Humbold ; le génie lui faisait pressentir les rapports de l'histoire naturelle avec la richesse des nations, les révolutions des empires, les besoins et les jouissances de l'homme en société ; mais ses aptitudes, sa vue basse et l'état des connaissances en faisaient une entreprise vaine.

Tels sont les premiers et nombreux travaux de Montesquieu à l'Académie de Bordeaux. Le style se sert déjà des allusions anciennes pour parler des objets modernes, mais il est trop plein de mythologie, de réflexions recherchées et inconvenantes. Ainsi les deux phrases suivantes sont tirées de ses dissertations scientifiques : « La vérité semble quelquefois courir au-de- « vant de celui qui la cherche ; souvent il n'y a point « d'intervalle entre le désir, l'espoir et la jouissance... « On dirait que la nature a fait comme ces vierges qui « conservent longtemps ce qu'elles ont de plus pré- « cieux et se laissent ravir en un moment ce même « trésor qu'elles ont conservé avec tant de soin et dé- « fendu avec tant de constance. » Je me figure que le galant auteur de la *Pluralité des mondes* a dû bien rougir d'un élève aussi grivois.

1. Notamment *le Mercure de France.*

J'aime mieux remarquer le sentiment qui domine ces études. Certes on avait dit, avant Montesquieu, les motifs qui doivent nous encourager à cultiver les sciences. Personne n'a indiqué d'une façon aussi paradoxale et aussi originale qu'une connaissance acquise est souvent la cause indirecte du salut de la société. « Si un Descartes, dit-il, était venu au Mexique ou au « Pérou cent ans avant Cortez et Pizarre, et qu'il eût « appris aux Américains que les hommes, composés « comme il sont, ne peuvent pas être immortels, que « les ressorts de leur machine s'usent comme ceux de « toutes les machines ; que les effets de la nature ne sont « qu'une suite de lois et des communications du mou- « vement ; Cortez, avec une poignée de gens, n'aurait « jamais détruit l'empire du Mexique, ni Pizarre celui « du Pérou. »

Enfin Montesquieu a écrit[1] alors ces lignes admirables : « Le commerce, la navigation, l'astronomie, la « géographie, la médecine, la physique, ont reçu mille « avantages des travaux qui nous ont précédés. N'est- « ce pas un beau dessein que de travailler à laisser « après nous les hommes plus heureux que nous ne « l'avons été ? »

Il importe de ne pas oublier l'influence qu'eurent sur lui ces premières études. Elles lui apprirent à ob-

---

[1]. Discours à l'Académie de Bordeaux. — Il a dit plus tard : « Les connaissances rendent les hommes doux : la raison porte à l'humanité ; il n'y a que les préjugés qui y fassent renoncer. » *Esprit des lois*, l. XV, ch. III.

server les faits, à les réunir, à les comparer avec d'autres, à les analyser, à les classer, à en tirer des conséquences et à les subordonner à des idées. Mais je ne
sais si la faute en est ou à lui-même ou à la méthode
scientifique du temps ; ses écrits en ce genre dénotent
un esprit plus ingénieux que logique et très-habile à
se tromper lui-même, un goût pour les questions inop-
portunes ou prématurées, telle que la génération
spontanée et une propension extrême à faire des conjectures avant de s'assurer de la réalité du fait, qu'il
admet comme point de départ.

M. Sclopis [1] a fort bien démontré que les principales
définitions de l'*Esprit des Lois* ne sont ni d'un jurisconsulte, ni d'un métaphysicien, mais d'un géomètre
et d'un naturaliste. Ainsi vous trouverez dans son chef-
d'œuvre : « Avant qu'il y eût des lois faites, il y avait
« des rapports de justice possibles. Dire qu'il n'y a
« rien de juste ni d'injuste que ce qu'ordonnent ou
« défendent les lois positives, c'est dire qu'avant qu'on
« eût tracé un cercle, tous les rayons n'étaient pas
« égaux. — Les lois sont les rapports nécessaires qui
« dérivent de la nature des choses. » On lit enfin dans
une lettre à moitié inédite [2], adressée par lui à
Ch. Bonnet, de Genève, en 1754 : « Je garde la première
« définition que je donne des lois, où je parle de la si-
« gnification la plus étendue qu'elles puissent avoir,

1. Études sur Montesquieu. *Revue de législation*, 1870. Thorin,
Paris, p. 50 et suiv.

2. Bibliothèque de Genève, mss.

« parce qu'il me semble que les lois de l'universalité
« des êtres ne sont la conséquence de rien, mais pro-
« duisent des conséquences sans nombre. »

... Magnisque agitant sub legibus ævum [1]

Tels étaient les travaux ostensibles de Montesquieu.
en préparait d'autres dans le fond de son cabinet.

1. Virgile, *Géorg.*, l. IV, v. 154.

Montesquieu avait trente ans lorsqu'il acheva les *Lettres persanes.* Quelques-uns prétendent que, par respect pour le château de la Brède, il les écrivit dans son domaine de Ramon, commune de Ramonet, près Bordeaux. Un autre [1] assure qu'elles coulèrent de sa plume comme un délassement de ses cours de droit. Des Italiens [2] affirment qu'elles ont été faites en collaboration.

Voici la vraisemblance, sinon la vérité.

La plus ancienne *Lettre persane* est datée du 21 de la lune de Maharran, ou 21 janvier 1711, et la plus récente du 1er de la lune de Zeled, ou 1er novembre 1720. Aussi j'estime que Montesquieu a conçu l'idée de son livre au sortir du collége, quelques mois avant la mort de son père, et qu'il l'a composé peu à peu, dans les neuf années suivantes, pendant les loisirs que lui laissèrent ses devoirs d'étudiant, de magistrat, de mé-

1. Guasco, Note sur la lettre de Montesquieu du 4 octobre 1752.
2. Denina, *Prusse littéraire.* Berlin, 1790, t. I, p. 37.

tayer, de mari, de père et d'académicien, à Bordeaux,
où tant de motifs le retenaient.

Cette supposition expliquerait bien le long temps
qu'il a consacré à cet ouvrage. « J'ai[1] vu le premier
« jet de la composition qui avait été complétement
« changé. Montesquieu corrigeait beaucoup, refaisait
« souvent. Il y a des passages raturés jusqu'à quatre
« ou cinq fois. » Preuves d'un travail très-difficile ou
d'un très-grand souci de la perfection.

Des étrangers peu perspicaces ont pu seuls avoir
l'idée de prêter des collaborateurs à Montesquieu :
c'est en vain qu'il a voulu faire parler un langage différent à ses personnages : on n'entend jamais que sa
voix.

On a prétendu aussi que Montesquieu avait emprunté l'idée des *Lettres persanes* aux *Amusements sérieux et comiques*, à l'*Espion turc*, au *Spectateur*[2] ou
même au *Décaméron*[3]. Je ne sais s'il a pris quelque
part le cadre de son tableau, mais la peinture lui ap-
partient en propre. Les petits détails que Dufreny re-
cueille, les longues anecdotes que Morana rassemble,
les contrastes que découvrit Addison et l'intrigue du
conte de Boccace, Montesquieu a pu les imiter, et
prendre même quelque chose à Taboureau, à Noël du
Fail ou à Érasme; mais il l'a fait en maître, comme

1. Labat, *Le Château de la Brède*, Recueil de l'Académie d'Agen,
1834.

2. Mayer, *Études de critique*. Paris, Didot, in-8, p. 173.

3. Ed. Géraud, *Annales de la littérature*, t. VIII, 1822.

Molière s'est inspiré de Cyrano de Bergerac. Le succès des *Voyages en Perse* et surtout des *Contes arabes*, qui paraissaient dans ce temps-là et qui furent toujours sa lecture de prédilection [1], eurent sur lui plus d'influence sans doute. Mon avis ne s'oppose pas à la remarque de Walter Scott [2]. « La couleur orientale est « ce qui a le plus fait défaut à l'auteur des *Lettres persanes*. »

Lorsque son livre fut terminé, Montesquieu n'avait plus, pour les consulter, ni son père, ni son oncle; il alla trouver un de ses anciens maîtres de Juilly, le P. Desmolets, bibliothécaire de l'Oratoire à la maison de Saint-Honoré, à Paris, critique influent qui rédigeait des feuilles littéraires. Le prêtre engagea le magistrat, par égard pour la religion, pour sa haute position et pour sa tranquillité, à ne pas faire paraître son ouvrage; mais le journaliste, dans le cas évident où l'auteur ne suivrait pas son conseil, ajouta : « Cela se « vendra comme du pain [3]. »

L'influence de son père avait été capable de lui faire condamner à l'oubli un essai dont il n'était pas content. Cette fois, rien ne put le décider à sacrifier un chef-d'œuvre qu'il sentait appelé à réussir. Cependant, comme il était timide [4] par caractère et circonspect par

---

1. Madame Necker, *Nouveaux mélanges.*
2. Mézières, *Jugements, sentences et réminiscences*, 1857.
8. Note de Guasco sur une lettre de Montesquieu, de 1746.
4. Grouvelle, *Autorité de Montesquieu dans la Révolution*, in-8, 1789, p. 42.

profession, la prudence lui suggéra de publier les *Lettres persanes* sous l'anonyme et à l'étranger.

La révocation de l'édit de Nantes et la révolution d'Angleterre avaient causé une grande émigration en Suisse et en Hollande, où les réfugiés enveloppaient dans une égale haine l'Église et la royauté, et attaquaient leur origine historique et leur personnalité. La Hollande surtout excellait dans cette double lutte; ses libraires se distinguaient dans l'art d'imprimer et de glisser en France les livres d'érudition de Van Dale et le dictionnaire de Bayle, ainsi que les journaux de Basnage et de Leclerc [1].

L'anonyme a toujours servi à cacher les talents incertains qui s'essayent, les esprits indépendants qui veulent jouir sans responsabilité de la liberté de la presse, les nobles et les fonctionnaires qui croient déroger en écrivant. On en usait surtout dans ce temps-là pour piquer la curiosité du public, pour éviter les caprices de la censure et donner au pouvoir la faculté d'interdire un ouvrage sans en poursuivre l'auteur.

Montesquieu a fait paraître tous ses chefs-d'œuvre à l'étranger et tous ses livres sous l'anonyme.

Pour être plus sûr que le secret fût bien gardé et que l'impression fût bien faite, il confia son manuscrit à son secrétaire, qu'il envoya à Amsterdam. Celui-ci y séjourna jusqu'à la fin de sa mission, qu'il couronna en mettant sur la première page du livre un nom

---

1. Sayous, *Dix-huitième siècle à l'étranger.* 2 vol. Didier.

de libraire supposé et un lieu d'impression inexact.

On dit [1] que cette manière de publier coûta fort cher
à Montesquieu. Une chose étonne davantage, c'est que
l'homme qui se chargeait de ces soins était justement
un abbé nommé Duval, qui plus tard obtint un bénéfice
en Bretagne. Était-ce comme récompense?

Les *Lettres persanes* parurent [2] donc sans nom d'auteur, en deux volumes in-12, chez Marteau, sous la rubrique de Cologne, en 1721. Le titre rouge et noir du
premier volume porte un monogramme; celui du
deuxième, qui est aussi rouge et noir, est orné de deux
enfants se tenant par la main. Le premier volume a
des *cartons* pages 11 et 12, 103 et 104, 217 et 218,
223 et 224. Le deuxième volume en a un pages 85
et 86.

Un coup de théâtre venait de se produire en France :
à Louis XIV avait succédé Philippe d'Orléans.

Quiconque perd son indépendance chez lui aime
d'autant plus à l'affirmer au dehors. Le grand roi, en
1685, après avoir épousé madame de Maintenon, révo-
qua l'édit de Nantes et déclara la guerre aux peuples de
la religion réformée. L'austérité de ses mœurs jeta les
courtisans dans l'hypocrisie, ses croisades portèrent les
exilés vers les questions théologiques; ses armements
accrurent le déficit du trésor, et ses défaites lui firent
perdre son prestige. A quoi il faut ajouter la famine

---

1. Note de Guasco sur la lettre de Montesquieu, du 1er mars 1730.

2. Voir le *Conseiller du Bibliophile*, par M. Grellet, avril 1876 et
février 1877.

qui appela l'attention sur les moyens de la combattre. Ces malheurs, en portant à la réflexion, engendrèrent en France un esprit nouveau qui n'attendait que l'occasion pour se faire jour et s'aiguisa provisoirement.

Tout le monde alla à l'enterrement de Louis XIV rire, boire et chanter. Voici bien le dix-huitième siècle; il commençait par des critiques; il devait continuer par des théories et finir par des actes. C'est toujours la même marche : des chansons, des constitutions et des révolutions.

Philippe d'Orléans prit naturellement le contre-pied de tout ce qu'avait fait son prédécesseur. La majesté d'un roi convaincu fut abandonnée pour le laisser-aller d'un régent sceptique. Dubois l'exempta du souci d'entretenir les relations avec les puissances étrangères. A l'intérieur, ses autres ministres devaient assumer la responsabilité de leurs actes. Toute sa religion était le culte du plaisir qu'il poussait peut-être jusqu'à vivre avec sa fille; aussi, dit Michelet[1], l'inceste, mis à la mode par lui, fut-il pratiqué par M. de Wurtemberg et les enfants du prince de Montbelliard, célébré par Voltaire dans *Œdipe* et glorifié bientôt par Montesquieu dans *Aphéridon* et *Astarté*, des *Lettres persanes*.

Les autres se contentaient de l'adultère et du concubinage. L'athéisme, cette dévotion de ceux qui ont intérêt à rejeter la véritable, fut l'assaisonnement de toutes les conversations et de tous les écrits.

---

1. *Histoire de France*, la Régence.

Alors aux œuvres du grand art qui s'adresse à l'âme succédaient les mignardises qui flattent l'esprit et les sens; Coypel énervait l'histoire; Watteau enjolivait le paysage, et les Coustou ne respectaient plus le marbre. Ce n'étaient que scènes allégoriques, froides, recherchées, libertines, que les architectes utilisaient à décorer de petits appartements, juste assez grands pour servir de cabinets particuliers.

Les écrivains s'apprêtaient à entrer en lice. On publiait sur la Fronde des mémoires « qui agitaient les faibles et augmentaient l'inquiétude des inquiets[1]. »

Le plus à la mode, en littérature, était l'Orient vers lequel s'était tournée l'érudition, empêchée de s'occuper des origines nationales. Des voyageurs venaient de révéler ce pays mystérieux. Des romanciers avaient eu du succès en lui empruntant des couleurs et des contrastes; enfin un ambassadeur turc était à Paris.

Deux points surtout occupaient les esprits.

On comprend qu'après la destruction de Port-Royal et la révocation de l'Édit de Nantes, les commencements du dix-huitième siècle attribuassent de l'importance aux questions religieuses. Louis XIV avait, en 1713, obtenu de Rome une bulle sur le libre arbitre, que le Parlement avait enregistrée par intimidation, et la Sorbonne acceptée malgré elle. Aussi dès le règne suivant, docteurs et conseillers rétractèrent leur adhé-

---

1. Madame de la Tour de Balleroy, *Mémoires*, mss. cités par Desnoiresterres, dans ses études sur *Voltaire*, Paris, Didier, 8 vol.

sion ; l'exemple gagna même les communautés : et on en appela de l'autorité du pape au futur concile. Dubois, prévoyant un schisme[1], s'occupait de composer un corps de doctrine qui donnât satisfaction aux esprits en révolte : mauvais spectacle pour les laïques, pour le clergé et pour les indifférents.

Le second point important était le *système*. Law, pour payer les dettes de l'État, avait été autorisé à créer des billets hypothéqués sur les impôts du royaume. Les avantages de cette invention furent vite saisis et exagérés. Law en profita pour dépasser son droit d'émission, mais les actionnaires, en demandant à être remboursés, lui firent faire banqueroute. Des princes furent ruinés et des valets devinrent millionnaires. Il résulta de ce changement soudain un goût du luxe, un amour du plaisir, une dépravation et une démoralisation, « pires qu'à Sodome et Gomorrhe, » comme disait la mère du Régent.

Jamais, à tous ces titres, la France n'avait été dans une pareille confusion. S'il est vrai qu'il faille des romans aux cœurs corrompus et aux esprits légers, surtout que le succès appartienne aux livres dont les auteurs s'inspirent des circonstances et prennent le public pour complice, comme les *Provinciales*, en 1656, et le *Génie du Christianisme* en 1801, aucun ouvrage ne répondit mieux aux temps que les *Lettres persanes*.

---

1. Francis Monnier, *le Chancelier d'Aguesseau.* Paris, Didier, 1863

Les *Lettres persanes* sont la correspondance de deux Persans de qualité, l'un sérieux et l'autre gai, qui voyagent en Europe, adressant des observations à leurs amis restés en Asie et recevant par leurs eunuques des nouvelles de leur sérail. Ils ont à peine achevé de connaître notre pays, nos caractères, nos mœurs et nos institutions, que leur absence diminue l'amour de leurs femmes et nécessite leur retour.

Pas un livre n'avait réuni autant de séductions. Celui-ci avait une intrigue pour entraîner l'imagination du lecteur, des ornements érotiques et des quiproquo irréligieux pour éveiller nos mauvais instincts, et, pour plaire à la paresse, des divisions très-multipliées.

L'auteur, grâce à la forme épistolaire, qui comporte tous les tons, y abordait sans respect tous les sujets, même (pour comble de nouveauté) les plus graves, et les faisait succéder les uns aux autres avec un talent consommé qui délasse l'attention et un air superficiel qui les met à la portée de tout le monde.

Ce sont le pape, « magicien qui veut faire croire que « trois ne font qu'un, » et le roi, « autre magicien, « qui guérit tous les maux en les touchant; » la noblesse et la magistrature, la galanterie française et le sensualisme oriental, les mœurs des eunuques et celles des moines, les problèmes de philosophie et de morale, la bulle *Unigenitus* et le *système* de Law, les questions de politique et de littérature, l'apologie et la critique du suicide, les sciences accusées avec force et défendues avec faiblesse, la supériorité des ma-

riages incestueux; un peuple las du vice qui le ruine
et de la vertu qui fait son bonheur, chargeant un roi
de le gouverner; les objets de la conscience ou de la
vénération sociale ridiculisés; la notion de la justice
établie au-dessus de l'idée de Dieu; le christianisme
immolé à la Réforme, enfin la puissance paternelle et
l'amour de l'humanité réclamés. Toutes ces questions
et tous ces tableaux ainsi réunis, Montesquieu en
approche la lumière, la chaleur et le feu. Alors écla-
tent des épigrammes sifflantes, des portraits pittoresques, des aperçus saisissants, des réflexions frivoles,
des pensées profondes, des apologues admirables et
des sophismes odieux, tantôt armés d'habiles réti-
cences et d'oppositions insolentes, plus souvent d'une
ironie hautaine et d'une expression nette et vigou-
reuse; ici d'une éloquence acérée et rapide, là d'une
image qui éclaire l'idée, surtout satirique, elliptique,
antithétique, vivant, brillant, étincelant, éblouissant,
crépitant : un incendie sur un vaisseau cuirassé et
gréé en guerre.

Le succès du livre fut immense.

En 1721, il en parut au moins quatre éditions, dont
une se dit *Revue, corrigée, diminuée et augmentée
par l'auteur*, sans compter quatre contrefaçons. Les
libraires mettaient tout en œuvre pour en avoir des
imitations ou des suites; ils allaient, raconte Montesquieu[1] lui-même, tirer par la manche tous ceux qu'ils

1. Avertissement de l'édition des *Lettres persanes* avec supplément,
Cologne, Marteau, 1744.

rencontraient : « Monsieur, disaient-ils, faites-moi des *Lettres persanes*. »

Le public ne les prit que pour un ouvrage d'agrément, un chapitre des *Mille et une nuits* habillé à la mode par un philosophe libertin. Car il ne faut pas oublier le caractère particulier aux premières années du dix-huitième siècle. On était sérieux comme un enfant élevé par un père rigide, mais on était charmé de voir traiter légèrement les choses graves et badiner autour. L'opinion se sentait un faible pour le talent et pour l'esprit, dès qu'ils étaient relevés de scepticisme et de gravelure.

Tel peuple, tel gouvernement. Les critiques des *Lettres persanes* contre Louis XIV flattaient le Régent, qui faisait un peu ce que Montesquieu écrivait. Défendre ce roman lui aurait donné l'air d'être susceptible ou de mettre une limite au plaisir[1]. En outre, le livre était habile : comment reprocher à des Asiatiques de rire des usages européens? comment ne pas pardonner les allusions aux fautes du cabinet de Versailles transportées dans le conseil d'Ispahan, dans ce lointain favorable à la vérité et surtout à ceux qui la disent?

Le clergé[2] remarqua bien que Montesquieu faisait le monde éternel, niait la prescience de Dieu à l'égard des volontés libres, mettait des impiétés sur le compte

1. Lacretelle, *Histoire de France pendant le dix-huitième siècle.*
2. L'abbé Gauthier, *Lettres persanes convaincues d'impiété*, in-12. Paris, 1751. Préface.

des livres saints et commettait des blasphèmes sous le masque d'un mahométan. Par malheur, les théologiens n'étaient occupés que de la bulle *Unigenitus*.

Les hommes de lettres furent plus sévères. Marivaux, le futur auteur comique, alors journaliste, d'ailleurs fils de magistrat, dans la huitième feuille de son *Spectateur français*[1], écrivit à propos des *Lettres persanes* : « ... Dans tout cela, je ne vois « qu'un homme de beaucoup d'esprit qui badine, mais « qui ne songe pas assez qu'en se jouant, il engage un « peu trop la gravité respectable de ces matières (la « religion, les mœurs et le gouvernement). Il faut « là-dessus ménager l'esprit de l'homme, qui tient « faiblement à ses devoirs et ne les croit presque « plus nécessaires dès qu'on les lui présente d'une « façon peu sérieuse... »

Montesquieu a été le meilleur juge de son œuvre et le plus sûr. Le duc de Luynes, qui paraît ne l'avoir connu que vers la fin de sa vie, raconte : « Quand on lui en parlait, à peine convenait-il de l'avoir faite et disait qu'il n'y en avait pas un seul exemplaire chez lui[2]. » Enfin voici qui est plus décisif. Un jour, sa fille, ayant ouvert les *Lettres persanes*, Montesquieu lui dit : « Laissez cela, mon enfant ; c'est un livre de ma jeunesse qui n'est pas fait pour la vôtre.[3] »

Cependant, tout à coup, après un an d'un succès

1. Huitième feuille.
2. De Luynes, *Mémoires*.
3. Bernadau. *Tableau de Bordeaux*, 1810

extraordinaire, les *Lettres persanes* cessèrent de paraître, et il devait se passer huit années sans qu'on en vît une nouvelle édition, du moins aucun catalogue n'en mentionne de 1722 à 1728 : lacune fort importante pour les bibliophiles et pour les lettrés.

On admettrait que Montesquieu, par déférence pour la magistrature dont il était revêtu, eût renoncé à les réimprimer, quoiqu'il ne les eût pas signées, et que personne ne trouvât alors mauvais que le président Hénault et le conseiller Cideville fissent des couplets qu'ils chantaient eux-mêmes au dessert. Peut-être littéralement ou moralement regrettait-il de les avoir écrites; car il disait[1] : « A quoi bon faire des livres « pour cette petite terre qui n'est guère qu'un point. » Il ajoutait même[2] : « J'ai la maladie de faire des « livres et d'en être honteux quand je les ai faits. »

Mais le public, qui n'est tenu que par son plaisir, pourquoi aurait-il cessé de demander un ouvrage dont il avait acheté huit éditions en moins d'un an?

Bien plus : les libraires ne s'occupent que de leurs intérêts. Pourquoi sur leurs catalogues[3] ajoutaient-ils au titre des *Lettres persanes*, « dans le goût de l'*Espion dans les cours*, » livre d'un pensionnaire de Louis XIV. Comment n'en donnaient-ils plus de réimpression ni de contrefaçon?

Reportons-nous au temps et, s'il le faut, rappelons-

1. *Pensées.*
2. *Pensées.*
3. Georgi.

nous que le pouvoir et le sacerdoce ont des exigences auxquelles nul n'est capable de se dérober. Je m'imagine que Dubois, nommé cardinal le 16 juillet 1721 et surtout premier ministre le 21 août 1722, dut à sa double dignité d'interdire[1] un ouvrage qui, en somme, insultait la monarchie et la religion; et ses succeseurs ne révoquèrent pas son ordre. En outre, on a trouvé dans les *Pensées* de Montesquieu ce souvenir : « Lorsque par le succès des *Lettres persanes* j'eus peut-être prouvé que j'avais de l'esprit, et que j'eus obtenu quelque estime de la part du public, celle des gens en place se refroidit; j'essuyai mille dégoûts.

Il vint, pour se consoler, passer quelque temps à Paris, rue de la Verrerie, au Marais, le quartier alors à la mode.

---

1. Lamoignon de Malesherbes, *Mémoires sur la liberté de la presse*, in-8. Paris, 1823, nous apprend qu'elles furent défendues en effet

Montesquieu à l'hôtel de Soubise : Le P. Tournemine ; au club de l'Entre-sol : *Le Dialogue de Sylla et Eucrate* ; chez mademoiselle de Clermont :
Le Temple de Gnide. — Il est nommé et non reçu à l'Académie
française.

Le premier soin de Montesquieu fut de rechercher
les sociétés savantes, afin de se lier avec des hommes
instruits parlant de sujets élevés. Il avait plusieurs
titres pour être admis parmi eux : il était membre
de l'académie de Bordeaux et il venait de publier les
Lettres persanes.

L'abbé Oliva [1], bibliothécaire du cardinal de Rohan,
réunissait, une fois par semaine, à l'hôtel de Soubise,
des gens de lettres. Montesquieu fréquenta d'abord
cette société, mais trouvant que le père Tournemine y
voulait dominer, il s'abstint d'y revenir et n'en cacha
pas la raison. Dès lors le directeur du *Journal de Trévoux* commença à lui faire des tracasseries, peut-être
à mal parler des *Lettres persanes.* Aussi Montesquieu
dit-il à tout le monde : « N'écoutez ni le père Tourne
« mine ni moi parlant l'un de l'autre, nous avons

1. Guasco, Note sur une lettre de Montesquieu, du 5 décembre 1750.

« cessé d'être amis[1]. » Cette rupture devait avoir des conséquences.

A défaut de ce cercle, on l'introduisit dans un autre, qui paraissait lui convenir mieux.

La pensée de fonder une académie des sciences morales et politiques n'a pas été trouvée par la Convention[2]. Car il y a toujours eu des tentatives avant le succès. L'abbé Alary, membre de l'Académie française et précepteur des enfants de France, rassemblait une vingtaine de diplomates, de magistrats et de lettrés, chaque samedi (c'est-à-dire le jour actuel des séances de l'académie des sciences morales et politiques), place Vendôme, dans l'hôtel du président Hénault, à l'entre-sol. On trouvait dans ce salon, en hiver, de bons siéges, un feu doux et du thé; en été, des fenêtres ouvertes sur un joli jardin et des liqueurs rafraîchissantes; en tout temps les gazettes de France, de Hollande et d'Angleterre. Les séances duraient trois heures : dans la première on recueillait les nouvelles politiques du moment, dans la seconde on raisonnait sur les événements, et dans la dernière on lisait des mémoires sur le droit public, l'histoire ou l'économie sociale.

Cette société, qui ressemblait autant à un café qu'à une réunion publique, s'appelait, à cause de l'étage

---

1. J.-J. Rousseau, *Confessions*, partie II, liv. x.

2. P. Janet, *Une Académie politique sous le cardinal de Fleury* (*Revue des cours publics*), 16 septembre 1865; — D'Argenson, *Mémoires*, collect. Janet.

qu'elle occupait et de son origine britannique « le club de l'Entre-sol. »

En vérité, au commencement du dix-huitième siècle, l'influence de l'Angleterre sur la France et sur Montesquieu se révèle sous tant de formes que l'on peut en retrouver la marque dans l'institution même de ce cercle. Il paraît avoir eu non-seulement pour parrain, mais pour créateur, un exilé anglais. Milord Bolingbroke avait apporté chez nous la théorie des idées indépendantes, qu'il avait puisée dans le cataclysme politique et religieux de 1688 ; car les révolutions sont les écoles de l'histoire. Il était célèbre par l'influence qu'il avait exercée à la tribune de son pays, et était capable de rendre les Français envieux d'un gouvernement où l'on pouvait s'élever par la parole et par les écrits.

Après lui, les membres principaux étaient l'abbé de Saint-Pierre, qui a laissé aux hommes pratiques un arsenal de projets utiles ; d'Argenson, dit le secrétaire d'État de la République de Platon, à cause des utopies généreuses qu'il a répandues dans ses ouvages ; Ramsai, disciple de Fénelon ou de Télémaque ; Plelo, depuis ambassadeur, qui lut une dissertation « sur les diverses |formes de gouvernement » et d'autres esprits aussi distingués que théoriques.

Montesquieu fut admis dans cette société qui, pour son entrée, lui demanda un morceau[1].

1. *Vie de Montesquieu*, Œuvres complètes. Belin. Paris, 1817, 1er vol., p. XX.

Fontenelle, Fénelon et le président Hénault avaient mis à la mode les dialogues, renouvelés des Grecs, qui peignent et développent les caractères. Montesquieu apporta donc celui de *Sylla et d'Eucrate,* qu'il avait, si je ne me trompe, déjà essayé sur ses collègues de l'académie de Bordeaux[1].

Chacun connaît le sujet. Le lendemain de son abdication, Sylla éprouve le besoin d'en expliquer la cause et de justifier sa vie auprès d'un philosophe. Car tout criminel est doublé d'un sophiste, qui l'a démoralisé et qui voudrait démoraliser les autres[2].

Jamais dictateur en retraite n'a fait un éloge plus insolent de la conduite de ces ambitieux qui se prétendent esclaves tant qu'ils ne sont pas tyrans; aucun n'a expliqué plus effrontément l'art de s'emparer du pouvoir par l'audace sanguinaire; nul enfin n'a vanté avec plus de cynisme ces hommes violents qui aiment à remuer le monde et ne savent pas le gouverner. La rhétorique s'est rarement montrée aussi subtile et et aussi étonnante, et armée de pensées aussi fortes, exprimées avec autant de grandeur. Car Sylla représente la puissance du génie et la domination sur les hommes.

En présence d'un pareil pénitent, le confesseur d'abord fait quelques objections flatteuses, au milieu desquelles on sent des regrets pour cette vieille répu-

---

1. Registres mss. de l'Académie de Bordeaux.
2. Le comble de la malice est de la couvrir si artificieusement qu'elle paraisse juste. Platon, *République*, l. II.

blique romaine, qui ne devait plus durer trois jours.
Cependant son rôle de moraliste l'oblige à lui dire :
« En prenant la dictature, vous avez donné l'exemple
« du crime que vous avez puni. Voilà l'exemple qui
« sera suivi, et non pas celui d'une modération qu'on
« ne fera qu'admirer. »

L'épilogue est très-dramatique. Sylla, inaccessible
au remords et confiant dans sa cruauté, se rappelle
tout à coup qu'il a épargné César ; mais il se rassure
en jurant de le faire tuer au besoin : suprème fanfa-
ronnade d'un tigre mourant.

La scène est splendide, d'une conception heureuse,
remplie d'imagination, de politique et d'éloquence.
La langue en est mâle et le souffle grandiose. Presque
tous les littérateurs sont d'accord.

Il me paraît utile de faire connaître le jugement des
gens d'action. Napoléon disait à M. de Narbonne[1] :
« Maintenant allons au fait... de quelles lumières, de
« quelles idées justes cela peut-il remplir de jeunes
« esprits de notre temps et de mon règne ?... quelle
« est la morale de ce parlage magnifique ? Aucune.
« Rien de cette pompeuse analyse de Sylla n'est vrai ;
« et la faire admirer, c'est fausser de jeunes esprits. »

On ignore le succès qu'obtint, au club de l'Entre-
sol, cette œuvre factice.

Montesquieu aimait les sociétés de savants ; il re-

---

1. Villemain, *Souvenirs contemporains*, *M. de Narbonne*. 1 vol.
Paris, Didier.

cherchait peut-être encore plus celles où ne se trouvaient pas seulement des hommes : « Il est heureux,
« dit-il[1], de vivre dans ces climats qui permettent
« qu'on se communique, où le sexe qui a le plus d'a-
« gréments semble parer la société, et où les femmes,
« se réservant aux plaisirs d'un seul, servent encore
« à l'amusement de tous. » C'est bien le dix-huitième
siècle, ce siècle de contrastes, plein de systèmes et
d'anecdotes, de l'esprit de Voltaire et de l'éloquence
de Rousseau, qui prêcha l'humanité et qui finit par la
Terreur.

Philippe d'Orléans était mort en 1723. Le duc de
Bourbon, qui lui succéda, était seul capable de le
faire regretter. C'était un homme dans la force de
l'âge, partagé entre l'amour du pouvoir, la dévotion
et les plaisirs. Il rétablit l'impôt de joyeux avénement et leva une contribution de cinquante pour cent
sur le revenu. Quant à la religion, il renouvela contre
les jansénistes et contre les protestants les édits les
plus rigoureux de Louis XIV. Mais le reste l'occupait davantage : son château de Chantilly, des salons
aux écuries, des jardins à la forêt, fut aménagé avec
une magnificence réglée sur la mythologie. Ce n'étaient
qu'emblèmes, qu'allégories, que symboles, qu'incar-
nations d'idées abstraites ou métaphysiques. Les dé-
cors représentaient, sous les traits de sa famille et de
ses commensaux, le triomphe d'Amphion, l'étude,

1. *Esprit des lois*, l. XVI, ch. xi

Diane, les saisons, Hébé, Bacchus, des faunes et des chasseresses. Dans ces galeries, le duc de Bourbon, moitié dévot et moitié libertin, réunissait une société de femmes, de savants, d'artistes et de courtisans, à laquelle il faisait pratiquer la religion et inventer des tableaux vivants.

L'esprit, la physique, la théologie, la volupté, les lettres et les arts y étaient célébrés alternativement, quoiqu'il y eût plus de fêtes que de gaieté.

La marquise de Prie régnait dans les affaires, mais la surintendante des plaisirs était une de ses sœurs, mademoiselle de Clermont. Madame de Genlis en a fait, après coup, l'héroïne d'un roman pudique et sentimental[1], tandis que Voltaire lui a dédié une de ses rares pièces[2] où il ait employé des mots malpropres.

Marie-Anne de Bourbon[3], princesse du sang, née en 1697, descendait, au deuxième degré, du grand Condé et d'une fille légitimée de madame de Montespan, c'est-à-dire de Louise-Françoise de Bourbon, dite madame de Nantes, qui mangeait beaucoup, buvait trop, et tournait volontiers des couplets tels, que Louis XIV l'avait appelée « la muse merdeuse du temps[4]. » Aux talents qu'elle avait hérités de sa mère, s'ajouta celui de divertir le roi à souper. Les chan-

---

1. *Mademoiselle de Clermont*, in-18. Paris, Maradan, 1811.
2. *La Fête de Bélébat*, Voltaire-Beuchot ; — Desnoiresterres, *La Jeunesse de Voltaire*, Paris, Didier.
3. Marais, *Mémoires*, édit. Lescure ; — D'Argenson, *Mémoires*, édit. Rathery, t. II, pp. 167, 173 ; t. III, pp. 15, 265 et 382.
4. Saint-Simon, *Mémoires*.

sonniers, pour ses audaces, la nommaient : « Écoute s'il
pleut[1], » et les courtisans, par déférence, « Son Al-
tesse Sérénissime. »

A cette époque, mademoiselle de Clermont était dans
l'éclat de ses vingt-sept ans, en pleine possession de
sa beauté, de son esprit et de son expérience. C'est
alors que Natier[2] l'a peinte sous un ciel chaud, dans
un paysage frais et couronné de bois. Elle est vêtue à
la grecque avec les traits d'une jolie naïade, assise sur
un tertre de roseaux, un bras accoudé contre une urne
penchante, et la main ouverte comme pour inviter à
venir près d'elle; deux attributs l'accompagnent, la
jeunesse, qui lui verse le nectar, et l'amour, qui gouverne le cours de ses eaux : c'est l'allégorie de la
volupté provocante.

Montesquieu fréquentait Chantilly. La politesse l'obligeait, paraît-il[3], à dire au duc qu'il faisait maigre, et
à composer des madrigaux[4] en vers pour madame de
Prie. Cependant il préférait la conversation de mademoiselle de Clermont. Celle-ci[5] vivait alors en intrigue
réglée avec le comte de Melun qui, selon l'expression
de Voltaire[6], « avait peu d'agrément, mais beaucoup

---

1. *Recueil Maurepas*, Bibliothèque Nationale. Cabinet des titres.
2. Galeries du duc d'Aumale et galeries de Versailles. — Vatout,
Notice des tableaux de la galerie du duc d'Orléans, 3 vol. in-8, 1826.
3. « Je disais à Chantilly que je faisais maigre, par politesse : M.
le duc était dévot. » Montesquieu, *Pensées*.
4. Voir ch. XIV, *infra*.
5. Soulavie, *Mémoires de Maurepas*; — d'Argenson, *Mémoires*; —
Marais, *Mémoires*, édit. Lescure.
6. Lettre à madame de Bernières, août 1724.

de vertu. » Rien ne favorise plus la naissance d'une nouvelle passion que la fatigue d'une ancienne; la naïade de Natier semble avoir fait la galante avec Montesquieu.

L'amour[1] est le même dans tous les temps, mais les moyens de plaire changent avec les époques. La mode en ce genre venait alors de la petite cour de Sceaux, avec ses fêtes galantes, pastorales et mythologiques, inspirées par Fontenelle, Saint-Aulaire et Lamotte. Chose remarquable : les littératures en décadence se plaisent aux idylles, comme les palais blasés recherchent les fruits verts. Le livre qui avait eu le plus de succès[2] dans la haute société, était *Daphnis et Chloé*, enrichi par le Régent, de vignettes dignes de son règne.

Montesquieu fit donc le *Temple de Gnide* pour mademoiselle de Clermont[3], et le lut à sa société.

« Le dessein du poëme, dit la préface, est de faire « voir que nous sommes heureux par les sentiments « du cœur et non pas par les plaisirs des sens. » L'ouvrage représente l'amour des champs opposé à celui des villes. Aristée et sa bergère, Antiloque et son amante, après être partis du temple de Vénus, avoir traversé l'antre de Jalousie et s'être calmés à l'autel de Bacchus, arrivent à des buts différents. Chez le premier couple, le penchant de la nature l'emporte;

1. *Esprit des lois*, l. XXVIIII, ch. xxII.
2. En 1718.
3. Note de Guasco sur la lettre de Montesquieu, de Paris, 1742.

le roman des autres finit par le triomphe de la vertu et
le désespoir de la passion.·

Si mademoiselle de Clermont fut sensible à cette
galanterie, rien ne prouve mieux que les femmes sont
aisément touchées par les ouvrages qu'elles inspirent;
car la seule chose remarquable du *Temple de Gnide*
est la peinture des courtisans du prince de Condé,
sous le nom de Sybarites.

Le lecteur préférera lire trois lettres inédites[1] de
Montesquieu, qui sont vraisemblablement adressées à
mademoiselle de Clermont. Elles ont été trouvées,
après sa mort, dans les tiroirs où il les avait conservées pendant vingt ans, comme un trophée de jeunesse, et déchiffrées par moi sous les ratures qui
attestent le travail d'un amant non moins épris que
coquet.

.˙.

« Je ne sais si je vous aurai assez dit, hier, combien je vous
aime, combien je me donne et combien je me sens à vous,
toutes les fois que je vous vois. Toutes les fois que vous
m'écrivez, il me semble que je vous aime davantage.

« Je vous remercie de ce que vous voulez bien travailler à
me procurer les moyens de vous voir plus aisément, comme
je vous remercie de mon bonheur.

« J'ai mille choses à vous dire. Je ne vous ai rien dit; vous ne
me connaissez pas [je ne vous connais pas][2]; d'où vient que
je vous aime?

---

1. Cabinet de M. Demetz, fondateur de Mettray; — Sainte-
Beuve, *Causeries du lundi*, vº Montesquieu; — Labat, *Recueil de la
Société d'Agen*, 1834.

2. Les mots mis entre crochets étaient surchargés dans l'original.

« J'approuve infiniment ce que vous me mandâtes, hier, que vous ne vouliez pas de confidente. On n'en a que les inconvénients, on n'en aime que moins. Nous n'en aurions besoin que pour nous raccommoder et nous ne nous brouillerons jamais. »

.•.

« Cet air absolu ne m'intimide point.

« Pourquoi ne vivrais-je point sous les lois de ce que j'aime?

« Je suivrai vos ordres de point en point.

« Je suis fâché que vos gens n'aillent point à Versailles, et que je sois obligé de vivre si près de vous sans vous voir.

« Vous m'occupez entièrement. Vous faites le tourment de mon esprit, comme vous faites les délices de mon cœur.

« Adieu, Madame. Je serais heureux si cette [jour] nuit... mais [je ne veux point parler ny ny] je parle inutilement de mes désirs [ny] et de mes regrets. »

.•.

« [J'ai été cent pieds sous terre]. Je suis dans le dernier désespoir depuis que je vous ai quittée.

« J'ai [eu peur et j'ai peur encore] craint et je crains encore, que la personne que vous savez [ne se soit aperçu de ce que] n'aye [vu ou] deviné [et la peine que cela vous] et je me reproche toute la peine que cela vous peut faire.

« Pardonnez-moi jusques à mon amour.

« J'ai mille choses à vous dire. Avouez que j'ai été bien sot. Je n'ai jamais été si embarrassé de mon désordre et du votre; [adieu je vous embrasse]. Mais vous aviez encore de l'esprit et moi je n'en avais plus.

« [Adieu, je vous donne.] Je ne compte pas dans ma vie et je ne daigne pas vous offrir les moments qui jusques à samedi ne sont rien, puisque je ne les passerai pas avec vous. »

Une intrigue entre une princesse galante et un ma-

gistrat en fonction ne pouvait être éternelle. Cette
relation, que la présence du comte de Melun rendait
piquante, s'éteignit sans doute le 31 juillet 1724, à sa
mort, par une de ces inconséquences qui datent du
fruit défendu.

Le *Temple de Gnide* courut, je crois, quelque
temps en manuscrit. Bientôt un périodique [1] qui s'imprimait en Hollande l'inséra dans le second semestre
de l'année 1724 avec cette note : « Cette pièce a été
« trop bien reçue du public pour refuser de la mettre
« au rang des pièces fugitives qui méritent d'être
« conservées. On assure qu'elle est de la façon de
« celui qui nous donna, il y a trois ans, les *Lettres*
« *persanes.* »

Montesquieu le publia en volume, à Paris, sous le
pseudonyme [2] d'un évêque grec, à la fin de mars 1725,
pendant la semaine sainte et avec approbation.

Un contemporain [3] nous apprend qu'on fut scanda-
lisé de l'époque où il paraissait, et du privilége du roi.
Il ajoute : « On veut faire croire ce petit livret traduit
« du grec, et trouvé dans la bibliothèque d'un évêque,
« mais cela sort de la tète de quelque libertin qui a
« voulu envelopper des ordures sous des allégories.
« L'addition de la fin, où l'Amour fait revenir ses
« ailes sur le sein de Vénus n'est pas mal friponne ; et

1. *Bibliothèque française.* Amsterdam, p. 82, article VI.
2. Villemain, *Études de littérature* (*Essai sur les romans grecs*).
Paris, Didier; — J.-J. Rousseau, v *Promenade.*
3. Mathieu Marais. *Journal et Mémoires*, t. III, p. 174 et 312, édit.
Lescure.

« les femmes disent qu'elles veulent apprendre le
« grec, puisqu'on y trouve de si jolies cures :... Les
« allusions y couvrent des obscénités à demi nues. »

En voyant des pensées au lieu de sentiments et
plus d'observation que d'imagination, le tout présenté
dans un style[1] précieux et d'une fausse naïveté, le
public, par la voix de madame du Deffand[2], qui avait
plusieurs raisons de ne pas goûter un tel ouvrage, si
peu en rapport avec son art d'aimer et son art d'é-
crire l'appela aussitôt : « l'Apocalypse de la galanterie. »

On en fit une parodie intitulée : *Le temple de Gnide,
le muet babillard et la sympathie forcée*[3].

Du reste, l'opinion hésitait à le donner à Fontenelle,
à Hénault ou à son véritable auteur. Montesquieu a
désavoué le livre pendant fort longtemps, et, bien que
contraint par l'évidence, en faisait encore un secret en
1742[4]. Le mot le plus compromettant qu'il ait dit à ce
sujet est dans une de ses lettres datée de 1738, à Mon-
crif : « Je suis, à l'égard des ouvrages qu'on m'attribue,
« comme la Fontaine-Martel, pour les ridicules; on
« me les donne, mais je ne les prends pas. » Cependant des indiscrets révélèrent son nom et comparè-
rent son livre avec Télémaque, auquel il ressemble

1. Le baron de Marescot, *Temple de Gnide*. Paris, Jouaust, 1875, p.
12, dit : « Il y a certaines phrases qui feraient croire que l'ouvrage a
d'abord été écrit en vers. »

2. Dalembert, *Œuvres*. Supplément à l'Éloge de Montesquieu.

3. In-8. Paris, 1726. (*Catalogue Georgi*.)

4. Lettre de Montesquieu à Guasco. Paris, 1742.

comme le Poussin à Lancret, ou l'*Iliade* à la *Henriade* qui paraissait alors.

Un abbé[1], qui malheureusement s'y connaissait, nous assure que ce Décaméron du dix-huitième siècle, « valut à Montesquieu beaucoup de bonnes « fortunes, à condition qu'il les cacherait. »

Il y a mieux. Ces dames par reconnaissance, et ses amis par erreur de goût, le firent nommer de l'Académie française cette année même. Il prépara son discours de réception. Fontenelle devait lui répondre, comme directeur, et lui remit la harangue qu'il se proposait de lire à cette occasion. Je donnerais presque la tirade de Voltaire sur l'abbé Trublet[2], de qui nous savons ces détails, pour trouver le chef-d'œuvre de sagacité et de finesse que ce devait être ; car il est perdu et n'a pas été prononcé. En effet quelques envieux[3] invoquèrent le statut qui défendait de recevoir des membres non résidents à Paris ; et l'élection de Montesquieu fut invalidée.

Cette déconvenue le piqua au vif : le désir de prendre sa revanche devint chez lui une affaire d'amour-propre.

---

1. Voisenon, *Anecdotes littéraires*, 1781. Paris.

2. *Mémoires sur Fontenelle*, 2ᵉ édit. Amsterdam, Rey., 1759, in-12, p. 289.

3. *Les loisirs d'un ministre*. Liége, 1787, in-8, t. II, p. 64. « M. le président a quitté sa charge pour que sa non-résidence à Paris ne fût point un obstacle à ce qu'il fût reçu à l'Académie. »

VII

Montesquieu à Bordeaux. — A l'Académie, il lit un *Traité des droo rs* et un discours sur la *Considération;* ses relations avec l'horloger Sully; il demande un congé. — Au Parlement, il installe un premier président; sa *Mercuriale;* il vend sa charge.

Après cet échec, la grande occupation de Montesquieu fut de chercher les moyens d'habiter Paris. Au contraire, ses amis de Bordeaux, surtout ses collègues de l'Académie et ceux du parlement luttèrent pour le décider à rester en province. Les premiers le nommèrent président, après avoir obtenu de lui deux opuscules inédits dont la découverte est toute récente : un *Traité général des devoirs de l'homme*, lu le 1er mai 1725, et *un Discours sur la différence entre la considération et la réputation*[1], prononcé le 25 août de la même année.

M. Despois[2] a trouvé dans un journal du temps[3] un compte rendu de ces ouvrages, rempli de citations.

---

1. Lettre de Montesquieu du 4 octobre 1752 et la note première de Guasco.

2. *Revue politique et littéraire*, 14 novembre 1874.

3. *Bibliothèque française ou Histoire littéraire de la France*. Amsterdam, Bernard, in-12, 1726, janvier et février 1726.

J'extrais du premier les pensées suivantes de Montesquieu.

« Il est utile que la morale soit traitée en même temps par les chrétiens et par les philosophes, afin que les esprits attentifs voient dans le rapport de ce que les uns et les autres enseignent combien peu de chemin il y a à faire pour aller de la philosophie au christianisme.

« Ceux qui ont dit qu'une fatalité aveugle a produit tous les effets que nous voyons dans le monde, ont dit une grande absurdité ; car quelle plus grande absurdité qu'une fatalité aveugle qui produit des êtres qui ne le sont pas. Si Dieu est plus puissant que nous, il faut le craindre ; s'il est un être bienfaisant, il faut l'aimer ; et, comme il ne s'est pas rendu visible, l'aimer c'est le servir avec cette satisfaction intérieure que l'on sent, lorsque l'on donne à quelqu'un des marques de reconnaissance.

« Enfin nos devoirs envers Dieu sont d'autant plus indispensables qu'ils ne sont pas réciproques, comme ceux que les hommes nous rendent, car nous devons tout à Dieu et Dieu ne nous doit rien.....

« Nos devoirs envers les hommes sont de deux espèces : ceux qui se rapportent plus aux autres hommes qu'à nous et ceux qui se rapportent plus à nous qu'aux autres hommes.....

« Si je pouvais un moment cesser de penser que je suis chrétien, je ne pourrais m'empêcher de mettre la destruction de la secte de Zénon au nombre des malheurs du genre humain ; elle n'outrait que les choses dans lesquelles il n'y a que de la grandeur : le mépris des plaisirs et de la douleur... Les stoïciens, nés pour la société, croyaient tous que leur destin était de travailler pour elle ; d'autant moins à charge que les récompenses étaient toutes dans eux-mêmes et qu'heureux par leur philosophie seule, il semblait qu'ils crussent que le seul bonheur des autres pût augmenter le leur.

« ... La plupart des vertus ne sont que des rapports particuliers, mais la justice est un rapport général ; elle concerne l'homme en lui-même; elle le concerne par rapport à tous les hommes.

« ... Tous les devoirs particuliers cessent, lorsqu'on ne peut les remplir sans choquer les devoirs de l'homme. Doit-on penser, par exemple, au bien de la patrie, lorsqu'il est question de celui du genre humain? non, le devoir du citoyen est un crime, lorsqu'il fait oublier le devoir de l'homme. L'impossibilité de ranger l'univers sous une même société a rendu les hommes étrangers à des hommes, mais cet arrangement n'a point prescrit contre les premiers devoirs, et l'homme, partout raisonnable, n'est ni romain ni barbare.

« ... Qui aurait dit aux huguenots, qui venaient avec une armée conduire Henri IV sur le trône, que leur secte serait abattue par son fils et anéantie par son petit-fils? Leur ruine totale était liée à des accidents qu'ils ne pouvaient pas prévoir; ce qui fait que la politique a si peu de succès, c'est que ses sectateurs ne connaissent jamais les hommes : comme ils ont des vues fines et adroites, ils croient que tous les hommes les ont de même; mais il s'en faut bien que tous les hommes soient fins; ils agissent au contraire presque toujours par caprice ou par passion, ou agissent seulement pour agir ou pour qu'on ne dise pas qu'ils ne font rien. Mais ce qui ruine les plus grands politiques, c'est que la réputation qu'ils ont d'exceller dans leur art, dégoûte presque tout le monde de traiter avec eux et qu'ils se trouvent par là privés de tous les avantages des conventions... »

Ce traité des devoirs n'est qu'une ébauche, mais on y voit que Montesquieu songeait à étudier les législations dans leurs rapports avec la morale [1]. L'*Esprit des Lois* ne rappelle pas nettement cette pensée première, sans doute parce que le rôle du moraliste n'est pas celui du politique.

---

1. *Revue politique* du 30 juin 1877. Ed. Cougny sur Montesquieu.

L'analyse du second opuscule de Montesquieu sur la *considération* et la *réputation*, me fournit les passages suivants :

« ... Un honnête homme, qui est considéré dans le monde, est dans l'état le plus heureux où l'on puisse être. Il jouit à tous les instants des égards de tous ceux qui l'entourent ; il trouve dans les moindres gestes des marques de l'estime publique. Son âme est délicieusement entretenue dans cette satisfaction qui fait sentir les satisfactions et ce plaisir qui égaie les plaisirs mêmes.

« La considération contribue bien plus à notre bonheur que la naissance, les richesses, les emplois, les honneurs. Je ne sache pas dans le monde de rôle plus triste que celui d'un grand seigneur sans mérite, qui n'est jamais traité qu'avec des expressions frappées de respect, au lieu de ces traits naïfs et délicats qui font sentir la considération.

« ... Quoique la politesse semble être faite pour mettre au même niveau, pour le bien de la paix, le mérite de tout le monde ; cependant il est impossible que les hommes veuillent ou puissent se déguiser si fort, qu'ils ne fassent sentir de grandes différences entre ceux à qui leur politesse n'a besoin de rien accorder et ceux à qui il faut qu'elle accorde tout. Il est si facile de se mettre au fait de cette espèce de tromperie, le jeu est si fort à découvert, les coups reviennent si souvent qu'il est rare qu'il y ait beaucoup de dupes.

« ... Nous voulons nous distinguer ; mais il ne nous suffit pas de le faire en général, nous voulons encore nous distinguer à chaque moment, et pour ainsi dire en détail : et c'est ce que les qualités réelles, la probité, la bonne foi, la modestie ne donnent pas ; elles font seulement un mérite général, mais il nous faut une distinction pour le moment présent. Voilà d'où vient que nous disons souvent un bon mot qui nous déshonorera demain ; que, pour réussir dans une société, nous nous perdons dans quatre, et que nous copions sans cesse des originaux que nous méprisons.

« Une chose qui nous ôte plus la considération que les vices

ce sont les ridicules. Un certain air gauche déshonore bien
plus une femme qu'une galanterie. Comme les vices sont
presque généraux, on est convenu de se faire bonne guerre,
mais chaque ridicule étant personnel, on les traite sans quartier.

« ... La considération est le résultat de toute une vie, au
lieu qu'il ne faut souvent qu'une sottise pour nous donner de
la réputation.

« ... De toutes les vertus, celle qui contribue le plus à nous
donner une réputation invariable, c'est l'amour de nos concitoyens. Le peuple, qui croit toujours qu'on l'aime peu et
qu'on le méprise beaucoup, n'est jamais ingrat de l'amour et
de l'estime qu'on lui accorde. Dans les républiques où chaque citoyen partage l'empire, l'esprit populaire le rend
odieux; mais dans les monarchies où l'on ne va à l'ambition
que par l'obéissance, et où par rapport au pouvoir, la faveur
du peuple n'accorde rien lorsqu'elle n'accorde pas tout, elle
donne une réputation sûre, parce qu'elle ne peut être soup-
çonnée d'aucun motif qui ne soit vertueux.

« ... Pour acquérir la réputation, il ne faut qu'un grand
jour, et le hasard peut donner ce jour; mais pour la conserver, il faut payer de sa personne à tous les instants. Quelquefois on y réussit par sa modestie; d'autrefois on se soutient
par son audace. Souvent l'envie s'élève contre un audacieux
et souvent elle s'irrite de voir un homme modeste couvert de
gloire.

« Cependant le meilleur de tous les moyens que l'on puisse
employer pour conserver la réputation, c'est celui de la modestie, qui empêche les hommes de se repentir de leurs suffrages, en leur faisant voir que l'on ne s'en sert pas contre
eux.

« Il n'y a rien qui conserve et qui fixe mieux la réputation
que la disgrâce. Il n'y a point de vertus que le peuple n'imagine en faveur de celui qu'il plaint ou qu'il regrette; mais
comme la plupart des hommes ne sont pas dans un état
assez élevé pour être outragés de la fortune, ils ont la
retraite, qui souvent fait en eux l'effet de la disgrâce.

« ... Il y a eu des fautes faites par d'illustres personnages

qui faisaient bien voir qu'ils ne savaient avec quels hommes
ils vivaient et qu'ils ignoraient les Français comme les Japo-
nais. Dans chaque siècle, il y a de certains préjugés domi-
nants dans lesquels la vanité se trouve mêlée avec la politique
ou la superstition, et ces préjugés sont toujours embrassés
par des gens qui veulent avoir de la réputation par des voies
plus faciles que celle de la vertu.

« On s'impatiente, dans la recherche des causes morales,
de trouver toujours l'amour-propre sur son chemin et d'avoir
toujours la même chose à redire.

« Cet orgueil qui entre dans tous nos jugements met une
certaine compensation dans les choses d'ici-bas, et venge
bien des gens des injures de la fortune.

« Un homme est d'une noblesse distinguée : s'il n'a pas de
bien, on lui laissera sa noblesse, on se plaira même à le
relever; mais si la fortune donne de l'envie, on examinera
sa naissance avec les yeux de l'envie ; non-seulement on lui
disputera la chimère, mais on lui ôtera du réel.

« ... Les richesses contribuent aussi quelquefois à nous
ôter l'estime publique, à moins que l'on n'ait acquis auparavant
tant d'honneur et tant de gloire, que les richesses soient,
pour ainsi dire, venues d'elles-mêmes, comme un accessoire
qui est presque inséparable. Pour lors, on jouit de ces
richesses comme d'un vil prix de sa vertu. Qui est-ce qui a
jamais été choqué des grands biens du prince Eugène. Ils ne
sont pas plus enviés que l'or que l'on voit dans les temples
des dieux... »

Tels sont les principaux passages de ce Mémoire
du 1ᵉʳ mai 1725.

Le discours que, comme président de l'Académie
de Bordeaux, Montesquieu prononça le 25 août 1726,
contient l'éloge du protecteur de cette société, le duc
de la Force. Il se montra habile et même ému dans
la tâche de panégyriste de ce grand concussion-

naire, devenu son ami depuis qu'il était rendu à la vie privée.

Un autre motif prolongea son séjour en province. Henri Sully, Anglais qui s'était fait estimer de Newton, dans son pays, pour ses recherches astronomiques, et que le duc d'Orléans avait chargé de créer la manufacture d'horlogerie de Versailles, venait d'arriver avec une nouvelle invention scientifique. Il s'agissait d'une pendule à levier pour mesurer le temps en mer[1], ce qui permettait de parvenir à la connaissance exacte des longitudes. Le seul moyen de vérifier cet instrument était de faire des expériences sur un navire. Sully avait choisi Bordeaux à cause de son port et surtout de son Académie, où les sciences étaient mieux connues et appréciées qu'en aucune ville de province. La compagnie l'admit en séance, délégua des membres pour assister à ses essais et lui en rendre compte. Montesquieu qui, comme on l'a vu, était président, traita Sully avec la plus cordiale affabilité. Aussi, un jour, ce grand « horlogeur[2], » venant d'éprouver des pertes considérables, comme il en arrive à tous les inventeurs, écrivit à Montesquieu cette lettre qui est bien anglaise et bien naïve[3] : « J'ai envie de me pendre, mais je crois que je ne me pendrais pas si j'avais cent écus. » — « Je vous envoie

1. *Méthode pour régler les montres.* Paris, Dupuis, 1728, in-12.
2. *Mercure de France*, septembre 1726.
3. *Œuvres de Montesquieu.* Paris, Plassan, 1796, 5 vol. in-4°, 4° vol. *Anecdotes.*

cent écus, répondit aussitôt le correspondant. Ne vous pendez pas, mon cher Sully, et venez me voir. »

Cette bonne action, qui honore tant son auteur. n'a été révélée qu'après sa mort, par sa fille. Vous demandez d'où vient une telle discrétion de la part de Montesquieu? La réponse est peut-être dans cette observation de lui : « La timidité a été le fléau de ma vie.[1] »

On aimerait à savoir que cette générosité a sauvé Sully, mais rien ne préserve un inventeur de son sort; celui-là mourut, deux ans après, dans la misère, selon l'usage.

Cependant Montesquieu demanda et obtint un congé de l'Académie. Les difficultés furent plus grandes au Parlement. Ses collègues, pour le retenir sans doute, le chargèrent, comme on l'a vu, du discours de rentrée; ils le prièrent de plus de remplir momentanément la place du premier président, vacante par la mort du titulaire. A quoi il obtempéra. Mais l'intérim ne pouvait être long. Voici la mercuriale inédite qu'il prononça en installant son successeur définitif. Elle fait partie de la bibliothèque Cousin et m'est donnée par M. Barthélemy Saint-Hilaire, qui malgré son talent, a peut-être un peu exagéré les emprunts que Montesquieu a faits à Aristote, son auteur favori[2].

---

1. *Pensées.*
2. Politique d'Aristote, traduct. de J. Barthélemy Saint-Hilaire; in-8. Paris, 1874.

« Monsieur, le choix que le roi vient de faire de votre personne pour remplir la première place de ce parlement, nous est d'autant plus agréable qu'il répond fidèlement à tous les sentiments d'estime que nous avons toujours eus pour vous.

« Nous sommes persuadés que cette estime ne fera qu'augmenter par votre attachement inviolable à tous les intérêts de la Compagnie qui sont, Monsieur, présentement les vôtres. Toute sa gloire devant être à l'avenir l'unique objet de vos réflexions les plus sérieuses, votre nouvelle dignité vous fournira de plus grandes occasions à faire briller avec plus d'éclat le zèle que vous avez toujours marqué pour l'honneur de la magistrature. Ces occasions serviront aussi à mettre dans un plus grand jour votre fidélité à toute épreuve pour le service du souverain qui nous gouverne, votre amour sans relâche pour la pureté de la justice, votre attention aussi vive que constante à maintenir ou à rétablir le bon ordre, votre fermeté à soutenir l'ancienne et naturelle dignité de ce parlement, et cette autorité supérieure qui ne doit jamais reconnaître d'autre modérateur que le monarque qui nous l'a confiée, ni d'autre grandeur que celle de nos charges.

« Nous savons, Monsieur, que les lumières et les meilleures intentions d'un chef de compagnie deviennent souvent inutiles si l'union et la subordination ne règnent pas parmi les officiers qui la composent. Je puis être garant de ces heureuses dispositions par l'expérience que j'en ai fait durant le peu de temps que j'ai eu l'honneur d'exercer par ordre du roi les fonctions de cette première place. Je n'aurai plus rien à désirer si cette illustre Compagnie paraissait aussi satisfaite de mon ministère, que le public a raison de se louer de son application continuelle à remplir exactement tous ses devoirs.

« Vos paroles, Monsieur, et votre exemple nous y confirment davantage. C'est à présent que nous allons voir refleurir cet éclat solide, cet ordre constant et cette sage dignité qui doivent rendre un parlement aussi auguste que celui-ci : digne dans tous les temps de la vénération des peuples, de la plus haute estime des grands et de l'entière confiance de son roi. »

Alors rien ne put empêcher Montesquieu de se retirer, ni les traditions de sa famille, ni son opinion sur
la faiblesse de « ceux qui, se trouvant au-dessous de
leur état, le quittent par une espèce de désertion [1]. »
Il céda, pour la vie de l'acquéreur [2], sa charge de président à mortier, afin qu'elle retournât plus tard à son
fils, qui n'avait encore que dix ans.

Le motif qu'il allégua au ministère fut qu'il voulait
consacrer son temps à un ouvrage sur la législation [3].
Ses amis rappelèrent que « quand Lycurgue voulut
donner des lois à sa patrie, il commença par abdiquer
la royauté. » Ses ennemis dirent de lui et du président Hénault qui venait de l'imiter : « Ces messieurs
quittent leur métier pour aller l'apprendre. »

La vérité est que Montesquieu s'occupait depuis
longtemps de son grand ouvrage. Dès sa sortie du
collége, il avait cherché l'esprit des livres de droit
qu'on mit entre ses mains [4], depuis il écrivit à ce sujet toutes ses pensées ; il faisait des extraits de ses
lectures et accumulait ses réflexions et ses idées à cet
égard, cherchant un lien qui les rattachât [5].

Les dix premiers livres de *l'Esprit des Lois* étaient
en train, sinon achevés. M. Paul Janet [6], de l'Institut,

1. *Lettre persane* 139.
2. Voir *infra*, *Eloge historique de M. de Montesquieu.*
3. D'Argenson, *Loisirs d'un ministre.* Liége, 1787, in-8, t. II, p. 64.
4. Lettre de Montesquieu au grand prieur de Solar.
5. Helvétius, Lettre à Saurin dans les *Œuvres complètes de Montesquieu*, édit. Laboulaye. Paris, Garnier, in-8, 1877, t. VI.
6. *Revue politique et littéraire*, 9 décembre 1871, p. 558 ; Théories
de Montesquieu et de J.-J. Rousseau.

l'a fort bien remarqué, on les dirait contemporains des *Lettres persanes :* même idéal, même doctrine, même ignorance du gouvernement parlementaire, même médisance de la monarchie. Montesquieu les a nécessairement écrits avant son voyage en Angleterre, puisqu'il y parle vaguement des libertés de ce pays et qu'il n'a pas l'air d'y comprendre le mécanisme de sa constitution, dont il devait faire une analyse si admirablement précise dans les onzième et douzième livres. Du reste l'auteur dit deux fois dans sa préface : « C'est un livre de vingt ans... » « C'est le résultat de vingt ans d'études... » Ce qui indique bien que *l'Esprit des Lois,* publié en 1748, a été commencé avant 1730, date du passage de Montesquieu en Angleterre, où il devait trouver son chemin de Damas.

J'oubliais de dire que vers cette époque, le 23 février 1727, un dernier enfant, sa fille de prédilection, nommée Denise[1], lui était né.

Donc, après avoir, pour quelques temps, dénoué les liens (son Académie, son Parlement et sa femme) qui le retenaient à Bordeaux, il s'en alla à Paris, qu'il habita dès lors alternativement avec la Brède : moitié de l'année dans un petit appartement de la rue Saint-Dominique-Saint-Germain, et moitié dans son château.

1. Marie-Joseph-Denise, à Bordeaux.

VIII

Les sociétés galantes et les salons littéraires avaient toujours attiré Montesquieu. Son but me fait croire qu'il les fréquenta davantage encore, comme on recherche des protecteurs.

Mademoiselle de Clermont[1], son ancienne amie, logée au petit Luxembourg avec la princesse sa grand'mère, depuis l'exil de son frère, en 1726, et la mort du comte de Melun, en 1724, vivait aussi retirée que le lui permettait sa charge de surintendante de la reine. Montesquieu voyant que la perte de cet amant paraissait l'avoir fait renoncer à plaire, résolut de faire revivre un moment le cher défunt.

> Un souvenir heureux est peut-être sur terre
> Plus vrai que le bonheur[2].

Le nouveau poëme qu'il écrivit à cette occasion,

1. Soulavie, *Mémoires de Maurepas.* Paris, 1791, t. 1, p. 259.
2. Alfred de Musset, *Poésies nouvelles : Souvenir.*

s'appelle le *Voyage à Paphos* [1]. Je l'attribue à Montesquieu d'après sa famille [2], et d'après la *France littéraire* de 1778 : quelques extraits convaincront les plus hésitants.

« Les dieux, ainsi que les mortels, ne flattent que pour obtenir ce qu'ils désirent...

« Pour réussir dans ce qu'on projette, il faut aller par degrés au bonheur qu'on attend...

« Que de belles seraient aimables, si elles savaient ignorer que la beauté sert à se faire aimer!...

« Chaque dieu a ses autels, et chaque autel a ses faux prêtres; la politique, l'ignorance et la corruption en forment tous les jours; peut-être ne connaîtrait-on point de vices, sans le pernicieux exemple de ceux que les dieux choisissent pour les bannir...

« Mais j'oublie un disciple de Thémis, qui n'a jamais aimé que la parure? — Ah! s'écria Vénus, qu'on le frise tous les quarts d'heure du jour; et dès qu'il paraîtra content de son ajustement on le fera promener au grand vent. Le supplice est cruel, mais l'offense est trop forte...

« Souvenez-vous que les précautions qu'on prend pour cacher ses feux ne servent qu'à les faire plus tôt paraître...

« Ceux qui affectent des dehors sévères s'offensent aisément et ne pardonnent jamais...

« Chez les mortels, sa distraction passerait aisément pour fierté; car souvent ceux qu'on en accuse y sont les moins sujets. Ne vous y trompez pas, tel ne vous paraît méprisant que parce qu'il ne comprend pas qu'on puisse l'être; il s'abandonne à sa pensée, ou à sa nonchalance naturelle; et s'il croyait qu'on pût soupçonner quelqu'un de fierté, il s'appliquerait à détromper ceux qui l'en soupçonnent...

« L'amour-propre fait souvent naître des sentiments de

1. *Mercure de France* de décembre 1727.
2. O'gilvy, *Nobiliaire de Guienne.* Bordeaux, 1858, v° Secondat. p. 13.

jalousie qu'on attribue à l'amour... Ainsi l'on croit aimer et l'on n'est que jaloux...

« On aime aussi quelquefois sans croire aimer...

« Nous arrivâmes dans un bois de lauriers, où le soleil donne un jour si tendre, qu'on dirait qu'il reconnaît encore Daphné sous l'écorce de cet arbre...

« Quand il s'agit de soutenir ses droits, la plus forte amitié n'est pas exempte de froideur.

Ce *Voyage à Paphos* célèbre le cynisme de l'amour et du vin, et raille l'hypocrisie du plaisir, représentée par Diane courant après Endymion dans les bois. La principale scène montre Vénus avec Adonis, et Bacchus avec Ariane à table, unissant la volupté à l'ivresse. Montesquieu paraît s'appliquer surtout à faire voir que les dieux viennent quelquefois sur la terre goûter les plaisirs des mortels et qu'Adonis, tué à la chasse par une bête fauve, comme M. de Melun, a été changé à la demande de sa maîtresse, en une fleur qui reprend sa première forme à Paphos : telle l'image d'une personne se ravive quand on y pense de tout cœur.

Ce poëme, d'une exécution supérieure au *Temple de Gnide*, parut dans *le Mercure de France* de décembre 1727, et dut concilier à l'auteur les amis puissants dont disposait mademoiselle de Clermont.

Le club de l'*Entre-sol* durait encore en 1728, mais il commençait à s'occuper de politique active. Il n'en était encore qu'aux allusions, et le cardinal de Fleury le surveillait avant de l'interdire en 1730. Je suppose que Montesquieu écrivit pour cette société un mémoire d'une quarantaine de pages « sur les finances de l'Espagne, » qu'il a fondu dans l'*Esprit des Lois*[1] comme il le dit lui-même dans une édition de 1749[2]. Le manuscrit est entre les mains d'un amateur inconnu. En voici le commencement et la fin[3] :

« Il existe deux espèces de richesses, la richesse réelle et la richesse de fiction. La première tient à la terre, à l'industrie, à la production; elle se détruit et se renouvelle sans cesse; la seconde, celle de l'argent, ne se détruit pas; et comme chaque jour elle augmente dans sa représentation, elle va sans cesse en se détériorant dans sa valeur réelle. Lors de la découverte des Indes occidentales, l'Espagne... se trouvant tout à coup en possession d'une plus grande quantité d'or et d'argent, a été un moment riche; mais la multiplication du numéraire a fait hausser le prix des objets d'échange, et la production d'argent a suivi à peine ce renchérissement. Mais la main d'œuvre a augmenté dans la même proportion; le prix des métaux précieux a doublé, triplé, quadruplé, et pareille quantité d'or et d'argent a bientôt coûté, pour l'extraction et le transport, deux, trois, quatre fois plus qu'au début de la possession, et a représenté dans les échanges une valeur graduellement décroissante, à mesure que le numéraire métallique se multipliait...

« Il n'est pas bon que la richesse d'un prince lui vienne immédiatement et par voie accidentelle; elle doit lui arriver par la voie des impôts qui doivent toujours être l'expression de l'aisance des sujets...

« Jouissons donc de notre terre et de notre soleil, nos richesses en seront plus solides, parce qu'une abondance toujours nouvelle viendra satisfaire des besoins toujours nouveaux.

1. Livre XXI, ch. XVIII.
2. *Genève*, chez Barillot et fils, 2 vol. in-4, 1749.
3. Gustave Brunet, Discours du 2 décembre 1847, à l'Académie de Bordeaux, dans les *Actes* de cette Académie.

Montesquieu avait trouvé une de ses voies : l'économie politique. Ce morceau le fit sans doute remarquer du club de l'*Entre-sol*, et lui attira l'estime de
beaucoup de ses membres qui étaient de l'Académie
française.

Comme on le voit, c'était un siége en règle. Il
avait déjà les gens de lettres par le moyen que je
viens de dire, et la cour par mademoiselle de Clermont ; il ne lui restait plus qu'à faire partie du salon où
se faisaient les élections de l'Académie, car il y en a
toujours un.

La marquise de Lambert[1] était la fille d'un maître
en la Cour des Comptes de Paris, la bru du joli voyageur
Bachaumont, la correspondante de Fénelon, l'auteur
anonyme des *Avis d'une mère*, et la veuve d'un lieutenant général des armées du roi, gouverneur du
Luxembourg. A la mort de son mari, après avoir bien
élevé ses enfants, l'idée lui vint, pendant les austé-
rités de Louis XIV et les orgies du Régent, pour lutter
contre l'introduction du café et la passion du jeu,
d'offrir l'hospitalité à la causerie bienséante, vive,
juste, fine, ingénieuse, délicate, un peu cherchée, moraliste et littéraire. Elle était noble, riche, âgée, ins-
truite. Son salon fut composé de gens de condition,
meublé avec un luxe qui ne préjudiciait pas aux malheureux, gouverné avec le tact le plus expérimenté,

1. Née en 1647, morte en 1733. *Mercure de France*, 1733, Article de Fontenelle ; — *Journal de Barbier*. Paris, Charpentier, 1860,
t. III, sur le lambertinage.

enfin ouvert à quelques lettrés de marque, tels que
Fontenelle, Mairan, les abbés de Mongault, de Choisy
et de Bragelonne, le père Buffier, le président Hénaut,
l'avocat Sacy, le marquis de Saint-Aulaire et la duchesse du Maine. Peu à peu on ne fut guère reçu à
l'Académie que l'on n'ait été présenté chez elle, et
par elle. « Il est certain, dit d'Argenson[1], qu'elle a
bien fait la moitié des académiciens actuels. » Aussi
était-il très-honorable, très-recherché, très-difficile et
très-précieux d'être admis dans cette maison.

Montesquieu y parvint sans doute sur la présentation de Fontenelle, et y conquit tous les suffrages,
surtout celui de la marquise de Lambert elle-même ;
car cette aimable douairière avait fait de sa propre
main un extrait du discours de son hôte sur la *Différence de la considération et la réputation* ; à preuve
que ses éditeurs l'ont inséré dans ses œuvres, où il
est resté.

Je soupçonne que le Gascon, après avoir pris l'air
de cette société, y lut un morceau *sur le bonheur*,
dont voici quelques passages[2] :

« Le bonheur ou le malheur consistent dans une certaine
disposition d'organes favorables ou défavorables.

« Les uns ont une certaine défaillance d'âme qui fait que
rien ne les remue; elle n'a la force de rien désirer, et tout
ce qui la touche n'excite que des sentiments sourds. Le pro-

1. D'Argenson, *Mémoires*, édit. Janet, t. I, p. 127.
2. Labat, *le Château de la Brède*, Recueil des travaux de la société
d'Agen, 1834, t. III, p. 185.

priétaire de cette âme est toujours dans la langueur, la vie lui est à charge, tous ses moments lui pèsent; il n'aime pas la vie, mais il craint la mort.

« L'autre espèce de gens malheureux opposés à ceux-ci est de ceux qui désirent impatiemment tout ce qu'ils ne peuvent pas avoir, et qui sèchent sur l'espérance d'un bien qui recule toujours... Je ne parle ici que d'une frénésie de l'âme et non pas d'un simple mouvement. Ainsi un homme n'est pas malheureux parce qu'il a de l'ambition, mais parce qu'il en est dévoré...

« Il y a aussi deux sortes de gens heureux : les uns sont vivement excités par les objets accessibles à leur âme et qu'ils peuvent facilement acquérir. Ils désirent vivement, ils espèrent, ils jouissent et bientôt ils recommencent à désirer. Les autres ont leur machine tellement construite qu'elle est doucement et continuellement ébranlée. Elle est entretenue et non pas agitée : une lecture, une conversation leur suffit.

« Il me semble que la nature a travaillé pour des ingrats. Nous sommes heureux...

« Quand nous parlons du bonheur ou du malheur, nous nous trompons toujours, parce que nous jugeons des conditions et non pas des personnes.

« Qui sont les gens heureux? Les dieux le savent, car ils voient le cœur des philosophes, celui des rois et celui des bergers...[1] »

Ces mesures ainsi prises, Montesquieu attendit impatiemment l'occasion.

1. Ces deux derniers paragraphes me sont communiqués par le docteur de Saint-Germain.

IX

Réception de Montesquieu à l'Académie française [1]. — *L'Esprit des Lois*
— Départ pour ses voyages.

L'Académie française se composait alors de trois
cardinaux, six évêques, neuf abbés, deux maréchaux,
six ducs et pairs, cinq fonctionnaires, trois magistrats et quelques gens de lettres. L'un de ces derniers,
hôte de prédilection de la marquise de Lambert,
avocat distingué au parlement de Paris, élégant tra-
ducteur de Pline, Louis de Sacy, mourut le 26 octobre 1727.

L'abbé Dubos, secrétaire perpétuel de l'Académie,
en prévint immédiatement le premier ministre de
Louis XV. C'était alors le cardinal de Fleury, homme
facile à séduire comme parvenu, économe comme
successeur de Law, et comme prêtre, doux [2], modéré,

1. Voir dans *la Critique française*, 1862, des articles intitulés :
Montesquieu à l'Académie, par le regretté rédacteur de la *Gazette des
Tribunaux*, M Gallien. Ils m'ont fourni de précieux renseignements.
2. « Discret, doux, liant. » *Mémoires de Saint-Simon.*

prudent même, « d'humeur si pacifique, qu'il aimait
« mieux feindre d'ignorer les torts que d'en pour-
« suivre la réparation[1]. » Il répondit :

Fontainebleau, le 27 octobre 1727.

« Je n'ai, Monsieur, aucune vue particulière pour remplir
la place de M. de Sacy, dont vous m'apprenez la mort; je me
rangerai au plus grand nombre de voix de l'Académie, et
tout ce que j'ai à désirer est que la compagnie s'arrête à faire
le meilleur choix.

« Je crois que M. le président de Montesquieu s'est déjà
présenté, mais je n'ai pris aucun engagement avec lui, et
n'en prendrai pour personne en cette occasion...

Cardinal DE FLEURY.[2] »

En effet, comme nous l'avons vu, Montesquieu
avait déjà posé sa candidature en 1725, et se mettait
encore sur les rangs. On sait que ses titres étaient
ses dissertations à l'Académie de Bordeaux, le *Temple
de Gnide*, l'ébauche du *Traité des devoirs*, le *Discours sur la Considération*, le *Voyage à Paphos*, le
Mémoire sur les richesses de l'Espagne et le *Dialogue
de Sylla et d'Eucrate*, sans compter les *Lettres persanes :* le tout, il est vrai, sous l'anonyme, mais c'était
l'usage.

La candidature de Montesquieu était patronée au

1. *Mémoires secrets pour servir à l'Histoire de Perse*. Berlin, 1759,
in-12.
2. Cabinet de M. Moulin, avocat général

dehors par la marquise de Lambert et au dedans par
un de ses hôtes, l'abbé de Mongault, ancien précepteur du duc d'Orléans. Elle avait même si fort pré-
valu qu'il n'y avait qu'elle. Du moins ses seuls concurrents étaient le garde des sceaux Chauvelin[1] et
surtout un avocat distingué, bon humaniste, nommé
Mathieu Marais. Ce dernier s'était déjà présenté plusieurs fois et avait été repoussé, faute d'être connu
des académiciens ou de faire partie d'un salon ou
même d'en être digne.

Le succès de Montesquieu paraissait assuré[2] lorsqu'un accident survint tout à coup. On se rappelle
qu'il avait cessé de fréquenter la société de l'hôtel de
Soubise, à cause du père Tournemine[3]. Le directeur
du *Journal de Trévoux* avait une revanche à prendre.
L'occasion était belle : Fleury n'avait peut-être jamais
parcouru les *Lettres persanes*, ni à leur apparition,
ni depuis six ans qu'il ne s'en publiait plus. On peut
penser si notre jésuite lui en fit rapidement un extrait,
heureux de satisfaire ensemble un sentiment person-

---

1. Marais, *Journal et Mémoires*, édit. M. de Lescure, t. III, p. 505.
2. La marquise de Lambert écrivait cette lettre inédite, tirée de la
collection Cousin.

« Paris, ce 17 novembre 1727.

Après avoir remercié un académicien de ses amis des condo-
léances qu'il lui avait adressées à l'occasion de M. de Sacy, elle ajoute :
« M. le président de Montesquieu va le remplacer. Cela se passe très-
agréablement pour lui. Je voudrais bien, Monsieur, que vous fussiez
à portée de lui donner vos suffrages. Nous aurons au moins la conso-
lation que notre ami sera bien loué par lui... »

3. *Correspondance de Montesquieu*, 5 décembre 1850, note.

nel, un devoir de conscience et l'opinion publique, il faut bien le dire.

Aussi le jeudi 11 décembre, jour de réunion pour la proposition, les membres apprirent que les *Lettres persanes* déplaisaient au cardinal-ministre et qu'il avait dit la veille en propres termes à l'un d'eux, l'abbé Bignon : « le choix que l'Académie veut faire « sera désapprouvé de tous les honnêtes gens. » Il paraît que ce qui avait indigné son éminence c'était la lettre XXII, sur « le Pape et le roi, » qui y sont nommés les deux magiciens. Quelques membres étaient encore plus mécontents des traits dirigés contre leur corps.

Dans une telle conjoncture, le maréchal d'Estrées, grand bibliophile, alors directeur de l'Académie et ami de Montesquieu, obtint qu'on rédigeât le procès verbal dans les termes suivants :

« La compagnie, convoquée par billets pour la proposition d'un académicien, à la place de M. de Sacy, ne s'étant trouvée qu'au nombre de dix-huit, et un des académiciens ayant demandé que le statut qui concerne les élections fût observé suivant sa teneur, la proposition a été remise au samedi, vingtième de ce mois.

Nous tenons presque tous ces renseignements de l'abbé d'Olivet [1] qui accepta d'être du dîner de condo-

---

1. Livet, *Histoire de l'Académie;* — Bibliothèque nationale, t. IX, de la *Correspondance littéraire* du président Bouhier, *Mss.* 165.

léance donné par la marquise de Lambert à Montesquieu et qui le raconta, le même soir, dans une lettre
où il appelle l'une « la Vieille » et l'autre « le
Gascon. »

Le maréchal d'Estrées entreprit de raccommoder
tout. Montesquieu lui déclara[1] d'abord qu'après l'ou-
trage qu'on lui faisait, il irait chercher à l'étranger les
récompenses qu'il ne pouvait espérer dans son pays.
Le prince Eugène, comblé d'honneurs en Autriche
pour des talents militaires que Louis XIV, en les dédai-
gnant, avait malheureusement tournés contre la France,
était un exemple vivant, capable de faire réfléchir. Le
négociateur s'effraya, et crut pouvoir s'adresser aux
sentiments d'économie bien connus du candidat. Voici
comment Montesquieu a noté le fait dans ses papiers :
« N[2]..., qui avait de certaines fins, me fit entendre
« qu'on me donnerait une pension. Je dis que n'ayant
« pas fait de bassesses, je n'avais pas besoin d'être
« consolé par des grâces. » Il restait un dernier
moyen à tenter : une entrevue entre le cardinal ministre et le gentilhomme-lettré. Elle eut lieu. Que s'y
passa-t-il ?

M. de Secondat écrit[3] : « M. de Montesquieu dé-
« clara qu'il ne se disait point auteur des *Lettres per-
« sanes*, mais qu'il ne donnerait pas de désaveu qu'il
« les eût faites, qu'il renonçait à la place d'académi-

1. D'Alembert, *Eloge de Montesquieu.*
2. *Pensées diverses.*
3. Éloge historique de M. de Montesquieu, *infra.*

« cien, s'il fallait l'acheter à ce prix. M. le cardinal de
« Fleury fut content de ce procédé ; il lut les *Lettres*
« *persanes*, et la paix fut faite. » Celte version est
d'un bon fils ; elle a eu trois échos. Selon le premier [1],
Fleury parcourut le livre et le trouva plus agréable
que dangereux. Le deuxième [2] raconte que Montes
quieu le lut lui-même au ministre et le séduisit par
son talent de lecteur : recueillez ce tour de Gascon.
D'Alembert [3] raisonne d'une façon encore plus com-
promettante : « Parmi les véritables lettres, l'impri-
« meur étranger en avait inséré quelques-unes d'unet
« autre main, et il eût fallu du moins, avant que de
« condamner l'auteur, démèler ce qui lui appartenai
« en propre. »

Le récit de Voltaire [4] est plus vraisemblable : « M. de
« Montesquieu fit faire en peu de jours une nouvelle
« édition de son livre, dans lequel on· retrancha ou
« on adoucit tout ce qui pouvait être condamné par
« un cardinal ou par un ministre. »

Des critiques fort compétents [5], ont récemment,

---

1. Solignac, *Eloge de Montesquieu* à l'Académie de Nancy, 1755
2. Maupertuis, *Eloge de Montesquieu* à l'Académie de Berlin, in-8
1755.
3. *Eloge de Montesquieu.*
4. *Siècle de Louis XIV (Liste des écrivains.)*
5. Auger, *Vie de Montesquieu;* — Meyer, *Etudes antiques*, in-8,
1864 ; — Gallien, *Critique française*, ubi supra ; — Landrin, *Conseiller du Bibliophile*, par C. Grellet, 1er juin 1878 ; — Sainte-Beuve,
Causeries du lundi, 1852 ; — Lefebvre, *Lettres persanes*, 2 vol. Paris,
Lemerre, in-12, 1873, Préface, p. 8 ; — Laboulaye, *OEuvres complètes
de Montesquieu.* Garnier, 1875, t. Ier, p. 38 et suiv.

par des raisons très-habiles, nié cette version. Mais si
elle n'eût pas été exacte, La Beaumelle, Fréron, Ri-
cher et Secondat lorsqu'elle parut en 1764, l'eussent
démentie : qui ne dit mot, consent.

Du reste Voltaire n'avait qu'un souvenir vague. La
vérité me semble être dans le fumier[1] de Soulavie :
« Montesquieu fit imprimer furtivement des cartons,
« et présenta son livre à Fleury pour le lire... Le mi-
« nistre n'ignora pas la ruse, » mais il devina
l'homme de génie, et eut l'habileté de conserver à la
France le futur auteur de l'*Esprit des Lois*. A l'issue
de cette audience, il écrivit au maréchal d'Estrées,
que : « Après les éclaircissements que le président
« lui avait donnés, il n'empêcherait pas l'Acadé-
« mie de l'élire[2]. »

Cependant le surlendemain, 20 décembre, la lutte
fut très-vive, quoique ce fût le premier scrutin et qu'il
en fallût deux : l'un pour la proposition au roi, l'autre
pour l'élection du candidat. Le registre de l'Académie dit notamment à cette date, « la pluralité des
« suffrages ayant été pour M. de Montesquieu, ci-de-
« vant président à mortier au parlement de Guyenne,
« on a fait le scrutin qui lui fut favorable. » Mais il
y eut des boules noires, entre autres, celles de d'Olivet et de Bouhier, qui, naturellement[3], votèrent pour
ce pauvre Mathieu Marais.

---

1. *Mémoires de Richelieu*, 1792, t. VII, p. 312.
2. Bouhier, *Correspondance littéraire*, ubi supra.
3. Marais, *Journal et Mémoires*, ubi supra.

Les vaincus se consolèrent en disant que quelques-
uns de leurs collègues s'étaient laissé toucher par la
crainte de ruiner la réputation du candidat, trouvant
plus doux d'exposer l'honneur de la compagnie que
de consentir à la flétrissure de ce fou [1].

Cette opposition eut du retentissement au dehors.
Les adversaires de Montesquieu ne désespérèrent pas
jusqu'au dernier moment de faire revenir le ministre
sur l'agrément qu'il avait donné. Ils y travaillaient
encore la veille du scrutin définitif, fixé au 5 janvier
1728. On se figure avec plaisir leur dépit lorsqu'arriva, le matin même, au secrétaire perpétuel la lettre
suivante, qui est un chef-d'œuvre du genre.

Marly, 5 janvier 1728.

« Il me paraît, Monsieur, que la manière dont vous aviez
dressé le registre, le 11 décembre, est très-sage et très-me-
surée. Il y a de certaines choses qu'il vaut mieux ne pas approfondir par les suites qu'elles pourraient avoir, et, si on voulait aller plus loin, ou on n'en dirait pas assez ou on en dirait
trop. La soumission de M. le président de Montesquieu a été
si entière, qu'il ne mérite pas qu'on laisse aucun vestige de ce
qui pourrait porter quelque préjudice à sa réputation, et tout le
monde est si instruit de ce qui s'est passé, qu'il n'y a aucun
inconvénient à craindre du silence que gardera l'Académie.

« Voilà mon sentiment, et je ne prétends pourtant point
le donner comme une décision. Je serais bien fâché de vouloir jamais m'ériger en juge de ce que pourra faire la Compagnie. En général, je ne puis m'empêcher de penser que le

---

1. Livet, *Histoire de l'Académie*; — Lettre de l'abbé d'Olivet au
président Bouhier. 11 décembre 1727.

parti de prévenir les tracasseries est toujours le plus prudent.

Cardinal de Fleury[1]. »

Après avoir lu cette lettre, « l'Académie, assem-
« blée au nombre de seize, a procédé au second tour
« de scrutin pour l'élection d'un académicien à la
« place de M. de Sacy, et M. de Montesquieu y a eu
« la pluralité des suffrages. » Je donne le texte de ce
procès-verbal, parce que le premier ministre écrivit à
son sujet, à l'abbé Dubos.

Marly, 8 janvier 1728.

« ... Puisque l'Académie a trouvé, Monsieur, que le registre disait tout ce qu'il fallait pour l'élection de M. de Montesquieu, j'approuve que vous n'ayez point fait usage de ce
que je vous ai marqué à cette occasion.

« Je vous prie de croire, etc.

Card. de Fleury[2]. »

Enfin Montesquieu était de l'Académie ; il ne s'en
fallait plus que de la séance de réception qui fut fixée
au 24 janvier, tambour battant.

Son discours fut un véritable panégyrique de M. de
Sacy, de Richelieu « qui tira du chaos les règles de la
« monarchie, qui apprit à la France le secret de ses
« forces, à l'Espagne celui de sa faiblesse, ôta à l'Alle-
« magne ses chaînes, lui en donna de nouvelles,
« brisa tour à tour toutes les puissances... du cardinal

---

1. Dupont White, *Mélanges historiques , littéraires et archéolo-
giques*. Beauvais, in-18, 1847, pp. 61 et 62.

2. Dupont White, *ibid*.

« de Fleury toujours prêt à faire le bien qu'on lui
« propose ou à réparer le mal qu'il n'a point fait et
« que le temps a produit. » Mais bien entendu, l'éloge
de Louis XIV fut ce qui frappa le plus chez l'auteur de
la XXII° *Lettre persane.*

Le discours du directeur Mallet, qui avait succédé
au maréchal d'Estrées, fut plein de sous-entendus in-
cisifs. Oubliant de quelle façon le récipiendaire avait
traité la Compagnie, il le loua du talent « de faire
« des portraits ressemblants [1] ; » il lui dit en outre :

« Né dans une province où l'esprit, l'éloquence et la politesse sont des talents naturels ; connu par plusieurs dissertations savantes que vous avez prononcées dans l'Académie
de Bordeaux, vous serez prévenu par le public si vous ne le
prévenez. Le génie qu'il remarquera en vous le déterminera
à vous attribuer les ouvrages anonymes où il trouvera de
l'imagination, de la vivacité et des traits hardis ; et pour
faire honneur à votre esprit, il vous les donnera malgré les
précautions que vous suggérera votre prudence...

« Rendez donc au plus tôt vos ouvrages publics...

« Notre ambition est d'écrire des choses dignes d'être lues.
Pour être académicien, ne craignez point d'être obligé de
louer ce qui ne sera pas digne de l'être ; assidu à nos exer-
cices, vous travaillerez avec nous à faire connaître l'utilité de
l'établissement de l'Académie. Venez nous aider à célébrer la
mémoire du plus grand des rois, et... ce cardinal également
judicieux et actif qui pénètre avec facilité le fond des affaires
les plus importantes, en démêle toutes les circonstances,
en prévoit toutes les suites, et prend les moyens les plus
sages et les plus doux pour les concilier [2]. »

---

1. Voltaire-Beuchot, *Dictionnaire philosophique*, v° Contradictions.
2. Recueil de pièces d'éloquence, etc., données par l'Académie
française. Paris, 1730, in-12.

La première phrase de Mallet ne se trouve pas dans le texte imprimé ; elle avait été si remarquée à la lecture publique qu'il l'a supprimée [1]. Il en adoucit quelques autres qui étaient vives et à bout portant, mais le fond y resta toujours, comme on le voit. Aussi Montesquieu donna-t-il son discours à part, ne voulant pas le joindre à celui du directeur, selon l'usage [2].

Du reste, il ne vint que trois fois à l'Académie, où l'abbé d'Olivet lisait des morceaux de son histoire, et il n'ouvrit pas la bouche. Ses amis mêmes ne lui firent pas grand accueil et d'Argenson [3] a écrit : « On a « justement reproché à M. le cardinal de Fleury, si « sage d'ailleurs, d'avoir montré, en cette occasion, « une mollesse qui pourra avoir de grandes consé- « quences. »

Le lecteur qui aime les dénoûments moraux, du moins chez les autres, s'étonne sans doute que Montesquieu n'ait pas fait expier à quelqu'un les ennuis qu'il venait d'éprouver. Je vais le satisfaire [4] : La vengeance fut aussi fine que cruelle, et la victime fut le dénonciateur des *Lettres persanes*. Tout le monde savait que le P. Tournemine aimait passionnément la célébrité. Dès lors, chaque fois que l'on prononça devant Montesquieu le nom de ce jésuite, il prit soin de

1. Voltaire-Beuchot, *Dictionnaire philosophique*, v° *Contradictions*, t. XXVIII, p. 201, note.

2. Bouhier, *Correspondance littéraire*, ubi supra.

3. *Loisirs d'un ministre*. Liége, 1787, in-8, t. II, p. 64.

4. *Correspondance de Montesquieu*. Lettre du 5 décembre 1750.
Notes.

dire : « Le P. Tournemine! Qu'est-ce que le P. Tour-
« nemine? Je n'en ai jamais entendu parler. »

Tous ces dégoûts, ajoutés à son projet de voyager
pour son grand ouvrage, le décidèrent à accepter la
chaise de poste d'un de ses amis, qui s'en allait à
Vienne.

X

Voyages en Allemagne, en Hongrie, en Italie, en Hollande
et en Angleterre : leur influence. — Retour.

Montesquieu aimait infiniment les voyages et parlait
avec éloquence de leur agrément et de leur utilité [1].
Aussi son dernier mot était-il toujours : « Il y a beau-
« coup de personnes qui payent les chevaux de poste,
mais il y a peu de voyageurs. [2] » Les seuls pour lui,
avaient été Platon, Démocrite, Aristote ou Cicéron,
s'expatriant afin d'étudier un pays étranger, le physique et le moral des habitants, leurs mœurs et leurs
lois, les causes de leur grandeur ou de leur décadence,
et de visiter les célébrités dont l'entretien vaut des
années d'observation. C'est que son but, comme le
leur, était de rectifier, par la pratique des hommes et
par l'évidence des choses, les préjugés nationaux et
les systèmes préconçus, enfin de tirer de la compa-
raison entre les peuples et leurs institutions des idées

1. Fr. Hardy, *Memoirs of Charlmont*, 1812.
2. *Correspondance*, 16 juin 1745.

générales, capables de servir d'instruction aux diplomates et de méditation aux législateurs.

Une si haute théorie, mise en œuvre par un si grand génie, fait bien regretter la non-publication de son journal de voyage[1].

Montesquieu se mettait en route dans des conditions exceptionnelles.

Son compagnon était le comte de Waldegrave[2], neveu du maréchal de Berwick, homme fort distingué, ministre plénipotentiaire qui avait été envoyé d'Angleterre en France en 1725, et qui allait de là à Vienne, d'où il devait revenir à Versailles en 1730.

Le titre d'académicien assurait alors la considération et les avantages d'un ambassadeur; la gloire des *Lettres persanes* le précédait et la bienveillance de son caractère l'accompagnait. « Quand j'ai voyagé dans « les pays étrangers, disait-il[3], je m'y suis attaché « comme au mien propre ; j'ai pris part à leur fortune, « et j'aurais souhaité qu'ils fussent dans un état plus « florissant. »

Il ne faut pas oublier qu'il emportait beaucoup d'argent; du moins il s'est plaint[4] d'en avoir beaucoup dépensé ainsi ; mais c'est partout le meilleur moyen de bien voir et d'être bien vu.

Les deux amis partirent de Paris, le 5 avril 1728.

---

1. Voir chap. XXIV, *infra*.
2. *Correspondance littéraire* de Bouhier, 20 avril 1728, *ubi supra*.
3. *Pensées diverses.*
4. *Ibid.*

Le trajet avait lieu à petites étapes. Les voyages, moins
rapides, étaient plus instructifs : on observait et on
causait le long du chemin.

Un jour, Montesquieu, découragé par les déboires
qu'il avait éprouvés en France, écrivit au cardinal de
Fleury et au ministre des affaires étrangères, son ancien concurrent à l'Académie, afin d'être nommé à
quelque poste diplomatique [1]. Il fit même renouveler sa
demande par l'abbé d'Olivet, auquel il mandait : « Les
« raisons pour qu'on jette les yeux sur moi sont
« que je ne suis pas plus bête qu'un autre ; que j'ai
« ma fortune faite, et que je travaille pour l'honneur,
« et non pas pour vivre; que je suis assez socia-
« ble, que j'ai beaucoup travaillé pour m'en rendre
« capable... » On lui répondit d'une façon qui ne le
satisfit pas [2]. Tant mieux ! Le plus habile traité diplomatique vaut-il le moindre chapitre de l'*Esprit des
Lois* [3]?

Le 10 mai 1728, Montesquieu fut à Vienne. La cour

1. Le 10 mai 1728. Voir sa *Correspondance*.
2. M. Faugère, directeur des archives au ministère des affaires
étrangères me fournit complaisamment cette indication :

« *Le chargé d'affaires au ministre*, 12 juin 1728, à Vienne.

« J'ai reçu la lettre dont il a plu à Votre Grandeur de m'honorer
le 30 du mois passé, avec... une lettre pour M. le baron de Montesquieu que je lui ai envoyée sur-le-champ à Presbourg, en Hongrie,
où il est depuis quinze jours... »
3. Quos estimo, etiamsi qui ipsi rempublicam non gesserint, tamen
quoniam de republica multa quœsierint ac scripserint, functos esse ali-
quo reipublicœ munere. *Cicero*, de Republica, § VII.

de Charles VI était alors la seule de l'Allemagne qui
eût des goûts artistiques et littéraires. Le nouvel arri-
vant y fut reçu comme il le méritait et s'y plut comme
il le devait. Ses principales relations furent les marquis
de Breil et de Prie, les comtes d'Harrach, de Starem-
berg et Kinski, le prince de Lichtenstein, le duc
Charles-Emmanuel, héritier présomptif du trône de
Savoie, qui trouva peut-être dans ses entretiens avec
notre voyageur l'idée de ses constitutions, et le médecin belge Van Swieten, censeur des livres de l'Autriche, qui devait empêcher l'*Esprit des Lois* d'être
défendu à Vienne [1]. L'oracle du pays était le prince
Eugène, ancien français, aussi grand capitaine que
grand politique. Montesquieu lui était recommandé
par le duc de Bouillon [2] et avait écrit autrefois de lui
dans un journal important [3] : « Il y a des mérites qui
« portent à l'émulation et qui ne sont pas au-dessus
« de l'exemple... Le prince Eugène a fait des généraux
« en Europe... »

Les entrevues de ces deux hommes supérieurs furent fréquentes. Le Coriolan sans pitié demanda, une
fois, à son interlocuteur, en quel état étaient les affaires de la *Constitution* en France. « Le ministère prend
« des mesures pour éteindre peu à peu le Jansénisme.
« — Vous n'en sortirez jamais. Le feu roi s'est laissé

---

1. Lettre de Montesquieu au marquis de Stainville, notes.
2. Maupertuis, *Éloge de Montesquieu.*
3. *Bibliothèque ou France littéraire*, janvier 1726. Voir chap. vii,
supra : — Voir la Lettre de Montesquieu du 4 octobre 1752. Note.

« engager dans une affaire dont son arrière petit-fils
« ne verra pas la fin [1]. »

De Vienne, Montesquieu passa en Hongrie, contrée
riche et fertile, habitée par une noblesse « qui, dit-il [2],
« s'indigna contre l'Autriche, oublia tout pour la dé-
« fendre et crut qu'il était de son devoir de périr et de
« pardonner, » et par des peuples semblables aux
esclaves chez les Germains. D'après Montesquieu [3],
« ils n'avaient point d'office dans la maison ; ils ren-
« daient à leur maître une certaine quantité de blé, de
« bétail ou d'étoffe : l'objet de leur esclavage n'allait
« pas plus loin. » C'était la vie féodale du moyen âge
avec son dévouement au souverain et sa langue latine.
Il a écrit avec soin cette partie de ses voyages [4].

Les événements politiques l'obligèrent de s'arrêter
à Belgrade, en route pour la Turquie. Il rebroussa
chemin et traversa l'Illyrie [5].

A peine en Italie, le hasard mit sur ses pas un
homme qu'il avait peut-être connu au club de l'*Entre-
sol*, Mylord Chesterfield. Ces messieurs convinrent de
voyager ensemble. Quoi de plus naturel ? Ils étaient
nobles, riches, à peine mariés, d'une érudition étendue, d'une conversation agréable, d'une politesse
charmante, d'un caractère solide, plaisant et curieux.

1. Éloge historique de M. de Montesquieu, *infra*.
2. *Esprit des lois*, liv. VIII, ch. IX.
3. *Ibid.*, liv. XV, ch. X.
4. Éloge historique de M. de Montesquieu, *infra*.
5. Bezenval, *Mémoires*. Paris, Buisson, 1805, in-8, 3 vol., p. 187.

Leur différence était dans leur nationalité, dont ils parlaient sans cesse, l'un vantant avec vivacité l'esprit de ses compatriotes ; l'autre, avec flegme, le bon sens des siens [1].

On arrive à Venise, le lundi 16 août 1728. .

Des notes bien intéressantes devaient lui avoir été fournies par les deux hôtes les plus originaux de cette ville, les hommes [2] qui connaissaient tous les secrets économiques et militaires de l'Europe.

On sait que Law a créé le crédit dans le monde et qu'il a été ministre des finances dans notre pays. Il n'avait conservé de ce passé que le goût des spéculations et un diamant assez beau. Sa vie se passait à faire des combinaisons aux jeux de hasard, à engager son bijou en cas de perte, et à le retirer en cas de gain. Il accueillit, avec l'indulgence d'un inventeur, l'auteur des *Lettres persanes*, qui avait été sévère pour lui [3], mais il ne convainquit pas le futur écrivain de l'*Esprit des Lois*, qui devait le traiter encore plus sévèrement [4]. Montesquieu lui demanda un jour « pourquoi il n'avait pas agi comme le ministère anglais à l'égard des Chambres, songé à séduire les

---

1. Diderot, *Œuvres complètes*, Ed. Tourneux. Paris, Garnier, 1876, in-8. Lettre à Mademoiselle Voland, du 5 septembre 1762, t. XIX, p. 127 ; — Bezenval, *Mémoires* ; — (Grosley), *Nouveaux mémoires ou Observations sur l'Italie*. Londres, 1764, in-12, t. II, p. 67. — Lettre inédite de Grosley à Desmarest, datée de Venise, 4 août 1758. (Cabinet de M. Truelle Saint-Évron).

2. Éloge historique de M de Montesquieu, *infra*.

3. Lettres 138 et 142.

4. L. II, ch. iv ; l. XXII. ch. vi.

« membres du Parlement de Paris. » Law lui répondit :
« Ce ne sont pas de si grands génies, mais ils sont
« beaucoup plus incorruptibles [1]. »

Le voyageur vit davantage Bonneval, ce gentilhomme français qui fut aide-de-camp d'un maréchal
dans sa patrie, qui l'abandonna pour devenir général
en Autriche, et qui devait combattre son pays d'adoption et mourir pacha turc : espèce mal équilibrée, qui
à la plus folle conduite mêlait les talents les plus distingués et les plus séduisants. Le comte de Bonneval,
heureux de trouver un auditeur choisi et de tromper
son repos momentané, lui raconta, à cœur ouvert, son
histoire héroïque et aventureuse, lui parla de toutes
les batailles auxquelles il avait pris part et lui fit le
portrait de tous les officiers et de tous les ministres
qu'il avait connus.

Montesquieu avait visité dès le matin, pour tout
voir et tout approfondir, les monuments, les bibliothèques, les cabinets, les cafés et les galeries, avait
lié conversation avec chacun, s'était informé des moindres détails de la politique et de la société ; et le soir,
rentré chez lui, il avait écrit ses remarques et ses réflexions. Après sa provision faite, rien ne le retint de
partir. Tout à coup, vers le milieu de la traversée de
Venise à Fucina, des gondoles qui lui paraissaient
suspectes, vinrent rôder autour de la sienne. La peur
le prit ; il tira de son sac de nuit toutes ses notes sur
le pays, et les jeta à la mer.

1. Éloge historique de M. de Montesquieu, *infra.*

Chesterfield a raconté que le tour était de lui, et que Montesquieu n'aurait pas dù anéantir son ouvrage sur une crainte aussi chimérique : « Ce que, dit-il, un Anglais n'aurait pas fait. » Chesterfield s'est vanté d'avoir joué un rôle dont il est innocent : ce qu'un Français n'aurait pas fait non plus. Depuis lors, « on « a assuré qu'on ne voulait que tâter Montesquieu, et « qu'il aurait passé, s'il eût osé attendre l'abordage, « pour lequel il n'y avait point d'ordre[1]. » Notre homme s'est-il vengé, dans l'*Esprit des Lois*[2], notamment lorsqu'il dit : « Une bouche de pierre s'ouvre « à tout délateur à Venise : vous diriez que c'est celle « de la tyrannie. »

Deux monuments ont survécu à cette aventure. C'est d'abord une lettre, adressée à lord Waldegrave, et remplie de plaisanteries grivoises qui ne pourraient passer que dans des *Œuvres complètes*. Cette réflexion n'a pas le même caractère : « J'ai « vu les galères de Venise; je n'y ai pas vu un « seul homme triste. Cherchez à présent à vous « mettre au cou un morceau de ruban bleu pour « être heureux[3]. »

De Venise, Montesquieu se rendit à Rome pour passer les quatre derniers mois de l'année, dans un hôtel garni, où il rencontra le pasteur protestant Ja-

---

1. *Nouveaux mémoires* ou *Observations sur l'Italie*, ubi supra.
2. L. V, ch. VIII; liv. VII, chap. III et liv. XI, chap. VI.
3. *Pensées diverses.*

cob Vernet [1], qui devait être l'éditeur de l'*Esprit des Lois*. Ils assistèrent ensemble à la canonisation d'un saint. Le centre de sa vie fut le salon du cardinal de Polignac, un des plus fins ambassadeurs que la France ait eus, et auteur inédit de l'*Anti-Lucrèce*. Il connut, chez cette Éminence, le cardinal Corsini qui devint le pape Clément XII ; le père Fouquet, qui avait été missionnaire en Chine, et le père Vitry, qui « faisait, dit- « il, des médailles antiques et des articles de foi [2]. »

La Rome ancienne, celle des rois, de la République et des empereurs, avec ses monuments, frappèrent vivement son imagination et lui donnèrent l'idée des *Considérations*.

La Rome moderne le fixa aussi. Il en disait plus tard à Duclos [3] « que Rome est une des villes où il se « serait retiré le plus volontiers. » Il ajoutait [4] : » Si « j'avais des yeux, j'aimerais autant habiter Rome « que Paris. Mais comme Rome est toute extérieure, « on sent continuellement des privations, lorsqu'on « n'a pas des yeux. »

Avant de la quitter [5], il alla faire ses adieux au Saint-Père. Benoît XIII lui dit : « Mon cher président, « je veux que vous emportiez quelque souvenir de

---

1. (Saladin?) *Mémoire historique sur la vie et les ouvrages de M. J. Vernet*. Paris, Genève, 1790, p. 11.
2. *Lettres familières*, note sur la lettre du 9 avril 1754.
3. *Voyages en Italie*.
4. Lettre à M. le grand prieur Solar, 7 mars 1749.
5. *Œuvres*, édit. 1796. 4 vol. Anecdotes ; — Auger *Vie de Montesquieu*.

« mon amitié. Je vous donne, à vous et à toute votre
« famille, la permission de faire gras pour toute votre
« vie. » Montesquieu remercie le pontife et prend
congé. Le lendemain on lui apporta les bulles de dispense et le chiffre des droits de daterie. Le Gascon
toujours économe rendit le brevet et ajouta : « Le
« pape est un très-honnête homme ; sa parole me
« suffit, et j'espère que Dieu en fera autant. »

Après Rome, Naples et Pise furent les objets de ses
visites, sans laisser de traces connues.

On trouve dans une lettre inédite[1] du 26 octobre 1728, des détails intéressants sur la suite de son
séjour dans la péninsule : « J'ai oublié de vous dire
« que j'ai été huit jours à Gênes et je m'y suis ennuyé
« à la mort : c'est la Narbonne de l'Italie. Il n'y a rien
« à y voir qu'un très-mauvais port, des maisons
« bâties de marbre parce que la pierre est trop chère,
« et des juifs qui vont à la messe... » L'humeur qu'il
en conçut s'exhala dans une pièce de vers médiocres
et cyniques[2].

Voici, tirée de la même lettre inédite, son opinion
sur Florence :

« C'est une belle ville. On n'y parle du prince ni en blanc
ni en noir. Les ministres vont à pied, et quand il pleut ils
ont un parapluie bien ciré ; il n'y a que les dames qui ont un
bon carrosse, parce que tout honneur leur est dû...

« Nous allons dans des maisons où nous trouvons deux

1. Louis Paris, *Cabinet historique*, t. III, p. 28.
2. *Œuvres complètes de Montesquieu.*

lampes d'argent sur la table et tout autour des dames très-jolies, très-gaies et qui ont beaucoup d'esprit...

« Les femmes y sont aussi libres qu'en France, mais il ne paraît pas qu'elles le soient tant, et elles n'ont point acquis cet air de mépris pour leur état, qui n'est bon à rien. »

On sait[1] que Montesquieu fut fort attaché pendant son séjour à Florence à la marquise de Ferroni, spirituelle et belle personne qui recevait la meilleure société.

« Il y a bien ici de la politesse, de l'esprit et même du savoir. »

Ces mots s'appliquent au marquis de Nicolini et surtout au chevalier Venuti, qui le présenta à l'Académie de Cortone, où il fut reçu le 17 mars 1729.

« ... Les mœurs y sont très-simples. On a peine à distinguer un homme d'un autre qui a cinquante mille livres de rente de plus. Une perruque mal mise ne met personne mal avec le public; on fait grâce des petits ridicules et on n'est puni que des grands...

« Tout le monde vit dans l'aisance : comme la misère est peu de chose, le superflu est beaucoup; cela met dans la maison une paix et une joie continuelles.

« On ne peut lever les yeux sans voir quelque chef-d'œuvre de peinture, sculpture ou architecture : il y a eu ici en même temps de grands ouvriers et des princes qui aimaient les arts. On voit partout le grand goût de Michel-Ange naître peu à peu dans ceux qui l'ont précédé et se soutenir dans ceux qui l'ont suivi. La galerie du grand-duc est non-seulement une belle chose mais une chose unique. Depuis un mois j'y vais

1. Note de Guasco sur la lettre de Montesquieu à Nicolini, 6 mars 1740.

tous les matins et je n'en ai vu qu'une partie; là et au palais
Pitti est un amas immense de tableaux des plus grands maîtres et de statues antiques et modernes; et dans cette quantité il n'y a rien que d'exquis : il y a une chambre qui contient tous les portraits des peintres qui ont quelque réputation, faits par eux-mêmes. Outre le plaisir de voir une chose
qui ne se trouve que là, on a encore celui de comparer les
manières.

« Depuis que je suis en Italie, j'ai ouvert les yeux sur les
arts, dont je n'avais absolument aucune idée... »

Cette dernière phrase fait croire que c'est à Florence
que Montesquieu conçut son *Essai sur le goût.*

Sa réputation l'avait devancé à Turin. Mais sa bienveillance ordinaire contribua autant à le lier avec le
marquis de Breil[1], qui a été depuis gouverneur du
prince de Piémont, avec sòn frère le commandeur de
Solar et avec le marquis de Saint-Germain, qui ont été
ambassadeurs de Sardaigne en France et qui le présentèrent à la cour. Le roi Victor lui dit[2] : « Monsieur,
« vous êtes parent de M. l'abbé de Montesquiou, que
« j'ai vu ici avec M. l'abbé d'Estrades. — Sire, ré-
« pliqua-t-il, Sa Majesté est comme César, qui n'avait
« jamais oublié aucun nom. »

Les contrées qui s'étendent des deux côtés du Rhin
attirèrent vivement son attention. A Laxembourg[3],
dans la salle où dinait l'empereur, le prince Kinski lui
dit : « Vous, Monsieur, qui venez de France, vous

1. Note de Guasco sur la lettre de Montesquieu du 5 mars 1752.
2. *Pensées diverses.*
3. *Ibid*

« êtes bien étonné de voir l'empereur si mal logé. »
« — Monsieur, répondit-il, je ne suis pas fâché de voir
« un pays où les sujets sont mieux logés que le
« maître. »

Dans le Hanovre, le ministre Michel et M. d'Ayrolles
accueillirent Montesquieu avec distinction.

Il arriva en Hollande, cette admirable conquête du
travail sur les éléments, où le commerce a donné au
peuple la liberté, mais « la liberté de la canaille : »
c'est son expression[1]. Chesterfield y était alors ambassadeur d'Angleterre.

Ils partirent ensemble de la Haye, le 31 octobre 1729,
sur le yacht du noble lord qui le logea chez lui, à
Londres, tout le temps de son séjour en Angleterre,
« le pays le plus utile à visiter » selon Montesquieu.

La réforme de Henri VIII et la révolution de 1688 y
avaient déchaîné les passions, les intérêts et les ap-
pétits, ébranlé les âmes faibles, encouragé les esprits
faux et donné le pouvoir à la force. Ces crises avaient
laissé derrière elles le rationalisme religieux et le
scepticisme politique, ou plutôt un doute universel,
comme la cendre du double incendie qui avait em-
brasé la nation. C'était un spectacle curieux et nouveau.
Le peuple[2] ne croyait plus qu'au *gin*, qu'on venait
de découvrir, et les grands étaient traîtres ou con-
cussionnaires. Les savants renouvelaient les sciences,

1. Notes sur l'Angleterre.
2 Taine. *Littérature anglaise.*

les philosophes ouvraient des carrières inconnues à la
métaphysique et aux connaissances gouvernementales :
Londres était alors comme Athènes au temps de Cicéron, une libre école de philosophie.

Montesquieu, selon son habitude, s'appliqua à fréquenter les personnages de marque, qui sont comme
les résumés des autres. Son hôte, qu'on nommait le
bel esprit des lords ou le lord des beaux esprits, voyait
une société fort variée. Le plus singulier était un
gendre [1] du fameux Marlborough. A première vue, le
duc de Montaigu invita le baron de La Brède à visiter
son château, et là, sous prétexte de le recevoir comme
un ambassadeur, il le plongea jusque par-dessus la
tête dans un baquet d'eau froide. Trente ans plus
tard, Montesquieu ajoutait, en racontant l'aventure :

« Sans doute elle est étrange, mais les voyageurs
« doivent prendre le monde comme il va ; d'ailleurs

---

1. Fr. Hardy, *Memoirs of Charlemont*, 2 vol. in-8, 1812. Il arriva
encore une autre histoire à Montesquieu dans ce même château :

Il était à la campagne avec des dames, parmi lesquelles il y avait
une anglaise à qui il adressa quelques mots dans sa langue, mais si
défigurés par une prononciation vicieuse, qu'elle ne put s'empêcher
de rire. Sur quoi, le président lui dit : J'ai bien eu une autre morti-
fication dans ma vie. J'allais voir à Blenheim le fameux Malborough.
Avant que de lui rendre ma visite, je m'étais rappelé toutes les
phrases obligeantes que je pouvais savoir en anglais, et à mesure que
nous parcourions les appartements de son château, je les lui disais. Il
y avait bientôt une heure que je lui parlais anglais, lorsqu'il me dit:
« Monsieur, je vous prie de me parler en anglais, car je n'entends pas
le français. » — Diderot, *Œuvres complètes*, Paris, Garnier, 1876,
édit. Tourneux, t. XIX, p. 134. (Marrlborough étant mort en 1721.
Il s'agit ici sans doute de son gendre.)

« l'excessive bonté et l'intelligence inouïe de mon
« hôte me dédommagèrent bien de mon plongeon. Et
« puis la liberté ! Voilà la grande affaire ! Il n'y a
« qu'elle qui permette à chaque individualité de se
« produire, et qui, en échange de quelques excentri-
« cités, donne de nombreux et utiles résultats. » Le
salon de Chesterfield lui facilita de voir encore les
diplomates Walpole, les poëtes Swift et Pope, sans
compter Folkes[1], savant professeur d'Édimbourg, qui
l'entretint d'instruction publique, et le naturaliste génevois Tremblay qu'il invita à venir le voir à La Brède.
Il forma des relations avec tous les savants, tous les
politiques, tous les hommes enfin que l'étude et les
événements avaient fait réfléchir.

La Société royale le reçut, le 26 février 1730, sur la
réputation des Mémoires qu'il avait lus à l'Académie
de Bordeaux, sur son goût pour les sciences et son
aptitude pour les questions sociales. Nous verrons
qu'il lui envoya des relations scientifiques à son retour
à La Brède.

Les ressorts de la constitution attirèrent surtout son
attention et lui dévoilèrent leurs secrets dans les discussions parlementaires. Le 28 janvier 1730, il assistait[2] à la séance de la Chambre des communes, où
lord Bolingbroke reprocha au ministère Walpole d'a-
voir négligé, conformément au traité d'Utrecht, de

---

1. *Journal des savants*, 1877, p. 252.
2. Rémusat, *Le Dix-huitième siècle en Angleterre*. Paris, Didier.

faire démolir le port de Dunkerque et ou, apres quatorze heures de discussion, le gouvernement obtint la
majorité. Une de ses notes[1] mentionne que les membres criaient « aux voix! » pour empêcher le débat
d'une question délicate et que « les ministres ne
« songeaient qu'à triompher de leurs adversaires, et,
« pourvu qu'ils y réussissent, vendraient leur pays. »
Il approfondit les hommes et les institutions et les
jugea, sans se préoccuper de la corruption des mœurs
politiques, de la vénalité des consciences, de l'é-
goïsme des grands et du mercantilisme du peuple.

Enfin le désir lui vint d'être présenté à la cour. Il
le fut le 5 octobre 1730, à Kensington, pour la première fois. La reine, Charlotte de Brandebourg, qui
avait conversé avec Locke et Newton, voulut jouir souvent de son entretien[2]. A défaut du fameux chapitre
de l'*Esprit des Lois*, on connaîtrait son admiration
pour l'Angleterre par une anecdote qu'il a racontée
lui-même.

« Je dînais chez le duc de Richemond, gentilhomme ordinaire. La Boine, qui était un fat, quoique envoyé de France,
soutint que l'Angleterre n'était pas plus grande que la
Guienne. Je tançai mon envoyé. Le soir la reine me dit :
« Je sais que vous m'avez défendue contre votre M. de La Boine.
— Madame, je n'ai pu m'imaginer qu'un pays où vous régnez
ne fût pas un grand pays[3]. »

1. Notes sur l'Angleterre.
2. Éloge de M. de Montesquieu, *infra*.
3. *Pensées diverses*.

Sa dernière remarque, celle qui le frappa par-dessus les autres, c'est que l'avénement de Guillaume d'Orange était l'ère de la liberté constitutionnelle, c'est-à-dire l'union complète du prince et de la nation.

Ensuite il partit satisfait d'avoir trouvé la conclusion de son livre. C'était dans les premiers mois de 1731 ; la date précise en est inconnue, je vois seulement qu'il venait de partir, quand une actrice, exilée de l'Opéra, apporta pour lui chez Chesterfield, une lettre de Fontenelle[1].

« ... On dit que vous êtes fort bien auprès de la reine, et je l'eusse presque deviné, car il y a longtemps que je sais combien elle a de goût pour les gens d'esprit et combien elle est accoutumée à ceux du premier ordre... Si la reine voulait faire apprendre à danser aux princesses ses filles... elle serait trop heureuse que la fortune lui eût envoyé mademoiselle Sallé. Enfin je vous demande votre protection pour elle en toute occasion, ou plutôt je ne vous demande que de la voir un peu, après quoi le reste viendra tout seul... »

Montesquieu était resté environ dix-huit mois, de novembre 1729 à avril 1731, dans ce pays où les idées que les Anglais ont proposées en religion, en politique et en science, attendaient, selon l'usage[2], des Français pour les vulgariser. Un tel séjour eut une influence considérable sur lui, comme il avait fait sur Voltaire[3] et comme il devait faire sur Buffon.

1. Fontenelle, *Œuvres complètes*. Paris, 1758, 11 vol. in-12.
2. Taine, sur *Carlyle*, ch. v.
3. Desnoiresterres, *Voltaire et la société au dix-huitième siècle*. Paris, Didier, 8 vol. in-8, 1870-1877.

Le futur auteur de l'*Esprit des Lois* en rapporta l'intelligence du régime aristocratique, le respect du pouvoir héréditaire et la déférence pour le culte établi.

Pareil voyage avait jeté l'écrivain des *Lettres philosophiques* dans un scepticisme universel ou dans la négation railleuse des institutions et des problèmes les plus intimes de la destinée humaine.

Buffon[1], avant 1738, époque de son passage en Angleterre, n'avait donné que des Mémoires sur la géométrie, la physique et l'agriculture. Depuis il porta le premier dans son *Histoire naturelle*, la critique qui édifie et non celle qui renverse.

En un mot, celui-ci fut frappé de la liberté scientique, celui-là de la liberté religieuse et Montesquieu de la liberté politique.

Rien ne prouve que Montesquieu ait visité l'Irlande, toutefois il en parlait volontiers, il en disait même[2] : « Si j'étais Irlandais, je désirerais l'union de mon pays avec l'Angleterre; et comme ami partout de la liberté, je la souhaite sincèrement par cette simple raison qu'un peuple faible uni à un peuple beaucoup plus fort ne peut jamais être certain de goûter toujours les avantages de la liberté constitutionnelle, à moins qu'il n'ait par ses représentants une part proportionnelle dans la législature du royaume le plus fort. »

---

1. Nadaud de Buffon, *Correspondance inédite de Buffon*, 2 vol. in-8. Paris, Hachette, 1860.
2. Fr. Hardy, *Mémoirs of Charlemont*, 2 vol. in 3, 1812.

Les voyages lui avaient beaucoup profité, parce qu'il s'était plié aux mœurs de chaque pays. C'était son principe : « Quand je suis en France, disait-il, je « fais amitié avec tout le monde ; en Angleterre, je « n'en fais à personne ; en Italie, je fais des compli- « ments à tout le monde ; en Allemagne, je bois avec « tout le monde[1]. »

Le résumé de ces observations fut, suivant d'A- lembert[2], « que l'Allemagne était faite pour y voya- « ger, l'Italie pour y séjourner, l'Angleterre pour y « penser et la France pour y vivre. » Le mot est sans doute un badinage, mais il a de l'importance, parce qu'il est sensible dans la conduite et dans les jugements de Montesquieu.

Il alla se reposer à La Brède.

1. *Notes sur l'Angleterre.*
2. *Éloge de Montesquieu.*

Montesquieu distribue le parc de La Brède à l'anglaise, fait dresser sa généalogie, crée une substitution, sollicite l'érection de sa terre en marquisat et exerce les droits féodaux.

Il y avait trois ans que notre voyageur avait quitté sa femme, ses enfants, ses affaires et son château. Ses enfants avaient grandi ; l'aîné avait quinze ans ; ses deux filles en avaient l'une onze, l'autre quatre. Ses affaires n'avaient point dépéri, et de Rome il avait, par lettre, disposé de l'arbre qu'il voulait faire placer à tel ou tel endroit de sa terre [1]. Pour la baronne, elle avait bien pris soin de tous.

Mais l'attention de Montesquieu fut attirée ailleurs.

J'ai rappelé que Buffon [2] visita l'Angleterre en 1738 et qu'il emprunta aux savants de ce pays la méthode de critique scientifique. La fréquentation de l'aristocratie insulaire lui donna cette dignité dans la dé-

1. Vauvenargues, *Œuvres*, édit. Gilbert, Furne. Paris, in-8. Lettre du marquis de Mirabeau à Vauvenargues, 7 février, 1739.
2. Nadaud de Buffon, *Correspondance inédite de Buffon*, 2 vol. in-8. Paris, Hachette, 1860.

marche, cette recherche dans les vêtements, ces grandes manières qu'il posséda à un si haut degré par la suite.

Montesquieu ne prit pas seulement à cette nation le système parlementaire. Quand il y arriva, une révolution [1] spéciale venait d'avoir lieu. La mode des parterres en arabesques, des grottes et des fontaines de rocailles, des cabinets de verdure, des arbres découpés, avait bientôt atteint les dernières limites de la puérilité. L'excès, qui corrompt les meilleures choses, ne s'était pas fait attendre ; la tyrannie de la règle et du compas avait poussé à la révolte. Le style de Le Nôtre avait été détrôné par celui de Kent ; l'architecte français par le paysagiste anglais. Montesquieu parcourut les parcs de Carlton house, de Roustham, de Claremont, d'Esher et de Kensington. « Là, dit Walpole, « on repoussait l'exactitude des formes carrées de « l'âge précédent. On étendait les places ; on dédai- « gnait la symétrie et ses compartiments. Ce n'étaient « que grandes lignes. Le surplus était varié par des « sites agrestes, par des petites futaies de chênes « plantés sans ordre, mais entourés de palissades. »

La vue de ces parcs et de ces paysages frappa beaucoup Montesquieu. Aussi, de retour en France trouva-t-il monotones la majestueuse simplicité de La Brède et la régularité de son domaine. Il le fit bouleverser par l'*Eveillé*, le chef de ses manœuvres, qui lu

---

1. A. Mangin, *Les Jardins*, gr. in-4°, Tours, Mame, 1867.

mit, d'après les souvenirs de son maître, dans l'état où on l'a conservé depuis.

Le château seul, sévère comme un cloître et fortifié comme une citadelle, ne put être modifié. Des arbres noirs l'enveloppent au sud et à l'ouest; au nord et au levant, il est environné de pelouses vertes. De ses fossés sortent des eaux qui, soit en cascades, soit en pièces, soit en ruisseaux, serpentent dans la propriété, en y recueillant les sources sur leur passage. A travers des accidents de terrain poussent des prairies grasses et des massifs touffus, coupés par des allées à ciel ouvert ou en berceau, à lignes courbes, qui sont bordées par des rideaux de jeunes peupliers ou par de vieux chênes. L'horizon est fermé par une forêt de sapins séculaires, percée de routes aux bords desquelles gisent des roches contemporaines du déluge.

Le premier aspect de ce parc est un peu mêlé, mais, lorsque, passant d'un détail à un autre, le regard voit toute l'étendue, peu à peu la confusion se dissipe; on éprouve un plaisir intime qui, loin de troubler l'intelligence, l'agrandit en y classant les objets, et l'élève en lui permettant de les embrasser d'un seul coup d'œil. La variété, l'élégance, la profondeur, l'imprévu, la netteté, la vigueur, toutes les qualités de Montesquieu sont là[1]. C'est qu'il les y a placées avant de les mettre dans ses grands ouvrages.

1. Fréd. Thomas, *Vieilles lunes d'un avocat*, 2 vol. in-18, Hachette, 1863; — Laost, *Recueil de l'Académie d'Agen*, Le Château de La

Il a, du reste, écrit à un de ses amis, le 1er août
1744 :

Je me fais une fête de vous mener à ma campagne de La
Brède, où vous trouverez un château orné de dehors charmants, dont j'ai pris l'idée en Angleterre.

Et au même, le 16 mars 1752 :

Mon cher abbé, à votre retour d'Italie, pourquoi ne passeriez-vous pas par Bordeaux et ne voudriez-vous pas voir vos
amis et le château de La Brède, que j'ai si fort embelli depuis
que vous ne l'avez vu. C'est le plus beau lieu champêtre que
je connaisse :

Sunt mihi cœlicolæ, sunt cætera numina Fauni.

Enfin, ce n'était pas tout ce que Montesquieu avait
rapporté de ce pays. Là, comme chacun peut, par ses
services publics, aspirer à la noblesse, non-seulement
les membres de l'aristocratie, mais tous ceux qui
exercent des professions libérales, connaissent les
grandes familles, leurs armoiries, et leurs alliances.
C'est chez cette nation que les questions nobiliaires
sont discutées avec le plus de compétence. Elle a des
colléges héraldiques, des *peerages* annuels et des rois
d'armes nommés par le gouvernement. Les majorats
y maintiennent la stabilité des familles et de l'État;
grâce à eux, le foyer paternel n'est ni abandonné, ni
vendu, ni partagé. Les enfants trouvent dans ce sanc-

Brède, 1834 ; — Drouyn (Léo) *La Guyenne militaire*, in 4°. Bor
deaux, 1865. — Grouet, *La Brède*, in-8. Bordeaux, 1839.

tuaire perpétuel, sous les arbres plantés par les ancêtres, des traditions de vertu, de respect et d'indépendance. Les cadets, ne comptant point sur une part
d'héritage, ont plus d'émulation au travail, et, au lieu
de végéter avec leur frère dans une égale médiocrité,
s'enrichissent dans l'industrie ou dans le commerce,
aidés par l'aîné qui a succédé à son père dans sa fortune et dans ses devoirs, *country gentleman.*

On se rappelle ces deux passages des *Lettres persanes :*

C'est un esprit de vanité qui a établi chez les Européens
l'injuste droit d'aînesse, si défavorable à la propagation, en
ce qu'il porte l'attention d'un père sur un seul de ses enfants
et détourne ses yeux de tous les autres ; en ce qu'il l'oblige,
pour rendre solide la fortune d'un seul, de s'opposer à l'établissement de plusieurs ; enfin en ce qu'il détruit l'égalité des
citoyens, qui en fait toute l'opulence [1]...

Tout près de là était un homme très-mal vêtu qui élevant
les yeux au ciel, disait : « Dieu bénisse les projets de nos
ministres ! Puissé-je voir les actions à deux mille et tous
les laquais de Paris plus riches que leurs maîtres. » J'eus
la curiosité de demander son nom. « C'est un homme
extrêmement pauvre, me dit-on ; aussi a-t-il un pauvre métier : il est généalogiste ; et il espère que son art rendra,
si les fortunes continuent, et que tous ces nouveaux riches
auront besoin de lui pour réformer leur nom, décrasser
leurs ancêtres et orner leurs carrosses ; il s'imagine qu'il va
faire autant de gens de qualité qu'il voudra, et il tressaille
de joie de voir se multiplier ses pratiques [2]. »

Nous allons voir comment, après son retour de

---

1. Lettre cxix.
2. Lettre cxxxii.

Londres, Montesquieu mit sa conduite d'accord avec avec ses anciennes opinions. D'abord, il commanda l'histoire de ses aïeux, tant en ligne directe que collatérale. Mais le jour même, pour s'excuser, il écrivit sur ses tablettes : « Je fais faire une assez sotte chose, « c'est ma généalogie[1]! »

Secondat était son nom patronymique et Montesquieu son nom féodal.

On trouve[2] pour la première fois ses ancêtres dans le *Registre des finances des rois et reines de Navarre*, où Jehan Secondat, panetier de la maison de Marguerite d'Angoulême, est porté pour une gratification de de deux cents livres, en 1542.

Son fils Jacob obtint en février 1606, de Henri IV, « voulant reconnaître les bons, fidèles et signalés services qui ont été faits par lui et les siens, » l'érection en baronnie de la terre de Montesquieu[3].

Cette désignation venait d'un ancien château féodal, situé entre l'Agenais et le Condomois, dans un petit pays appelé le Bruhlois. Aucune forteresse n'avait été si bien placée : au sommet de la colline escarpée, où elle était bâtie, sur la rive gauche de la Garonne, elle dominait, à égale distance à peu près d'Agen et de Nérac, une plaine magnifique. Tout porte à croire

---

1. *Pensées diverses.*
2. Comte de La Ferrière-Percy, *Marguerite d'Angoulême*, Son livre de dépense, in-8. Caen, Hardel, 1862.
3. O'Gilvy, *Nobiliaire de Guyenne*, v° Secondat ; — Tamizey de la Roque, mss.

qu'elle a été détruite pendant les guerres de religion, qui furent si ardentes dans ces contrées au seizième siècle.

Le fils de Jacob Secondat, né en 1652, s'appelait Jean-Baptiste Gaston. On croit qu'il vint d'Agen à Bordeaux avec le bureau des finances dont il était titulaire. Il acheta une charge de conseiller du roi en ses conseils, et mourut, en 1678, président à mortier au parlement de Guyenne.

De ses neuf enfants, l'aîné messire Jean-Baptiste, baron de Montesquieu, qui succèda à son père dans son office de magistrat, s'éteignit sans postérité, en 1716, laissant pour héritier, comme nous l'avons dit, son neveu Charles-Louis, le sujet de ce livre.

Le cadet de Jean-Baptiste, né en 1654, baron de La Brède du chef de sa femme, élu jurat-gentilhomme de Bordeaux en 1689, mourut en 1713, laissant six enfants, dont l'aîné est le même Charles-Louis, écuyer, baron de La Brède et de Montesquieu et seigneur de Baron dans l'Entre-deux-Mers.

L'arbre généalogique dressé par lui s'arrêtait à la naissance de ses enfants : Jean-Baptiste, venu au monde en 1716, à Martillac ; Marie, en 1720 et Marie-Josèphe-Denise, en 1727, à Bordeaux. C'est sans doute après cette lecture qu'il écrivit sur son portefeuille[1] :

« Quoique mon nom ne soit ni bon ni mauvais,
« n'ayant guère que deux cent cinquante ans de no-

---

1. *Pensées diverses.*

« blesse prouvée, cependant j'y suis attaché et je
« serais homme à faire des substitutions. »

Ensuite sa résolution fut d'augmenter ses titres nobiliaires. Une lettre à son adresse, gardée aux archives
départementales de la Gironde, prouve qu'il avait fait
des démarches à ce sujet.

Du 15 décembre 1731.

... J'ai appris, Monsieur, avec bien du plaisir que vous
faisiez ériger Montesquieu en marquisat. Je souhaite que ce
soit bientôt et que vous puissiez faire ce que vous souhaitez,
et que je puisse vous rendre mon hommage en cette qualité...

REDON DE SAINT-FORT.

Mes recherches ne m'ont pas permis de savoir si
son instance fut couronnée de succès; toutefois dans
un inventaire de production, le syndic de Bordeaux,
l'appelle, à la date du 9 juin 1733 : « Messire Charles-
« Louis de Secondat, chevalier, seigneur, marquis de
« Montesquieu. »

Le grand soin des familles nobles doit être surtout de
faire des alliances aussi pures qu'elles et aussi longue-
ment formées à la vertu, afin que les enfants qui en
naîtront, puisant à cette double source des principes
élevés, se portent d'abord vers le beau et pratiquent
le bien. Le seigneur de La Brède maria donc son fils
aîné « à dame Marie-Catherine-Thérèse de la Tour de
Mons, baronne de Soussans ; » Marie, sa première fille,
épousa « messire Joseph-Vincent de Guichanère d'Armajan, conseiller du roi, chevalier d'honneur à la

cour des aydes de Guyenne. » Enfin ce fut à messire Godefroy de Secondat qu'il donna sa seconde fille, Denise, avec les baronnies de Montesquieu et de Montagnac. Cette dernière union paraît avoir fort excité sa sollicitude, si on en juge par plusieurs lettres inédites, où il dit entre autres choses : « Il y a furieuse- « ment de la baronnie dans notre famille[1]. »

Pour faire voir jusqu'où allaient ses idées nobiliaires, il faut lire les lignes suivantes[2].

Je soussigné, étant en mon bon sens, j'ai fait mon testament tout écrit de ma main, ainsi que suit...

Je déclare avoir été marié avec dame Jeanne de Lartigue, et que de notre mariage il est provenu trois enfants qui sont actuellement vivants, savoir : Jean-Baptiste de Secondat, Marie de Secondat, ma fille aînée, et Denise de Secondat, ma fille cadette ;

Que j'ai marié mon fils avec..., ma fille aînée avec..., et ma fille cadette avec..., et que dans ces mariages, outre mon devoir, j'ai eu principalement en vue d'avoir des héritiers de mon nom. C'est dans ce même objet que j'ai fait mon testament.

Je déclare que, dans le contrat de mariage de mon fils, je lui ai constitué la somme de 210,000 livres.

J'institue mon dit fils mon héritier général et universel. Je substitue ma terre de La Brède à son fils, mon petit-fils, et à ses autres enfants mâles, s'il venait à en avoir, suivant l'ordre de primogéniture. Et, en cas que mon fils mourût sans enfants mâles, je substitue ladite terre aux enfants mâles de ma fille puînée, Denise de Secondat, suivant l'ordre de primogéniture, ma quelle fille puînée est mariée avec

1. Labat, *Recueil de l'Académie d'Agen*, 1834.
2. *Archives départementales de la Gironde*, série B. Registre contenant l'insinuation des substitutions apposées dans les testaments.

M. de Secondat, mon cousin. Et je veux que cette substitution soit graduelle de mâle en mâle. Et comme il y a, dans ma dite terre de La Brède une maison appelée de Lartigue qui doit revenir à mes enfants comme appartenant à M. de Montesquieu, et n'est ni ne peut être comprise dans ladite substitution, je ne veux pas que mon héritier puisse la vendre noble ni l'anoblir au préjudice de la substitution, mais la vendre comme roturière et relevante de ladite terre.

Je veux que le contrat de mariage de ma fille aînée, mariée avec M. Darmajan, soit exécuté suivant sa forme et teneur. Je lui donne en outre vingt mille livres, et en cas que les dix mille livres que je lui ai données par son contrat de mariage, les vingt que je lui donne présentement et qu'elle pourrait prendre peut-être en vertu du testament de M. et madame de Lartigue n'allassent pas jusqu'au total de la légitime paternelle, je lui donne encore le surplus, en sorte qu'outre la légitime maternelle, elle ait encore autant que se pourrait monter la légitime paternelle, comme aussi si lesdites sommes excéderaient le montant de la légitime paternelle, je veux qu'il en soit autant retranché sur la somme de vingt mille livres que je lui donne aujourd'hui et en laquelle je l'institue mon héritière particulière, la rappelant pour l'effet susdit seulement, voulant qu'au surplus son contrat de mariage sorte son plein et entier effet. Je donne et lègue à ma fille puînée de Secondat, sa légitime telle que de droit et de coutume, et en ce je l'institue mon héritière particulière, dans laquelle elle imputera ce que je lui ai constitué de mon chef par son contrat de mariage.

C'est la disposition de ma dernière volonté, que j'ai toute écrite de ma main dans une feuille de papier que j'ai signée au bas de chaque page et à la fin d'icelle, après l'avoir lue et relue, voulant que la présente disposition vaille comme testament, codicille, donation à cause de mort, et en la meilleure forme qu'elle pourra valoir.

Fait à Paris, le 26 novembre 1750.

Signé : SECONDAT, *baron de Montesquieu et de La Brède.*

C'est alors, je le soupçonne, que fut composé un morceau inédit *sur les successions*[1], où il propose d'établir l'égalité des partages, de conserver dans la classe noble seulement les droits d'aînesse et de transmettre dans cette classe tout l'héritage à l'aîné des mâles, à l'exclusion des autres enfants.

Ces détails de généalogie et de noblesse paraissaient déplacés à d'Alembert[2], enfant naturel non reconnu de ses père et mère, mais fils adoptif de M. Josse, l'orfèvre de Molière ! D'ailleurs, puisque les ouvrages et la conduite de Montesquieu ont montré qu'il tenait aux priviléges de la naissance, j'ai traité sa mémoire, comme il voulait qu'on fît sa personne[3].

Cependant je dois me joindre aux observations que M. de Raynal, procureur-général de la Cour de cassation, a faites[4] sur l'*Esprit des Lois* : « Montesquieu, dit-il, passe sous silence les institutions municipales. Il semble ignorer la place qu'elles tenaient dans le monde romain et celle qu'elles ont eue dans notre histoire. Il ne parle qu'en passant des affranchissements des communes, pour indiquer que les chartes qui les consacraient formèrent une partie de nos coutumes. Le caractère et la portée de la grande révolution communale des douzième et treizième siècles lui

1. Labat, *ubi supra*.
2. Éloge de Montesquieu.
3. Audibert, *Plutarque français*, in-8, 1842, v° Montesquieu.
4. Cour de cassation. Audience de rentrée, 3 novembre 1865. Paris, Cosse, in-8.

échappent; il ne tient pas compte des garanties que les citoyens peuvent trouver dans une forte organisation de la commune. »

De tels oublis s'expliquent par la position féodale de l'auteur. Qui est-ce qui n'a pas les opinions de sa profession? Quelques mauvaises langues de son temps ont raconté à Chamfort [1], qui l'a éc it, que Montesquieu était un seigneur fort jaloux de ses droits. Elles auraient pu citer ce passage féroce d'une de ses lettres inédites du 8 mars 1752 [2] :

Les braconniers chassent sur nos terres. Ces vagabonds sont sans respect pour les propriétés. Ils font cent fois plus de mal à nos moissons que les renards et les blaireaux. On sera obligé de tendre des piéges pour diminuer l'espèce de ces animaux bipèdes...

Je suis heureux de pouvoir répondre à ces accusations vagues et à ces gasconnades, par la manière dont il jouissait de ses priviléges principaux, le droit de justice et celui de chasse : l'un de mes documents émane d'un Bordelais [3], qui l'avait presque connu.

Le président de Péchard, son voisin de campagne, allait à La Brède. Il trouva une pauvre femme qui, ne le connaissant pas, lui proposa d'acheter une paire de perdrix. Il la fit mettre derrière sa voiture et la força de le suivre jusqu'au château. Il la présente à Montesquieu : « Vous voyez, lui dit-il, à quoi aboutit votre indulgence : les braconniers dévas-

1. *OEuvres complètes*, Anecdotes.
2. Bernadau, *Tableau de Bordeaux*, in-12. Bordeaux, 1810.
3. Bernadau, *mss.* Bibliothèque de Bordeaux.

tent votre terre. — Point du tout, répondit Montesquieu.
Je suis moins rigoureux que vous pour la chasse, et j'ai plus
de gibier. » Alors se tournant vers la pauvre femme, il lui
dit : « Voilà six francs pour vos perdrix. Allez boire à la cuisine. »

L'autre citation, venant d'un de ses contemporains,
Latapie, est plus instructive encore :

Il chérit toujours ses tenanciers, et (je lui ai ouï dire
quelquefois) une de ses jouissances les plus pures était de
les revoir. On le devinait aisément à l'air de satisfaction qui
se peignait sur son visage chaque fois qu'il revenait de
Paris [1]... Il n'allait jamais dans ses terres sans en visiter les
habitants de toutes les classes. Il parcourait chaque jour
tantôt un village, tantôt un autre, et savait le nom de tous
ses paysans, auxquels il ne parlait jamais qu'en gascon. Il se
plaisait à s'occuper de leurs intérêts : pour mieux les connaître, il s'informait aux enfants des facultés de leurs parents. On l'a vu souvent aller vers ces derniers leur proposer
les moyens de pacifier leurs querelles domestiques, pour
arranger leurs affaires particulières et même pour leur porter des secours pécuniaires, sans que ces bonnes gens puissent savoir comment il avait pu être instruit de leur position [2].

Après avoir ainsi distribué ses jardins à l'anglaise,
dressé sa généalogie, créé une substitution, exercé, à
sa manière, ses droits seigneuriaux et mis son fils au
collége, Montesquieu s'appliqua sérieusement à l'œuvre
qu'il méditait depuis si longtemps et sur laquelle il
comptait pour le recommander à la postérité.

1. Beaurein, *Variétés bordelaises*, t. IV et V. Bordeaux, 1785.
2. Bernadau, *mss.*

On a justement remarqué que les quatre grands novateurs du dix-huitième siècle avaient travaillé dans la solitude, Buffon à Montbard, Voltaire à Cirey, Rousseau à Montmorency, et Montesquieu à La Brède. Ce n'est que dans la retraite que l'on peut écrire, parce que la composition d'un livre exige une présence d'esprit et d'âme qui ne se trouve que dans le silence. Du moins, il n'y a d'œuvres supérieures que celles qui ont été faites loin du monde : les *Pamphlets* de Milton sont passés de mode, le *Paradis perdu* durera éternellement.

XII

Considérations sur les causes de la grandeur et de la décadence des Romains.
Composition, corrections et publication : Le père Castel. — Traduc-
tions en plusieurs langues et commentaires du roi de Prusse. —
Esprit des Lois.

Depuis huit ans, comme nous l'avons vu, on était
gouverné par le quatrième cardinal qui ait régné sur la
France. Fleury obligeait le libertinage d'esprit à se
couvrir d'un masque, décourageait les discussions
politiques en fermant le club de l'*Entre-Sol*, favorisait
les sciences puisqu'on lui doit la mesure de la terre,
et surtout poussait aux travaux sereins et fortifiants
de l'érudition ou de l'histoire, dans lesquels se distinguaient Bouhier, Dom Calmet, Dom Bouquet, Dom
Rivet, le P. Brumoy, Fréret, d'Olivet, Rollin, Mably
et Voltaire même avec *Charles XII.*

Le choix de Montesquieu fut bientôt fait, car il a
écrit[1] : « Rome *antica et moderna* m'a toujours en-
chanté. »

On connaît[2] de son écriture un manuscrit de

1. *Correspondance.* Lettre du 7 mars 1749.
2. Techener, *Description raisonnée d'anciens manuscrits*, in-8,
Techener, 1862, 2º partie, p. 124.

soixante dix-huit pages in-douze, intitulé *Historia romana*, qui doit dater de son temps d'écolier. C'est une histoire romaine rédigée par demandes et par réponses. Elle contient d'abord l'origine de la ville éternelle ; puis neuf chapitres sont consacrés à un résumé de toutes les guerres soutenues par elle depuis Romulus jusqu'à Jules César. Le dernier paragraphe est ainsi conçu : « Tunc Hoctavius Cæsar, cognomento « Augustus, imperatorum omnium maximus, poten- « tissimus, felicissimus, rerum omnium repub. poti- « tus est. »

Dans sa jeunesse, Montesquieu avait encore ébau-ché un discours sur Cicéron : « Celui de tous les anciens « auquel il aurait aimé le mieux à ressembler, » dit-il [1].

Nous savons qu'en 1716, l'académie de Bordeaux avait entendu de lui une dissertation sur la *Politique des Romains dans la religion* et qu'en 1721, le dia-logue de *Sylla et d'Eucrate* fut lu par lui devant le club de l'*Entre-Sol*.

Quelques mois de séjour à Rome lui avaient causé une vive impression. La topographie de cette ville, les ruines du passé, la vue du présent lui donnèrent une intelligence supérieure de son sujet. D'ailleurs il disait [2]: « On ne peut jamais quitter les Romains : c'est ainsi « qu'encore aujourd'hui, dans leur capitale, on laisse

---

1. Labat. *Recueil de l'Académie d'Agen*, 1884.
2. *Esprit des Lois*, l. XI, ch. XIII.

← les nouveaux palais pour aller chercher des ruines ;
« c'est ainsi que l'œil qui s'est reposé sur l'émail des
« prairies, aime à voir les rochers et les montagnes ».

Le fils de Montesquieu nous apprend[1] qu'alors son
père se livra sur ce sujet « à des lectures immenses
« qu'il avait commencées en Angleterre. » Il y a
plus[2] : un bénédictin de Saint-Maur qui, mécontent
de son cloître, alla, sous l'habit séculier, se cacher
pendant deux ans à La Brède, payait son asile en
faisant des recherches relatives aux *Considérations sur les causes de la grandeur et de la décadence
des Romains.* Comme le géographe ne rapetisse pas un
fleuve parce qu'il indique ses affluents, je ne crois
pas diminuer le mérite de Montesquieu en indiquant
les auteurs qu'il s'est le plus assimilés, mais que lui
seul pouvait s'assimiler aussi bien.

Polybe, ancien soldat, diplomate honoraire, Grec
exilé chez les Romains, a consacré à ses ennemis quelques livres de son *Histoire générale.* Ce sont des récits raisonnés, où se découvrent les secrets de leur
politique, l'esprit de leurs institutions et leur organisation militaire, et qui sont faits pour l'utilité des
hommes d'État, des gens de guerre et des citoyens.

Tout autre est l'*Abrégé d'histoire romaine* de Florus. On y sent l'écrivain de profession, qui n'a pas été
mêlé aux affaires ; il regarde le peuple dont il écrit les

---

1. Éloge de M. de Montesquieu, *infra.*
2. Bernadau, mss. Renseignements donnés par L. M Chaudon.

annales comme un individu, et le suit de l'enfance à
la jeunesse et de la jeunesse à l'âge mûr. C'est un véritable panégyrique « à la fois vague et concis, comme
dit Villemain, dans un style épigrammatique et brillant ».

Montesquieu a dû lire avec bien du soin aussi l'auteur des *Discours sur Tite-Live*. Machiavel, élevé à
l'école des gouvernements du quinzième siècle, déve-
loppe dans cet ouvrage la théorie du succès et la justifie
par des exemples, faisant plus de cas de l'expérience
que des principes. Jamais Rome n'avait été le prétexte
de réflexions politiques, diplomatiques et militaires
aussi profondes et aussi sceptiques.

Paruta[1] était un homme d'État vénitien du seizième
siècle. Le premier livre de ses *Discours* traite de
la constitution des gouvernements de l'antiquité. Il
établit notamment, par des considérations sages et élevées, que les rois de Rome ont fondé sa puissance, que
la distribution du butin était bien entendue, qu'elle ne
posait les armes que victorieuse, qu'elle dut sa force à
ses institutions militaires, enfin, qu'elle fût ruinée par
ses expéditions lointaines.

Les réflexions sur les divers génies du peuple romain
sont aussi originales qu'ingénieuses. Saint-Évremont
était un épicurien spirituel et sensé qui ne croyait pas
que la pauvreté et la vertu romaines fussent de l'absti-

---

1. Alf. **Mézières**, de l'Académie française, *Étude sur les œuvres politiques de Paul Paruta.* Paris, Pichon, S. D., in-8.

nence. La façon dont il a expliqué le caractère des premières guerres de ses héros, et surtout la seconde
guerre punique, démontre bien qu'il avait été du métier.

Bossuet, dans le *Discours sur l'histoire universelle*,
est un Père de l'Église qui expose « la durée perpé-
tuelle de la religion et les causes des changements ar-
rivés dans les empires. » Il traite, en passant, avec un
mouvement rapide et sublime comme le char de feu du
prophète, des Romains, dont il attribue la grandeur au
courage de leurs soldats ainsi qu'à la sagesse de leur
Sénat, et la décadence à la jalousie des deux ordres,
à l'abus des annexions et à la dépravation des mœurs.

Le membre puritain de la Chambre des communes
d'Angleterre, Moyle, a divisé son *Essai sur le gouvernement de Rome* en deux parties. Les causes vraies et
naturelles qui élevèrent ce peuple au plus haut degré
de gloire et de puissance sont d'abord traitées. Vient
ensuite la corruption de la république en monarchie
absolue, attribuée à la négligence des anciennes lois,
de la discipline et de la vertu [1].

Ces modèles furent loin de décourager Montesquieu,
car Cuvier n'a pas hésité à s'occuper d'anatomie après
Aristote et Buffon. Un des plus savants professeurs de
l'université, M. Ed. Cougny [2], suppose que la *Grandeur*

---

1. Hallam, *Introduction à l'Histoire littéraire* du quinzième au
dix-septième siècle, dit que Montesquieu a imité Bellenden.
2. L'*Instruction publique*, journal rédigé par M. Alf. Blot, 27 mai
1876.

des Romains est née de la préface de Tite-Live. J'hésite à le croire ; à mon avis, la préférence de Montesquieu se porta sur Rome, parce que ses annales sont
un résumé de celles de l'univers[1]. Il me semble en
faire l'aveu quand il dit : « Je me trouve fort dans mes
maximes, lorsque j'ai pour moi les Romains[2] ». D'ailleurs, considérant que l'histoire n'était qu'un recueil
de faits épars réunis par des lettrés, tandis qu'elle devait être un abrégé méthodique emprunté à des écrivains qui y avaient joué un rôle, il se proposa, d'après
l'expérience et l'observation, d'assigner à chaque fait
sa place, à chaque homme son importance et de donner
les lois politiques des événements. C'était créer la philosophie de l'histoire[3] : étude pleine de conjectures,
mais déjà féconde en vérités utiles.

Le sujet et le but arrêtés, ses premières tentatives
furent deux mémoires[4], l'un sur *les intempéries de la
campagne de Rome*, et l'autre sur *la sobriété des habitants de Rome comparée à l'intempérance des anciens
Romains*, qu'il lut à l'Académie de Bordeaux en 1731
et en 1732, sans qu'on en retrouve de traces.

Enfin, après avoir dessiné son plan, il se mit à
l'exécuter.

Le livre, divisé en vingt-trois chapitres, comprend

---

1. Qui res ejus legunt, non unius populi sed generis humani fata
discunt (*Florus*, in præmio).
2. *Esprit des Lois*, l. VI, ch. xv.
3. Cirot de La Vieville, *Actes de l'Académie de Bordeaux*, 1859,
in-18. Bordeaux.
4. Actes de l'Académie de Bordeaux, vol. de 1828.

toute l'histoire de Rome depuis son origine jusqu'à sa fin, c'est-à-dire sous la royauté, la république et l'empire, le partage de cet État en deux parties et son effondrement.

L'espace est immense. Montesquieu, comme les dieux d'Homère qui parcouraient le monde en trois pas, embrassa ces vingt-deux siècles en quelques coups d'œil, avec une étude exacte et profonde des événements, une connaissance singulière des hommes, une merveilleuse sagacité des choses et une clair-voyance capable de suppléer aux lacunes : on dirait qu'il a retrouvé le registre où le Sénat consignait ses délibérations secrètes.

Les faits et les personnages ne sont qu'esquissés à grands traits, fiers et vifs, mais les effets et les mo-biles sont peints avec détail, de la façon la plus lumi-neuse et la plus opportune, comme un exemple suit une proposition. Voici de ce livre une analyse très-bien faite par d'Alembert [1] :

Montesquieu trouve les causes de la grandeur des Ro-mains dans l'amour de la liberté, du travail et de la patrie, qu'on leur inspirait dès l'enfance ; dans la sévérité de la dis-cipline militaire ; dans ces dissensions intestines qui don-naient du ressort aux esprits, et qui cessaient tout à coup à la vue de l'ennemi ; dans cette constance après le malheur, qui ne désespérait jamais du salut de la république ; dans le principe où ils furent toujours de ne faire jamais la paix qu'après des victoires ; dans l'honneur du triomphe, sujet

1. Éloge de Montesquieu.

d'émulation pour les généraux; dans la protection qu'ils accordaient aux peuples révoltés contre leurs rois; dans l'excellente politique de laisser aux vaincus leurs dieux et leurs coutumes; dans celle de n'avoir jamais deux puissants ennemis sur les bras, et de tout souffrir de l'un jusqu'à ce qu'ils eussent anéanti l'autre.

Il trouve les causes de leur décadence dans l'agrandissement même de l'État, qui changea en guerres civiles les tumultes populaires; dans les guerres éloignées qui, forçant les citoyens à une trop longue absence, leur faisait perdre insensiblement l'esprit républicain; dans le droit de bourgeoisie accordé à tant de nations et qui ne fit plus du peuple romain qu'une espèce de monstre à plusieurs têtes; dans la corruption introduite par le luxe d'Asie; dans les proscriptions de Sylla, qui avilirent l'esprit de la nation et la préparèrent à l'esclavage; dans la nécessité où les Romains se trouvèrent de souffrir des maîtres, lorsque leur liberté leur fut devenue à charge; dans l'obligation où ils furent de changer de maximes, en changeant de gouvernement; dans cette suite de monstres qui régnèrent presque sans interruption, depuis Tibère jusqu'à Nerva et depuis Commode jusqu'à Constantin; enfin dans la translation et le Partage de l'empire, qui périt d'abord en Occident par la puissance des barbares, et qui, après avoir langui plusieurs siècles en Orient sous des empereurs imbéciles ou féroces, s'anéantit insensiblement comme ces fleuves qui disparaissent dans des sables.

Montesquieu avait tellement étudié l'ancienne Rome et l'avait pratiquée avec tant de familiarité, qu'il a l'air d'y avoir vécu. On prendrait parfois sa manière de voir pour celle d'un patricien du temps, mécontent des concessions faites au peuple, dévoué au Sénat, favorable à César, furieux contre Lépide, plus admirateur du stoïcisme dans Brutus, Caton, Trajan,

Marc-Aurèle ou Julien l'Apostat, que du christianisme dans Constantin et ses successeurs, dans les croisés qui ont servi la civilisation, et dans les moines qui rendirent tant de services aux lettres, à la politique et à la religion.

Cependant, bien qu'en apparence, il ne s'agisse dans son livre que du peuple romain, on reconnaît à chaque instant que Montesquieu fait des allusions à l'Europe, et surtout à la France. De temps en temps, quelques mots vifs comme des éclairs, ramènent inopinément l'attention vers l'époque moderne et même vers les préoccupations du jour.

Il énonce, dès le premier chapitre, des aphorismes profonds, qui forment le caractère le plus marqué de son génie : « Comme les hommes ont eu, dans tous « les temps, les mêmes passions, les occasions qui « produisent les grands changements sont diffé- « rentes, mais les causes sont toujours les mêmes. » Quelqu'un [1] a prétendu que cet ouvrage avait été écrit moins pour répondre à son titre que pour exposer une série d'idées neuves et hardies sur les matières politiques, religieuses et morales. Pourquoi pas pour se venger du cardinal de Fleury ou de Chauvelin, qui avaient refusé d'employer l'auteur dans les ambassades, comme nous l'avons vu au chapitre x ?

Ce chef-d'œuvre de conception est encore un chef-d'œuvre d'exécution. Montesquieu, dans son style,

1. Alf. Chassant, *Bulletin du Bouquiniste*, 15 mai 1858.

est tantôt, comme Bossuet ou Corneille, noble, sublime, pittoresque, imprévu ; tantôt, comme Tacite
ou Salluste, court et fort ; quelquefois aussi, antithétique comme Florus. Son art consiste dans la justesse
et dans la vivacité des pensées. Il peint, parce qu'il a
vu ; il enchaîne les détails, parce qu'il connaît les rapports ; son élégance n'est que de la précision, son
énergie que de la profondeur, et la vivacité de ses
tours résulte du mouvement naturel de son âme qui
frappe l'imagination du lecteur et met en mouvement
toutes ses facultés. .

Cependant ce livre a des défauts. Il contient des
phrases où l'auteur, à force d'avoir voulu être sen-
tentieux, est obscur, et d'autres où les pensées ne sont
pas toujours clairement exprimées et manquent de
transition. L'érudition actuelle [1] lui reproche de n'a-
voir pas connu les origines de Rome, l'essence de sa
religion, les transformations de ses lois, l'organisation
du patriciat et celle de la famille.

Si un homme peu lettré demande pourquoi tous les
travaux sur Rome ont passé, tandis que celui-ci est
resté ; pourquoi l'*Histoire romaine* de M. Momm-
sen est déjà passée de mode, tandis que les *Considérations* font partie des classiques universels ? c'est
que le plus beau caillou du Rhin ne vaut pas le
moindre diamant. « C'est que, comme dit fort bien
« le dernier éditeur [2], Montesquieu étudie non point

1. Henri Martin, *Histoire de France*. Furne, 1865, t. XV.
2. Laboulaye, *Œuvres complètes de Montesquieu*. Garnier, 1875, 2° v.

« des choses passagères, non point des curiosités
« d'antiquaire, mais les passions et les intérêts, les
« vertus et les vices, qui, de tout temps, ont été le
« ressort secret des passions. Voilà ce qui fait qu'on
« le lira toujours, sinon comme un érudit, du moins
« comme un maître en politique. »

Montesquieu, en revisant son livre, eut l'idée d'y
insérer le chapitre sur « la constitution anglaise, » qui
était fait alors[1] et qu'il mit plus tard dans l'*Esprit des
Lois :* quelques réflexions l'en détournèrent ; il se con
tenta d'y faire allusion et d'y indiquer sa théorie des
trois espèces de gouvernement [2].

Après l'avoir bien travaillé et amené au point de
perfection dont il était capable, un dernier scrupule
s'empara de lui.

Le répétiteur de son fils au collége Louis-le-Grand
était le P. Castel, collaborateur du *Journal de Trévoux* et du *Mercure de France*, que Voltaire appelait
« le fou des mathématiques [3], » et Montesquieu lui-
même, « l'arlequin de la philosophie [4], » du reste physicien aussi savant que paradoxal et jésuite aussi
pieux que discret.

Montesquieu lui avait toujours « comme désavoué » les *Lettres persannes ;* il le pria de lui « corriger religieusement [5] » la *Grandeur des Romains.*

1. Éloge de M. de Montesquieu, *infra.*
2. A la fin du chapitre IX.
3. Voltaire-Beuchot, *Lettre à Thieriot,* 10 avril 1738.
4. Auger, *Vie de Montesquieu.*
5. P. Castel, *L'Homme moral.* Toulouse, 1756, p. 100 et s.

On l'imprimait en Hollande par l'intermédiaire de l'ambassadeur. Le P. Castel recevait à Paris les feuilles en première épreuve et usait du droit qui lui avait été donné par l'auteur. Au XXII° chapitre, un ami commun voulut « réprimer sa liberté. » Montesquieu, pris pour juge, approuva les observations de son prote de conscience, en fit même quelques autres et lui demanda d'aller jusqu'au bout du volume. La lettre adressée alors par le jésuite à l'auteur contient des passages curieux [1].

« Monsieur, je n'aurois pas voulu tant de correctifs et de ménagements dans votre ouvrage. Il me paroit qu'il n'y avoit de bien pressant que les deux derniers endroits qui regardoient ou qui sembloient regarder l'autorité spirituelle de l'Église, et tout au plus les termes de *monachal* et de *monachisme*... Je ne puis cependant qu'applaudir au généreux parti que vous avez pris de tout adoucir... Parmi les correctifs que vous me faites l'honneur de me proposer, il y en a une qui dit : *Le schisme des Grecs fut surtout pernicieux en ce que les troubles ne furent plus apaisés chez eux par l'autorité de l'Église d'Occident.* Ce n'est pas avec les Papes que ces paroles-ci pourroient vous brouiller, mais avec le clergé de France. Je passe peut-être le but et mon observation est trop raffinée ; si vous disiez *par l'autorité de l'Église* tout court, vous ne vous brouilleriez sûrement avec personne ; au lieu qu'en disant l'*Église d'Occident,* vous semblez donner au Pape l'infaillibilité qu'on lui conteste dans ce pays-ci... Il est pourtant vrai que les personnes d'un certain ordre ne se permettent ces insultes et ces hauteurs que dans les conversations ; et que tout ce qui en transpire dans le public ne vient

1. Charles Nisard, *Mémoires et Correspondances inédites*, in-18, Paris, M.-Lévy, 1858, pp. 47-51.

que de la part de quelques petits auteurs ténébreux et anonymes, jeunes même et licencieux. »

Ces derniers mots visaient peut-être bien l'auteur
des *Lettres persanes*. Montesquieu supprima la phrase
soulignée et atténua les remarques sur les moines.
Le double éloge du suicide[1] suscita plus de difficulté;
toutefois l'écrivain céda aussi sur ce point et l'ouvrage
parut en Hollande « exempt de reproche, » tel que le
P. Castel l'avait corrigé.

La première édition est intitulée : *Considérations
sur les causes de la grandeur des Romains et de
leur décadence*, à Amsterdam, Jacques Desbordes
MDCCXXXIV. Le titre rouge et noir est orné,
comme fleuron, d'un buste dans une cartouche ac-
costé de deux tritons, qui embouchent la conque
marine. Ce livre in-12 a des *cartons* pages 17 et 18,
121 et 122, 179 et 180, 199 et 200, et un *errata*.

Dans un second tirage, Montesquieu rétablit[2] les
articles anglo-romains sur Charles Ier et Brutus, car
« il y tenait un peu. Mais les magistrats et lui-même
« les supprimèrent définitivement, » pour pouvoir imprimer l'ouvrage en France et obtenir le privilége du
roi.

Enfin le livre parut à Paris, chez Huart; et le
P. Castel en publia dans les *Mémoires de Trévoux*,
deux grands extraits, précédés de l'éloge de l'auteur
anonyme.

1. Comte de Champagny, *Les Césars*, t. IV, p. 188.
2. P. Castel, *L'Homme moral*. Toulouse, 1756, *ubi supra.*

A ce moment les hommes d'État et les hommes de guerre n'étaient préoccupés que de la succession de Pologne, où la diplomatie française se battit pour sauver l'honneur militaire de la nation. Le clergé et les parlements venaient de se passionner aux miracles du diacre Pâris, et continuaient à se quereller sur la bulle *Unigenitus*. Les savants ne pensaient qu'au voyage de Maupertuis et de Clairaut, partis pour déterminer la figure de la terre. Les gens du monde et les philosophes s'engouaient pour deux chefs-d'œuvre inférieurs, l'un du cœur et l'autre de l'esprit, *Manon Lescaut* et surtout les *Lettres anglaises*.

Aussi le traité de Montesquieu, chef-d'œuvre de haute raison, eut-il peu de succès en France. Les salons qui faisaient la réputation dirent que les *Lettres persanes* avaient été la « grandeur » de Montesquieu, et que les *Considérations* étaient sa « décadence [1]. »

Bientôt les étrangers le dédommagèrent. A Londres, aussitôt son livre fut entre les mains de tout le monde et lu avec admiration par les plus grands connaisseurs. Deux Anglais, gens pratiques, se réunirent pour en donner plus tôt une traduction qui fut imprimée avant la fin de l'année. Il y en eut trois ou quatre contrefaçons en Hollande. La Prusse prépara aussi des triomphes à l'auteur; un jeune diplomate, le baron

1. Voltaire, Lettre à Thieriot, 1734, édit. Didot, 1820; — Bielfeld, *Lettres familières.*

de Bielfeld[1], vint de Berlin lui demander à mettre son
ouvrage en allemand[2], et Frédéric II commença à
écrire sur les marges de son exemplaire des remarques
religieuses, politiques et morales, plus piquantes que
celles qu'il fit sur le *Prince* de Machiavel. On en a
dernièrement trouvé une copie qui ne tardera pas
à être publiée[3]. Je ne sais si Montesquieu en eut
connaissance, mais je crois qu'il eût été flatté
d'avoir un aussi digne commentateur de son livre
« pour lequel, dit un contemporain[4], il a lui-même
une espèce de prédilection. » Et c'est le rêve de tout
publiciste d'être lu, voire surtout approuvé par un
homme politique.

L'existence d'un auteur n'était plus ce qu'elle avait
été jusque-là, c'est-à-dire calme, discrète et renfermée
dans le culte exclusif des lettres, dont il se laissait
rarement distraire. Au travail philosophique et à
l'activité littéraire se joignait, même chez les plus
illustres, la préoccupation de leurs intérêts pécuniaires
et la fréquentation du palais.

Montesquieu fut du nombre, et j'en ai réuni les
preuves dans le chapitre suivant.

1. Bielfeld, *Lettres familières*. La Haye, 1763, t. II. *Lettre à
M. Lamprecht*, 15 août 1741.
2. *Vie de Frédéric II*, in-8, 1792, t. II, p. 68. Il disait à Hertzberg
que Montesquieu ni Tacite ne pourraient jamais être traduits en
allemand.
3. Voir dans l'*Appendice*, Montesquieu et Frédéric II.
4. Bielfeld, *ibid*.

XIII

Montesquieu administrateur, vigneron, marchand de vin. — Ses procès.
— Son esprit d'ordre et sa générosité

Montesquieu était habile administrateur de ses biens et de ses revenus. Ses ouvrages et ses manuscrits prouvent qu'il avait une véritable expérience des choses. On[1] a estimé qu'à sa mort il avait eu soixante mille francs de rente (beau revenu pour le temps!), dont il avait donné la moitié à ses enfants. Il[2] a pu se rendre cette justice : « Je n'ai pas laissé, je crois, « d'augmenter mon bien ; j'ai fait de grandes améliora- « tions à mes terres ; mais je sentais que c'était plutôt « pour une certaine idée d'habileté que cela me donne- « rait, que pour l'idée de devenir riche. »

Quel que soit son motif, voici comment il arriva à la fortune. Ce sont trois moyens infaillibles : gagner de l'argent, ne jamais s'en laisser prendre, et surtout ne pas en dépenser.

Son premier soin fut d'améliorer ses terres. Mais

---

1. De Luynes, *Mémoires* ; — Soulavie, *Pièces inédites*, pour servir aux règnes de Louis XIV, XV et XVI.

2. *Pensées diverses.*

ce furent des difficultés partout, dans les vallées et sur les côtes. Les prairies étaient de mauvaise qualité et manquaient d'eau : il fit venir de Flandre un trèfle [1], dont la Gironde lui doit l'introduction, et il eut bien de la peine à persuader à ses tenanciers d'irriguer, « parce que ce n'était pas la coutume du pays. » Il défricha des landes et créa des métairies. Quant aux pentes qu'il voulait cultiver, ce fut pis encore. Il faut lire une lettre [2] bien administrative de l'intendant de la province au contrôleur général, datée du 18 avril 1727 :

J'ai reçu le placet présenté par le sieur de Montesquieu, pour demander la permission de planter en vignes trente journaux de landes qu'il a achetées le 24 décembre dernier, et le mémoire par lequel il prétend justifier que l'arrêt du Conseil, qui défend de faire de nouvelles plantations de vignes dans la généralité de Guyenne, est contraire au bien de cette province et du royaume.

Comme le sieur de Montesquieu a beaucoup d'esprit, il ne s'embarrasse pas de traiter des paradoxes, et il se flatte qu'à la faveur de quelques raisons brillantes, il lui sera facile de prouver les choses les plus absurdes.

Je vous prie de me dispenser de répondre à son mémoire et d'entrer en lice avec lui ; il n'a d'autre occupation que de chercher des occasions d'exercer son esprit. Pour moi j'ai des choses plus sérieuses qui doivent m'occuper, et je me contenterai de vous dire qu'avant qu'il eût fait cette acqui-

---

1. Lettre de Montesquieu à Guasco, du 5 décembre 1754 ; — *Bulletin des Sociétés savantes*. Imprimerie impériale, 1855, in-8, p. 132. Article de M. Silvy, conseiller d'État.

2. Francisque Michel, *Histoire du commerce et de la navigation à Bordeaux*, 1870, gr. in-8. Bordeaux, Féret, t. II, note 1, p. 452.

sition, et même avant que l'arrêt qui a défendu la nouvelle plantation de vignes eût été rendu, il était du sentiment commun de toute la province, que non-seulement il ne fallait pas souffrir qu'on plantât de nouvelles vignes, mais qu'il aurait été à souhaiter qu'on arrachât au moins un tiers de celles qui avaient été plantées depuis 1709. Son intérêt personnel le fait aujourd'hui changer de langage et non de sentiment ; car je suis persuadé qu'il est toujours dans les mêmes principes et que le mémoire qu'il vous a présenté est un jeu d'esprit, dont il connaît mieux que personne la fausseté...

Néanmoins, Montesquieu obtint, on ne sait comment, l'autorisation de planter des vignes, et les cultiva avec succès. On lit dans une de ses lettres inédites [1] à madame Dupré de Saint-Maur : « Je suis occupé ici à « faire du nectar; le malheur est qu'Hébé ne le ver- « sera pas dans ma coupe. » En outre, personne ne fut un négociant plus habile à placer sa récolte. « Je « crains bien, écrivait-il en 1742 à Guasco, que, si la « guerre continue, je ne sois forcé d'aller planter mes « choux à La Brède. Notre commerce de Guyenne « sera bientôt aux abois : nos vins nous resteront « sur les bras, et vous savez que c'est toute notre « richesse. » Une autre de ses lettres de 1752 est plus piquante encore : « ... J'ai reçu d'Angleterre la ré- « ponse pour le vin que vous m'avez fait envoyer à « mylord Éliban : il a été trouvé extrêmement bon. « Le succès que mon livre a eu dans ce pays-là contri- « bue, à ce qu'il paraît, au succès de mon vin. » On

---

1. Cabinet de Gabriel Charavay.

prétend que ses crus ne payaient pas de droit d'entrée en Angleterre [1].

Le second moyen qu'il employa pour s'enrichir fut de protéger ses biens contre les empiétements du fisc et contre ceux de ses voisins.

Citons un exemple de sa conduite avec l'administration. En 1743, l'intendant de Bordeaux, Tourny, était un grand amateur de travaux publics et, à ce titre, un peu bourreau d'argent. Il fit augmenter les contributions payées par les nobles et par les magistrats dans la Guyenne. Le dixième de Montesquieu fut ainsi porté, en 1744, de sept cent cinquante à neuf cents livres [2].

On peut se figurer l'ennui du baron en présence de cette mesure qui élevait ses impôts. Trudaine, conseiller d'État et intendant des finances, était son ami; il lui présenta une demande en réduction de cote, dans un mémoire, où se trouvaient sans doute exposées les théories de l'*Esprit des Lois* [3] :

Les revenus de l'État sont une portion que chaque citoyen donne de son bien pour avoir la sûreté de l'autre, ou pour en jouir plus agréablement.

Pour bien fixer ces revenus, il faut avoir égard et aux nécessités de l'État, et aux nécessités des citoyens. Il ne faut point prendre au peuple sur ses besoins réels, pour les besoins de l'État imaginaires.

1. Bernadau, *mss* ; — Fr. Michel, *Histoire du commerce*, ubi supra.
2. Archives municipales de Bordeaux.
3. L. XIII, ch. 1.

Les besoins imaginaires sont ce que demandent les passions et les faiblesses de ceux qui gouvernent, le *charme d'un projet extraordinaire*, *l'envie malade d'une vaine gloire* et une certaine impuissance d'esprit contre les fantaisies...

Lorsque dans un État tous les particuliers sont citoyens, on peut mettre des impôts sur les personnes, sur les terres ou sur les marchandises...

Dans l'impôt de la personne, la proportion injuste serait celle qui suivrait exactement la proportion des biens.

Dans la taxe sur les terres, on fait des rôles où l'on met les diverses classes des fonds. Mais il est très-difficile de connaître ces différences, et encore plus de trouver des gens qui ne soient point intéressés à les méconnaître.

Que quelques citoyens ne payent pas assez, le mal n'est pas grand, leur aisance revient toujours au public : que quelques particuliers payent trop, leur ruine se tourne contre le public.

M. Trudaine promit un arrêt de dégrèvement, et le 6 août 1746, Montesquieu le remercia d'avoir « dissipé tous ses petits chagrins[1]. »

Je passe à la manière dont notre homme protégeait ses droits contre ses voisins. Parmi les nombreux procès[2] qu'il soutint on m'excusera de faire un choix. Montesquieu et la comtesse d'Agénois vivaient en bonne intelligence, comme gens non mariés ensemble, lorsque, en 1731, le comte d'Agénois obtint, « Dieu sait comment et la princesse de Conti aussi[3] », le

1. Lettre inédite, vendue le 16 mai 1872, Catalogue Lachapelle, Ét. Charavay, expert.

2. Voir *Archives municipales de Bordeaux*, 25 juin 1727, 6 juin 1736, 26 janvier 1743. — Bibliothèque de Bordeaux, *Recueil de factums*, t. VII, n° 52, 81, t. XI, 2° série.

3. Saint-Simon, *Mémoires*. Édit. Chéruel et Regnier.

rétablissement en sa faveur du duché-pairie d'Aiguillon situé près de terres appartenant à notre homme. Les adversaires, qui s'aimaient beaucoup mais qui étaient intéressés, prétendirent avoir droit à un franc-alleu qui se trouvait dans la seigneurie de l'un d'eux. Ils faillirent se brouiller[1], étant tous deux processifs et entêtés ; au bout de dix-neuf ans, le Gascon, sans doute en dehors d'elle, alla trouver les gens d'affaires de la duchesse et transigea avec eux.

Montesquieu soutint encore, non sans péril pour sa popularité, un procès[2] contre la ville de Bordeaux, au sujet des limites alors incertaines des paroisses de Martillac et de Léogan dont il était seigneur. Voici des extraits de ses lettres inédites au syndic de la ville.

(10 août 1730)... Comme M. Roquette, qui se transporta, il y a quelque temps, sur les lieux, gâta tout par son incapacité et fit un plantement de bornes plus encore contre le sens commun que contre mes intérêts, je vous supplie d'agréer, pour la conservation de mes droits, qu'il a estropiés aussi bien que ceux de l'hôtel de ville, que je fasse un acte à MM. les Jurats qui puisse me mettre à l'abri d'un procès-verbal qu'on a tait...

(12 février 1732)... On est malheureux avec des gens qui ne cherchent pas la vérité, qui parlent sans savoir ce qu'ils disent, et agissent sans savoir ce qu'ils font...

(27 mars 1733)... Je vous fais faire, Monsieur, le seul acte que je sois capable de vous faire, c'est-à-dire *ratione officii*. Mon Conseil était d'avis de faire un arrêt de querelle ;

---

1. Lettre de Montesquieu du 16 mars 1752.
2. *Bibliothèque de Bordeaux.* Imprimés.

j'ai préféré le parti de faire simplement un acte conservatoire à MM. les Jurats. Je vous souhaite une bonne santé, Monsieur, et vous prie de me conserver l'honneur de votre amitié...

S'il est certain qu'il écrivait lui-même ces lettres, on peut soupçonner, au tour incisif de la discussion et à l'érudition de la défense, qu'il travaillait un peu lui-même, sous le nom de son procureur, aux mémoires judiciaires de 1741 contre « le sieur syndic, cet « homme si étendu dans ses écritures, qui tourne de « cent façons les plus petites objections... On voit « bien que les frais de la plaidoirie ne lui coûtent pas « grand'chose. Dispensateur d'un revenu de quatre « ou cinq cent mille livres de rente, une dépense de « quelques milliers de pistoles pour une lande qui « n'en vaut pas cinq cents ne le touche guère... « Quelle réponse à tout cela ? qu'un air de confiance « que prend le syndic chaque fois qu'il est abattu :

> Duris ut ilex tonsa bipennibus...
> Per damna, per cædes, ab ipso
> Ducit opes animumque ferro [1].

Bien qu'il eût médit de la procédure, Montesquieu en avait, cette fois, fait un profitable usage pour lui-même. Car à l'issue de cette lutte, soutenue avec un peu d'âpreté peut-être, la ville de Bordeaux lui abandonna onze cents arpents de landes [2].

---

1. Horat. *Lyr.*, liv. IV, 4.
2. Lettre de Montesquieu du 9 avril 1754.

Sans doute, on hésite à convenir qu'il était plaideur, mais pourquoi soutint-il des procès pour d'autres que pour lui ? Je n'en citerai que deux de ce genre.

L'un [1] est au nom de sa chère académie de Bordeaux. En 1749, l'intendant de Guyenne, dont j'ai parlé déjà, avait besoin, pour l'alignement d'une rue, de traverser les jardins de cette société. Elle refusa de livrer passage et obtint du gouvernement des lettres patentes qui lui donnèrent raison. Tourny forma opposition devant le Parlement qui, en date du 29 janvier 1750, renvoya les parties devant le roi. Montesquieu avait mis dans son livre : « C'est un paralogisme « de dire que le bien particulier doit céder au bien « public... Si le magistrat politique veut faire quelque « édifice public, quelque nouveau chemin, il faut qu'il « indemnise : le public est à cet égard comme un « particulier qui traite avec un particulier. C'est bien « assez qu'il puisse contraindre un citoyen de lui « vendre son héritage et qu'il lui ôte ce grand pri- « vilége qu'il tient de la loi civile de ne point être « forcé d'aliéner son bien [2]. » L'Académie chargea donc de ses intérêts Montesquieu, qui alla solliciter à Fontainebleau où se trouvait alors la cour, et vint à Paris consulter des avocats : le compte rendu de ses nombreuses démarches est dans une de ses lettres inédites du 30 octobre 1750, qui est bien curieuse

---

1. Actes de l'Académie de Bordeaux, 1848.
2. Esprit des Lois, l. XXVI, ch. xv.

pour l'histoire du droit administratif au dix-huitième siècle. Enfin un acte du 22 août 1753 termina le différend. L'Académie, après avoir reçu une compensation, consentit au percement de la rue. Comme il n'existait pas encore de règles fixes ou générales pour les expropriations d'utilité publique, les arrêts du conseil et les lettres patentes étaient tout ; c'est peut-être à ce débat que nous devons l'indemnité *préalable* en matière d'expropriation. Il en avait posé le principe dans son livre, et M. Dufaure [1], son compatriote, s'en est éloquemment inspiré dans le rapport et la discussion sur la loi du 3 mai 1841.

L'autre procès [2], dont je dois la connaissance à M. le sénateur Sacase, est plus singulier. Charles-Louis-Joseph de Secondat était abbé de Nizor, ou Bénissons-Dieu, en Comminge. En 1752, le seigneur de Gontaut lui disputait la juridiction sur une des terres du couvent. Il appela à son secours pour débrouiller ce litige, mêlé de droit civil et de droit féodal, son frère Montesquieu. On rit de voir, aidant des moines à recouvrer leur bien, l'auteur qui avait dit des dervis [3] : « Ils ont en leurs mains presque « toutes les richesses de l'État ; c'est une société de « gens avares qui prennent toujours et ne rendent « jamais ; ils accumulent sans cesse des revenus pour

1. *Moniteur officiel*, 20 et 22 février, avril, mai 1840.

2. F. Sacase. *Montesquieu à l'abbaye de Nizor*. Toulouse, in-8, 1867.

3. *Lettres persanes*, 118.

« acquérir des capitaux. Tant de richesses tombent
« pour ainsi dire en paralysie; plus de circulation,
« plus de commerce, plus d'arts, plus de manufac-
« ture. » Il faut quelquefois permettre aux hommes
d'être inconséquents pour qu'ils puissent devenir
raisonnable.

J'ai observé que presque tous les procès de Montesquieu avaient abouti à des transactions. N'avait-il
donc pas plus de confiance dans la justice civile qu'il
n'en avait, à ce qu'on prétend, dans la justice crimi-
nelle, puisqu'on lui attribue ce mot : « Si quelqu'un
« m'accusait d'avoir volé les tours de Notre-Dame de
« Paris, je commencerais par me sauver. »

Le dernier moyen employé par lui pour augmenter
sa fortune fut l'économie. Il conservait les biens qui
lui venaient de son père, de son oncle et de sa femme
autour de La Brède, de Montesquieu et de Clairac. Il
plaçait son argent chez le banquier qui donnait les
plus petits intérêts, mais qui était le plus sûr, et
vivait de régime. « Ses habits étaient fort négligés,
« dit un contemporain[1], et les étoffes en étaient des
« plus simples. » — « Il avait, rapporte un autre[2],
« deux assez mauvais chevaux de carrosse, et il ne
« mangeait jamais chez lui : ce qui a fait juger qu'il
était un peu avare. »

Il devait l'être, car il était très-frugal. Un de ses

1. Maupertuis, *Éloge de Montesquieu.*
2. De Luynes. *Mémoires*. t. XIV.

amis[1] raconte : « Je me rendis chez M. de Montes-
« quieu, rue Saint-Dominique, avec Dassier. Nous le
« trouvâmes occupé à déjeuner avec une croûte de
« pain et de l'eau et du vin. »

Une seconde raison tend à faire croire à sa parci-
monie, son mépris pour les dissipateurs. Il était surtout révolté de la prodigalité de la plupart des colons
américains qu'il voyait à Bordeaux dissiper en peu de
mois des richesses considérables, et qui retournaient
chez eux laissant peu de regrets, mais beaucoup de
dettes. On connaît son mot à cet égard : « Ces gens-là
« viennent en France pour faire étalage de leurs
« trésors, ils n'étalent que leur sottise[2]. »

Pour l'excuser de ces habitudes d'ordre, je rappel-
lerai sa conduite avec Sully. En outre, on sait qu'il
donnait ses terres sous des redevances modérées,
moins pour augmenter la population et la culture
par intérêt bien entendu, que par générosité. Mais je
veux rapporter un fait plus décisif et moins connu[3].

L'histoire nous apprend que, dans l'hiver de 1747 à
1748, la Guyenne, qui avait manqué de grains cette
année-là, ne pouvait s'approvisionner par mer à cause
de la guerre. Le 7 décembre, Montesquieu était à La
Brède. On le prévient que ses vassaux sont menacés
de la famine, dans sa terre près d'Aiguillon, à cinquante lieues de chez lui. Aussitôt de monter en chaise

1. Bernadau, le *Viographe bordelais*, in-8. Bordeaux, 1840.
2. Bernadau, *mss.*
3. Bernadau, *Tableau de Bordeaux*, in-12. Bordeaux, 1810.

de poste et d'arriver à son château. Il convoque d'urgence les curés des quatre villages, et en les attendant, il se rend compte des provisions.

Lorsque les ecclésiastiques sont là : « Messieurs, « leur dit-il, je vous prie de m'aider à procurer « quelque soulagement à vos paroissiens. Vous con- « naissez ceux qui manqent de blé ou d'argent pour « en acheter. Je veux que tout ce qui est dans mes « magasins leur soient distribué gratuitement : mon « intendant délivrera les quantités que vous fixerez, à « mesure que tous les besoins vous seront connus. Il « ne faut pas qu'on manque du nécessaire chez moi, « quand j'y ai du superflu. Messieurs, vous êtes de « braves gens, je m'en rapporte entièrement à vous « pour faire cette distribution. Vous m'obligerez de « seconder promptement mes intentions et de m'en « garder le secret. »

Montesquieu partit sur l'heure, ne voulant même pas dîner, afin de se dérober aux remercîments de ses curés et de ses vassaux. Selon l'ami qui l'accompagnait dans ce voyage, l'intendant distribua plus de deux cents boisseaux de froment et le boisseau valait, au marché, trente-deux francs. On peut donc évaluer cette munificence au moins à six mille quatre cents livres du temps. Pour comble, afin de prévenir le retour d'un pareil malheur, Montesquieu établit dans ses domaines des greniers de charité.

Quoi qu'en disent les contemporains, une telle conduite excuse quelques traits d'avarice ; bien mieux, l'avarice mérite un autre nom quand elle permet d'être aussi généreux.

L'agriculture et les soins domestiques avaient fait oublier à Montesquieu les plaisanteries des salons sur la *Grandeur et la Décadence des Romains*.

Après avoir publié ce livre, il avait paru rentrer dans le repos. Mais le petit nombre de ses ouvrages ne l'a pas fait accuser de stérilité. On voit que sa lenteur à produire vient de son respect pour le public et de son amour de l'art : double culte auquel il ne voulait consacrer que les meilleurs formes de sa pensée. Du reste je vais dire quelques mots des œuvres littéraires qui coupaient sa vie de gentilhomme campagnard.

XIV

Montesquieu travaille à l'*Histoire de Louis XI;* correspond avec les Académies de Bordeaux, de Londres, de Lunéville (*Lysimaque*), de Berlin et de Cortone; donne des éditions définitives du *Temple de Gnide*, des *Lettres persanes*, de *Sylla et Eucrate*, du *Voyage à Paphos* et de la *Grandeur des Romains.* — Ouvrages divers.

Pendant les dix ans qui suivirent la publication de la *Grandeur des Romains*, Montesquieu se livra à une foule de travaux variés.

Je voudrais parler d'abord de certain fragment d'une *Histoire de Louis XI.* Est-ce l'ébauche ou le reste d'un ouvrage ? Les opinions paraissent partagées sur ce point : voici celle d'une personne qui a beaucoup étudié cette question.

Il existe quelque part [1] un manuscrit qui contient une sorte d'introduction, digne de la *Grandeur des Romains.* Le début est un tableau de l'état politique de l'Europe à l'avénement de Louis XI au trône. Selon l'auteur, cette situation était favorable à ce prince ; et ce que les historiens attribuent à son habileté n'est que

---

1. *Biographie universelle de Michaud.* V° Montesquieu, par Walkenaër.

le résultat des circonstances où il se trouvait. Viennent
ensuite des considérations sur ce qu'il aurait pu faire
de grand et ce qu'il ne fit pas : puis cette réflexion :
« Il ne vit dans le commencement de son règne que le
« commencement de sa vengeance. » Le récit des
cruautés qui accompagnèrent les dernières années de
ce tyran se termine par cette pensée : « Il lui semblait
« que pour qu'il vécût, il fallait qu'il fît violence à
« tous les gens de bien. » Ce morceau[1] contient,
comme c'était la mode alors, deux parallèles défavorables chacun à notre roi, pleins de finesse et de profondeur ; l'un compare Louis XI à Tibère et l'autre
à Richelieu.

M. Walckenaër a donné les raisons qui lui faisaient
croire que notre publiciste avait eu l'idée d'écrire
cette histoire et y avait renoncé. Il me semble, au
contraire, que le chapitre que je viens d'analyser est
le reste d'un ouvrage fini ; d'ailleurs l'ami[2] intime
de la maison, les ducs de Luynes[3] et de Richelieu[4],
qui l'avaient beaucoup connu, et le consciencieux
critique du temps, Fréron[5], sont convaincants par leur
unanimité ; Montesquieu même en a parlé dans une
de ses lettres d'octobre 1747.

Ils racontent qu'aussitôt son livre achevé, il le

---

1. Boyer Fonfrède, *Œuvres complètes*, t. IX.
2. Lettre de Montesquieu, Paris, octobre 1747 et notes.
3. *Mémoires*, ubi supra.
4. Soulavie, *Pièces inédites*, ubi supra.
5. *Année littéraire*, 1765.

fit transcrire et ordonna d'en mettre au feu le
brouillon. Le secrétaire y jeta la copie. Le lendemain,
l'auteur trouva l'original sur sa table et croyant que
ses désirs n'avaient pas été exécutés, le brûla. Les
mémoires dont il s'était servi avaient subi le même
sort, au fur et à mesure qu'il n'en avait plus eu besoin.
De la sorte ce travail fut perdu sans ressources, car il
n'a jamais voulu le recommencer. On place la composition de ce livre de 1735 à 1739.

Entre temps, Montesquieu s'adonnait à d'autres
ouvrages.

D'ordinaire, les membres de l'Institut de France
acceptent le titre de correspondants des autres sociétés savantes et ne correspondent pas avec elles, se
contentant de leur faire honneur. Il y a là une négligence dédaigneuse et maladroite. Notre grand écrivain n'en agissait pas ainsi, soit qu'il aimât à plaire,
soit qu'il voulût montrer sa reconnaissance.

On connaît les relations qu'il eut avec l'Académie de
Bordeaux et les dissertations qu'il y lut ou envoya.
Voici, à ce propos, l'une de ses lettres inédites [1], datée
du 27 juin 1737, au physicien et mathématicien
Dortous de Mairan :

J'ai, Monsieur, une suite de microscopes, et je voudrais
savoir de combien ils grossissent les uns aux autres. Je ne
sais d'autre façon que de considérer un corps long comme
un bout d'aiguille, de voir combien il paraît au microscope le

---

1. Cabinet du baron Feillet de Conches.

moins fin, plus long qu'à la vue ordinaire. S'il paraît une autre fois plus long, je dis : 2 × 2 font 4, 2 × 4 font 8 ; je dis donc : ce microscope grossit huit fois. Je vois ensuite l'aiguille à la seconde lentille, qui allonge trois fois plus que la première. Je dis : 3 fois 8 font 24 ; 3 × 24 font 72 : et je dis que cette seconde grossit soixante-douze fois plus que la vue simple ; ainsi de suite. Tout cela n'est que par estime. Y a-t-il une manière exacte de donner combien chaque microscope agrandit les objets, soit par le diamètre de la convexe ou la distance du foyer ; et cette manière peut-elle être aisément pratiquée par autres que les ouvriers, et dans les observations que l'on fait avec le microscope, la première manière, qui n'est fondée que sur une supposition qui ne peut jamais être exactement juste, suffit-elle ?

Je vous prie, Monsieur, de vouloir bien me donner quelque éclaircissement là-dessus. Comme je mets en état les petits ouvrages que j'ai autrefois donnés à l'Académie de Bordeaux, et que j'ai un mémoire de quelques observations faites avec mes microscopes, je voudrais mettre au fait le lecteur, lorsque je dis que j'ai vu à la première, à la deuxième, à la huitième lentille. Mille pardons, Monsieur, de ce que je vous détourne de vos grandes et belles occupations. M. Senet me dit les bontés que vous aviez eues pour lui et pour mon don [1]...

Heureusement cette idée de Montesquieu n'eut pas de suite. Mais pourquoi les hommes tiennent-ils toujours à réussir contre leurs aptitudes : Frédéric II à jouer de la flûte et Voltaire à composer des comédies ? Voudrions-nous exceller en tout ?

On se rappelle qu'au moment du séjour de Montesquieu en Angleterre, en 1730, la Société royale

---

1. Voir ch. iv. Il s'agissait d'instruments de physique qu'il avait fait venir d'Angleterre pour les offrir à l'Académie de Bordeaux.

de Londres l'avait reçu au nombre de ses membres.
Il écrivit au président, sir Martin Folkes, plusieurs
lettres inédites, qui me sont communiquées par le petit-
fils de ce savant anglais, et dont voici quelques extraits :

J'espère de venir vous rendre visite l'année prochaine, 1739...
Quand on parle à son ami, on parle à soi-même... A l'égard
des observations de Naples, je vous avoue que je n'ai pas eu,
depuis le retour de mes voyages, le temps de jeter les yeux
sur ce que j'ai fait... M. Cerati a quitté la théologie pour la
philosophie naturelle. Un homme que la première science n'a
point gâté, est par la nature de son esprit très-propre à l'autre...
L'esprit de philosophie a gagné l'esprit, mais il a laissé le
caractère et les mœurs... Vous ferez un grand plaisir à Maupertuis et à moi, si vous voulez envoyer à Maupertuis et à
moi une douzaine de vos verres...

Montesquieu, pour remercier Stanislas de l'avoir
nommé membre de l'Académie de Nancy, lui envoya
la sublime histoire de *Lysimaque.*

Selon M. Franck, l'auteur a voulu nous donner une idée
de l'antipathie qui existait alors entre les mœurs asiatiques
adoptées par Alexandre et le libre esprit de la Grèce, demeuré
vivant même dans son armée et à sa cour.

Il semble plutôt qu'il ait représenté l'élévation morale
d'un prince éprouvé par le malheur et formé par le stoïcisme. Sans doute cette philosophie n'était pas encore
formulée, mais elle existait depuis Diogène, et c'est
elle que, sous les traits de Callisthène, Montesquieu a

1. *Revue contemporaine,* 30 avril 1858.

peinte dans ce morceau, après l'avoir admirée dans tous ses autres ouvrages où il dit :

Les diverses sectes de philosophie chez les anciens pouvaient être considérées comme des espèces de religions. Il n'y en a jamais eu dont les principes fussent plus dignes de l'homme, et plus propres à former les gens de bien que celle des stoïciens...

Elle seule savait faire les citoyens ; elle seule faisait les grands hommes ; elle seule faisait les grands empereurs.

Faites pour un moment abstraction des vérités révélées ; cherchez dans toute la nature, et vous n'y trouverez pas de plus grand objet que les Antonins. Julien même, Julien (un suffrage ainsi arraché ne me rendra point complice de son apostasie) : non, il n'y a point eu après lui de prince plus digne de gouverner les hommes.

Pendant que les stoïciens regardaient comme une chose vaine les richesses, les grandeurs humaines, la douleur, les chagrins, les plaisirs, ils n'étaient occupés qu'à travailler au bonheur des hommes, à exercer les devoirs de la société ; il semblait qu'ils regardassent cet esprit sacré qu'ils croyaient être en eux-mêmes comme une espèce de providence favorable qui veillait sur le genre humain [1].

Dans ces temps-là, la secte des stoïciens s'étendait et s'accréditait dans l'empire. Il semblait que la nature humaine ait fait un effort pour produire d'elle-même cette secte admirable, qui était comme ces plantes que la terre fait naître dans des lieux que le ciel n'a jamais vus. Les Romains lui durent leurs meilleurs empereurs [2].

Jamais philosophe n'a mieux fait sentir aux hommes les douceurs de la vertu et la dignité de leur être que Marc-Antonin : le cœur est touché, l'âme agrandie, l'esprit élevé. [3]

---

1. *Esprit des lois*, l. XXIV, ch. x.
2. *Grandeur des Romains*, ch. xvi.
3. *Pensées diverses.*

Je suis convaincu que Montesquieu adressa quelque mémoire à l'académie de Cortone en Toscane. Cette société étrusque, qui s'était fondée en 1727, pour étudier les monuments de l'Italie primitive, le reçut dans son sein en 1728, sur la présentation de l'abbé Venuti. La dissertation qui y a été lue : « sur le préteur des étrangers » est-elle du Guasco ou de notre auteur? Elle a été du moins inspirée par lui.

Montesquieu écrivait le 25 novembre 1746 à Maupertuis :

... J'apprends par votre lettre la nouvelle que l'Académie (de Berlin) m'a fait l'honneur de me nommer un de ses membres. Il faut à présent que vous acheviez votre ouvrage et que vous me marquiiez ce que je dois faire à cette occasion ; à qui et comment il faut que j'aie l'honneur d'écrire et comment il faut que je fasse mes remerciements. Conduisez-moi et je serai bien conduit... Si vous pouvez, dans quelque conversation, parler au roi de ma reconnaissance et que cela soit à propos, je vous prie de le faire. Je ne puis offrir à ce grand prince que de l'admiration, et en cela même je n'ai rien qui puisse presque me distinguer des autres hommes.

Les lettres et les communications ne suffisaient pas à l'activité de Montesquieu. Il donnait la dernière forme à ses ouvrages déjà publiés.

En 1742, paraissait une édition corrigée, augmentée et illustrée du *Temple de Gnide*. Çà et là on remarque des améliorations de détail, mais la plus jolie est la fin de la préface.

Il n'y a que des têtes bien frisées et bien poudrées qui

connaissent tout le mérite du *Temple de Gnide*... Que si les
gens graves désiraient de moi quelque ouvrage moins frivole,
je suis en état de les satisfaire. Il y a trente ans que je travaille à un livre de douze pages qui doit contenir tout ce que
nous savons sur la métaphysique, la politique et la morale,
et tout ce que de très-grands auteurs ont oublié dans les volumes qu'ils ont donnés sur ces sciences-là.

En 1744, il publiait un *Supplément aux Lettres
persanes*, où l'on remarque une préface, qui nous apprend le succès du livre et qui plaide pour les passages irréligieux de ce chef-d'œuvre. Parmi les douze
lettres qui sont ajoutées, quelques-unes sont insigni-
fiantes et relatives à l'intrigue du roman. D'autres
traitent du droit de conquête, des tribulations des gens
d'esprit, des libéralités des princes envers les courtisans, de l'influence du climat. Le reste contient des
correctifs à une théorie hardie du suicide et des
doutes sur la prescience divine.

Ses manuscrits renferment, sous le nom de *Suite
aux Persanes* [1], quarante et une lettres sur les affaires
de France depuis la minorité de Louis XV jusqu'à la
fin du ministère du cardinal de Fleury. Pourquoi ne
les joignait-il pas à son *Supplément?*

En 1745, Montesquieu, nourri par la lecture de
Machiavel et la fréquentation des hommes d'État, publiait dans un journal [2] son œuvre de 1722, *Sylla et*

---

1 Labat. *Recueil de la Société d'Agen*, 1834. Le château de La
Brède.

2. *Mercure de France*, février, 1745.

Eucrate, avec cette note : « Ce qu'on fait dire dans ce « *dialogue* à Sylla, n'est que pour développer son « caractère, qui était celui d'un homme cruel et d'un « mauvais citoyen, et en même temps pour inspirer « de l'horreur et du mépris. »

On trouve, en 1747, un tirage à part du fragment néo-grec que Montesquieu avait inséré autrefois dans *le Mercure de France*. L'opuscule prend le nom de *Voyage dans l'île de Paphos*, s'augmente d'une préface mêlée de quelques vers au musc et s'enrichit d'un épilogue à la fleur d'orange.

En 1748, les *Considérations* parurent revues, corrigées et augmentées. L'ouvrage avait été retouché en entier : l'auteur y ajoutait au moins quarante pages ; les anciennes notes étaient, en général, supprimées, modifiées ou intercalées dans le texte. De nouvelles notes moins longues, de nouvelles citations s'ajoutaient à celles qui étaient conservées ; le style surtout était plus correct et plus soigné. Les phrases incidentes, les répétitions, les amphibologies disparaissaient ; enfin, les Béotiens, dont Montesquieu, dans les premières éditions, avait approuvé la sagesse au milieu des dangers dont Rome menaçait le monde, n'étaient plus alors que les « plus épais de tous les Grecs. » Dans cette dernière, il supprimait définitivement l'apologie du suicide, qui pouvait flatter les opinions des philosophes du dix-huitième siècle, mais dont toute l'histoire démontrait la fausseté. Les *Considérations* furent un livre nouveau, le texte fut arrêté, il n'a plus varié. M. Olleris[1] a très-bien démontré que c'est le seul qu'ait avoué Montesquieu et que l'édition donnée par la famille est pleine de fautes et d'erreurs.

Je continue l'énumération des travaux de notre auteur. Mallet du Pan dit quelque part[2] : « Le fils de « Montesquieu a deux volumes in-folio écrits tout en- « tiers de la main du président, avec ce titre sur le « dos : *Esprit François*. C'est un recueil de chansons « choisies par lui-même ». Voici ce qui, à ce sujet, me semble plus vraisemblable.

Il existe à la bibliothèque de la ville de Bordeaux un *sottisier*, qui lui vient de son Académie. C'est une collection manuscrite des vers les plus libres, depuis Régnier jusqu'à Grécourt, que leur note gauloise a empêché de publier en dehors des œuvres complètes, ou même d'imprimer. Je suppose que ce volume est celui dont parle Mallet du Pan, parce que Montesquieu aimait ce genre de recueil (nous l'avons vu déjà[3] en faire un, composé de satires), et parce qu'il contient des pièces qui lui sont attribuées par le copiste et qui sont confirmées ou corrigées de sa main même. J'en extrais trois morceaux de style différent, et médiocres comme tout ce qu'il a fait dans ce genre et qui expliquent son dédain pour la poésie : Montaigne

1. *Considérations sur les causes de la grandeur des Romains*, Paris, Maire-Nyon, 1845.

2. Sayous, *Mémoire de Mallet du Pan*.

3. Chap. II, p. 22, *supra*

l'a pénétré : « Puisque nous ne la pouvons avèindre,
rengeons-nous à en mesdire[1]. »

.·.

Épigramme sur l'Académie française.

Tels sur l'Olympe radieux,
Homère nous dépeint les dieux,
Balançant les destins de Troye et de la Grèce :
Tels, dans le Louvre, abbés, évêques, cardinaux,
Marquis, comtes, ducs, pairs, magistrats, généraux,
Vrais demi-dieux en sçavoir, en sagesse,
Prononcent, la balance en main,
Sur GRATTER, GRATTE-CUL, GRATTIN.

.·.

Épître au curé de Courdimanche

Anacréon des curés de village,
Cher Courdimanche, honneur du Gatinois,
Des neuf Sœurs connais le langage,
Toi qui sur le Parnasse as grimpé quelquefois.
Favori du dieu de l'ivresse
Comme de celui des jardins,
Tu n'as point la délicatesse
De nos fades abbés blondins.
Ton gosier sans relâche avale ;
Rien ne peut de ta faim interrompre le cours ;
Tu joins à la soif de Tantale
Le plaisir de boire toujours.
Certes, pasteur, de toi je suis épris,
Lorsque...
Je te vois servir de modèle
Et d'exemple à tous les maris.

. . . .

Puisse la parque patiente
Ne te filer que des jours gras,

1. *Essais*

Qui soient, jusqu'à la fin d'une vieillesse lente,
Partagés par quatre repas.

Madrigal à madame la marquise de Prie.

Les dieux, que vous vîntes surprendre,
Disputaient entre eux, dans nos bois.
— C'est Vénus, disait l'un ; c'est elle, je la vois.
— C'est Minerve, dit l'autre ; et je viens de l'entendre.
— Il est vrai, dit le dieu Faunus ;
Oui, c'est Minerve, je vous jure,
Mais, je crois qu'elle a la ceinture
Que vous avez vue à Vénus.

Enfin Montesquieu entretenait une correspondance avec mesdames du Deffand et d'Aiguillon, le président Hénault, le commandeur de Solar, le duc de Nivernais, le chevalier d'Aydies, Bonnet et surtout sa fille Denise. Ces lettres et leurs réponses existent toutes, quoique le public n'en connaisse qu'un petit nombre. Du reste le style lourd, bien qu'un peu haché, avec des traits et des images brusques, n'a aucune des qualités du genre épistolaire. Mais il y a là des circonstances de sa vie, des détails sur ses grandes relations et des anecdotes curieuses de son siècle.

Comme Rossini, en composant le *Barbier de Séville* et *le comte Ory* et en refondant *Moïse*, Montesquieu, en écrivant les *Lettres persanes* et le *Temple de Gnide* et en corrigeant la *Grandeur des Romains*, se préparait à donner son chef-d'œuvre.

XV

Sans doute la pratique, la méditation et la lecture ont la plus grande influence sur nous. Cependant on ne peut récuser le proverbe : « dis-moi qui tu hantes, et je te dirai qui tu es ». Un des traits distinctifs de l'homme de génie est de prendre son bien où il le trouve, et de le trouver partout; il a l'air de n'avoir ni famille, ni amis, ni ennemis, mais seulement des collaborateurs : comme la plante qui, cherchant sa nourriture dans l'air où baignent ses feuilles, et dans la terre où plongent ses racines, transforme en sa propre substance les éléments qu'elle y puise.

L'*Esprit des Lois* a été entrevu sur les bancs de l'école de droit de Bordeaux, ébauché dans les *Lettres persanes*, fécondé dans les voyages de son auteur, et arrêté à l'époque de la *Grandeur des Romains*. Toutefois je suppose que Montesquieu emprunta beaucoup à ses relations pour composer son grand ouvrage.

Sans doute son frère [1], digne curé de Saint-Séverin

---

1. Duc de Luynes, *Mémoires.*

de Bordeaux, puis abbé de Nisors en Comminges, ne joua pas un grand rôle dans la vie littéraire de l'auteur de l'*Esprit des Lois*. Montesquieu, du reste, composa pour lui un sermon [1], que je serais bien curieux de posséder, et un morceau inédit [2] que je puis publier dans toute sa naïveté.

Il faudra m'adresser cette lettre : je la porterai.

M. Combes, supérieur des Missions étrangères.

Mon frère, en m'apprenant que le roi m'avait donné l'abbaye de Nisors, m'a fait connaître, Monsieur, les bontés que vous avez eues pour moi dans cette occasion. Je sens que je ne les puis devoir qu'au témoignage peut-être avantageux qu'on vous a rendu de moy. Je regarde cela comme un nouveau motif de devenir meilleur. Celui que vous honorez de votre estime doit être plus parfait qu'un autre. Je vous prie, Monsieur, d'agréer ma reconnaissance et de m'accorder votre amitié.

J'ai l'honneur d'être, avec tout le respect possible, Monsieur, votre...

Pas plus que de ce frère, on hésite à certifier que Montesquieu ait tiré beaucoup de l'excellent militaire auquel il a écrit la lettre suivante, qui m'est communiquée par M. Gérard West.

A La Brède, le 7 juin 1749.

Mon cher cousin,

Vous avez déjà appris la mort de M. de Rochefort, et cela me fait une vraie peine. Il vous a nommé tuteur. Je crois,

1. Labat, *Mémoires de la Société d'Agen*, 1834. Le château de La Brède.
2. Cabinet d'Étienne Charavay.

mon cher cousin, que vous pouvez très-bien, sans quitter le service, accepter cette tutelle, d'autant plus qu'elle vous est déférée de la manière du monde la moins onéreuse, et qu[prouve le plus l'estime et la confiance que votre pauvre frère avait pour vous.

Mon cher cousin, les biens de vos neveux sont très-aisés à régir; ils se peuvent tous affermer; vous pouvez charger les fermiers des réparations; et il vous sera très-facile de trouver des fermiers solvables, en donnant les fermes à un prix raisonnable. Un honnête homme ne court jamais de risque à prendre une tutelle. Vous pouvez mettre les enfants en pension; toute votre peine sera de retirer ou faire retirer et garder toutes les quittances. Le temps va même venir que vous pourrez appeler votre neveu auprès de vous, et il aura auprès de vous une éducation que personne n'est plus capable de luy donner, et vous savez qu'à Agen cette éducation ne serait pas bonne.

Je crois donc, mon cher cousin, que vous devez demander un congé à cette occasion pour venir régler vos affaires et celles de vos neveux, et que vous pouvez à merveille faire tout cela sans quitter le service.

Je vous donne, mon cher cousin, les conseils que je prendrais pour moy-même. Je n'en sais pas donner d'autres.

Quelle satisfaction serait-ce pour vous, qui aimez votre famille et qui avez toutes sortes de bonnes qualités, de pouvoir vous rendre à vous-même ce témoignage que vous en êtes le restaurateur, et que, non-seulement vous avez con_servé à vos neveux leurs biens, mais que même vous les avez mis en état de se procurer leur avancement et de pouvoir travailler à acquérir de l'honneur.

Les honnêtes gens, dans ce monde, ne vivent pas pour eux seuls; c'est le lot des âmes communes de ne songer qu'à soy.

Je vous prie, mon cher cousin, de croire qu'il n'y a que l'amitié qui me dicte cette lettre, et que, sans cette amitié, vous ne l'auriez pas reçue.

Je vous embrasse de tout mon cœur.

MONTESQUIEU.

Rien ne prouve donc que ces deux parents, son frère l'abbé, son cousin le militaire, sa fille aînée, ou le reste de sa famille aient été ses créanciers intellectuels. Mais peut-on nier qu'il ait mis à contribution son fils et sa fille cadette ?

Le fils de Montesquieu, comme on s'en souvient, naquit en 1716, à Martillac, près de Bordeaux. Son père le mit à huit ans au collége Louis-le-Grand, à Paris, sous la haute direction de P. Castel, afin qu'il eût plus de religion que lui-même[1]. Ses humanités furent excellentes et excellentes ses études de droit. Comme était sa mère, c'était un garçon candide, bon, modeste et simple, mais des distractions continuelles lui donnaient l'air un peu nigaud[2]. Marié à vingt-quatre ans, en 1740, il devint un époux accompli, un père tendre, un ami sûr, un parfait honnête homme, un chrétien éclairé. Aussitôt que l'âge le permit, on le fit nommer conseiller au parlement de Guyenne ; il en remplit les devoirs avec autant de zèle que de conscience, mais rien ne put le persuader de reprendre la charge de président à mortier que son père, exprès, n'avait vendue qu'à réméré. Dans ses loisirs, il accomplissait des voyages de naturaliste, notamment à Baréges et dans les Pyrénées ; il contribuait à réveiller l'attention

1. *L'Homme moral.* Toulouse, 1756, in-12 ; — Trublet, *Mémoires sur Fontenelle.*

2. Hérault de Séchelles, *Voyage à Montbar ;* — *Actes de l'Académie de Bordeaux ;* — Grimm, *Correspondance,* 15 août 1767. — Michaud, *Biographie universelle,* v° Montesquieu ; — Bernadau, mss.

sur les services rendus par Olivier de Serres, dont il relisait sans cesse les ouvrages. On connaît de lui sur les sciences, sur le commerce et la marine, des mémoires qui sont fort médiocres. Il se contentait du nom de Secondat[1] et n'osait, par humilité, porter le nom illustré par son père, qui, d'ailleurs, par un sentiment aussi exagéré, le croyait supérieur à lui-même et le consultait sur ses travaux : singulier aveuglement ! Puisse ce brave homme n'avoir eu aucune influence sur l'*Esprit des Lois*. J'ai peur de me. tromper, si j'en juge par la manière dont il a publié, en 1758 *la Grandeur des Romains* dans l'édition des *œuvres complètes* de son père. Nous le retrouverons plus tard.

La fille cadette de Montesquieu s'appelait Denise, et plus familièrement Mimi[2]. Un abbé, qui lui fit des vers italiens, insérés au *Mercure de France*[3] et traduits par Lefranc de Pompignan, vante sa beauté, sa vertu et ses talents ; mais on ne se rappelle que le début de cette pièce :

D'un père illustre adorable portrait...

Tous ceux qui l'ont connue attestent en effet que sa ressemblance physique et morale avec Montesquieu était frappante. Était-ce pour ce motif qu'il lui mon-

1. Voisenon, *Anecdotes littéraires.*
2. Notes de Guasco sur la lettre de Montesquieu du 10 février 1745 et sur la lettre de Montesquieu, sans date, à la comtesse de Pontac.
3. Février 1745.

trait une prédilection manifeste? Il existe de lui à
elle, alors en pension au monastère du Paravis près du
port Sainte-Marie, une correspondance dans laquelle il
lui parle avec une grâce et une souplesse de style charmantes, d'un chat et d'un chien qu'elle aimait. Il lui
dit, au sujet des lettres que les sœurs lui dictaient :
« écris toi-même, ma chère fille ; j'aime mieux tes
« petites niaiseries que tous les traits d'esprit que
« ces dames peuvent te fournir[1]. » Sa personne[2]
était vive et gracieuse ; sa figure très-agréable
sinon très-jolie, et son caractère le plus enjoué du
monde. Elle fut d'un grand secours à son père par
les lectures qu'elle lui faisait pour soulager sa vue
affaiblie. Du reste son instruction était assez grande
pour que les livres les plus sévères, tels que Joinville
et Beaumanoir, ne la rebutassent pas, et elle trouvait
moyen d'égayer leur vieux langage par des saillies
amusantes. Un poëte du pays[3] lui avait, à la mode du
temps, adressé, dans sa jeunesse, un madrigal qui
finissait ainsi :

> Des ouvrages de votre père
> Chacun vous juge le meilleur.

Quant à madame de Montesquieu, je rappelle pour
la dernière fois qu'elle était calviniste. Sans doute
l'époque n'était pas à la dévotion, mais on peut attri-

1. Chaudon et Delandine, *Dictionnaire historique*, v° Fitz-James.
2. Francis Hardy, *Memoirs of Charlemont*, 2 vol. in-8, 1812.
3. La Poujade. Bernadau, *mss.*

buer à l'influence de cette femme les idées protestantes qui sont répandues dans tous les livres de son
mari.

Après avoir parlé des membres de sa famille qui
l'entouraient pendant la composition de l'*Esprit des
Lois*, je passe à ses amis et à son rival, qui me semblent avoir exercé quelque influence sur son
ouvrage.

Pendant longtemps les hommes avaient eu, çà et
là, entre eux des disputes ou des discussions philosophiques, religieuses, politiques et littéraires. Il
devait arriver un jour qu'une maîtresse de maison
leur offrirait l'hospitalité. Dès lors il leur fallut,
pour lui plaire, mettre à sa portée les sujets les
plus graves, traiter clairement les questions de finance,
de morale et de législation, badiner sur les problèmes de la destinée humaine, fronder les supérieurs,
plaisanter les égaux, et parler de tout à propos de
rien, d'une manière facile, brillante, ailée comme
une guêpe. La conversation moderne naquit, et après
elle, le livre sérieux écrit légèrement, la brochure
passionnée, le journal amusant et l'opinion publique.

C'est au dix-huitième siècle que reviennent véritablement l'idée et la pratique d'une telle institution.
Les coryphées qui y ont le plus contribué sont mesdames de Tencin, Geoffrin, de Rochefort, du Deffand,
et d'Aiguillon, que Montesquieu fréquentait assidû-
ment.

Claudine Guérin de Tencin, d'une famille noble, fut d'abord religieuse. Mais bientôt son esprit et sa beauté l'aidèrent à se faire relever de ses vœux, sinon à se faire épouser. Le Régent, séduit par elle, nomma son frère successivement abbé, évêque, archevêque et cardinal, mais il refusa de la prendre pour son conseil. Law ne l'écouta pas plus; alors au lieu de se jeter dans l'agiotage, elle se jeta dans les agioteurs, ce qui est plus lucratif. Pareil insuccès l'accueillit, lors des querelles causées par la bulle *Unigenitus*, dans sa correspondance avec le pape en faveur des molinistes. Tout à coup en 1730, attristée, soit par le suicide d'un de ses amants, soit par l'arrivée de ses quarante-cinq ans, soit par le pressentiment de ce que devait être son fils d'Alembert, et voyant qu'elle ne pouvait diriger ni l'État, ni la galanterie, ni la religion, elle se piqua d'être la protectrice des arts. Le seul défaut de ce salon était que la maîtresse avait, comme auteur de deux jolis romans, des prétentions à l'esprit. Chacun y venait préparé à jouer son rôle, et l'envie d'entrer en scène n'y laissait pas toujours à la conversation la liberté de ses allures. Là, dans ce jeu de raquette qu'on nomme conversation, « avec plus de calme que Marivaux, Montesquieu attendait que la balle vint à lui, mais il l'attendait[1]. »

Il trouvait madame Geoffrin, « capricieuse et acariatre[2], » et appelait son salon « une boutique, » quoi-

---

1. Marmontel, *Mémoires*, liv. IV.
2. Lettre de Montesquieu du 15 décembre 1754.

qu'il y allât, pour cause. Cette dame [1] s'était mariée trop jeune pour avoir eu le temps de s'instruire; elle avait annihilé son mari trop vite pour avoir pu se faire une famille : il lui fallut une occupation. Comme elle était fille de bourgeois et veuve d'un millionnaire, ses relations et sa fortune lui avaient permis de pénétrer dans toutes les classes. Elle avait observé que les grands seigneurs et les artistes, les gens de lettres et les fonctionnaires, les Français et les étrangers, qui ont tant besoin de se connaître et de s'aider, s'ignoraient et se dédaignaient. Son intention était de les réunir, de les mettre en rapport ensemble, de manière à ce qu'ils se fussent utiles et agréables les uns aux autres. Le premier soin qu'elle prit fut de faire passer le rabot sur les moulures de son appartement et de l'interdire à toutes les femmes : c'était dire que tout serait donné à la simplicité et rien à la coquetterie; enfin les discussions religieuses et politiques furent prohibées. Alors les hôtes les plus divers furent attirés soit par des services, soit par des flatteries, soit par les agréments de son salon. Ils furent retenus par des reproches; mais elle avait le reproche qui attire, qui confesse, qui dirige et qui rend désireux de s'améliorer. Le principal talent de madame Geoffrin était de mettre chacun sur son sujet, puisque nous avons tous un air que nous savons chanter; elle excellait à

---

1. F. Sarcey, *XIX° Siècle*, 27 août 1875, *Les Femmes sans esprit*, et 31 août 1875, *Les Maîtresses de salon;* — Ch. de Mouy. *Madame Geoffrin et Stanislas Auguste.* Paris, Plon, in-8, 1875.

le faire entendre à propos et à l'arrêter au besoin.

Marie de Vichy était née d'une famille noble et pauvre. Dès sa jeunesse, la curiosité qui devait faire le tourment de sa vie jusqu'à sa mort, s'empara d'elle. Une incrédulité précoce lui valut la visite de Massillon qu'elle découragea de la convertir. Elle essaya du mariage avec le marquis du Deffand, lieutenant général de l'Orléanais, qui la dégoûta par ses débauches, et qu'elle ne revit plus. On la mena à la cour, jeune, jolie, spirituelle et veuve : l'idée d'être la maîtresse du Régent l'amusa une quinzaine de jours. Aïssé, la fameuse Grecque, devint son amie pendant quelque temps; enfin, par contenance, elle prit un arrangement[1] avec le président Hénault. Son esprit vif et inquiet n'avait été nourri ni d'une instruction solide, ni de bons exemples, ni de principes religieux. Incapable d'une lecture sévère, incrédule au sentiment, sceptique par vanité, cosmopolite par relation, n'ayant, d'après son aveu même, « ni tempérament ni roman, » rien ne l'intéressait. Elle résolut pour se distraire d'avoir un salon. On vit aussitôt affluer chez elle, selon son mot, « les trompeurs, les trompés et les trompettes, » notamment la diplomatie européenne : grande ressource pour le futur auteur de l'*Esprit des Lois*, qui disait d'elle : « J'aime

---

1. S'il résulte quelque sorte de société de ce vil et méprisable commerce, elle est semblable à celle des brigands qu'il faut détruire et anéantir pour assurer les sociétés légitimes. J.-J. Rousseau, *Nouvelle Héloïse*, III° part., XVIII° lett.

« cette femme de tout mon cœur; elle me plaît, elle
« me divertit, il n'est pas possible de s'ennuyer
« avec elle[1]! » Quel dommage que le portrait qu'elle
a fait de lui, en 1751, soit perdu ! L'ennemie intime
de madame du Deffand était la duchesse de Chaulnes[2],
une des femmes les plus caractéristiques du dix-huitième siècle. Les plaisirs de l'esprit, les bons mots
et la galanterie étaient tout pour elle ; aussi la crainte
de perdre l'homme qui l'aurait sauvée de la mort
n'aurait pu l'empêcher de dire une saillie, et le libertinage lui avait donné la sagacité la plus pénétrante.

A côté de ces centres officiels de la conversation,
Montesquieu en fréquentait d'autres qu'il préférait
peut-être et dont il disait : « J'aime les maisons où je
« puis me tirer d'affaire avec mon esprit de tous les
« jours[3]. »

L'un de ces salons était tenu par la treizième fille
du maréchal de Brancas, sœur du comte de Forcal-
quier et jeune veuve de M. de Rochefort[4], ces trois
hommes d'esprit et de belles manières. Elle entourait
de personnes aimables, ingénieuses et polies le duc
de Nivernais, colonel en retraite, littérateur sans

---

1. Du Deffand, *Correspondance*, Ed. de Lescure, Plon, Lettre du
chevalier d'Aydies, 28 janvier 1754.

2. *Ibid.*, Appendice.

3. Pensées diverses.

4. L. de Loménie, de l'Académie française, *La comtesse de Rochefort
et ses amis*, in-8. Paris, M. Lévy, 1871; — L. de Loménie, *De l'influence des salons sur la littérature du dix-huitième siècle*, 26 décembre 1863, 13 février 1864, 11 juin 1864, *Revue des cours littéraires*.

conséquence et diplomate d'occasion. Le grand monde d'alors alliait à la dépravation des mœurs un goût très-vif pour les plaisirs de l'esprit, et ne se réunissait jamais sans être attiré et retenu par quelques comédies de société, petits vers, fables, opéras de paravent, madrigaux galants, divertissements en prose, couplets où l'on rivalisait tantôt de bonne grâce, tantôt de malice discrète. Montesquieu écrivait[1] du frère de cette maîtresse de maison : « Procurez- « moi une de ces badineries charmantes qui sortent « de son esprit comme un éclair. » On rencontrait quelquefois chez madame de Rochefort deux de ses sœurs, la marquise de Boufflers, qui fut fidèle à son amant, et la duchesse de Mirepoix, qui fut fidèle à son mari. Montesquieu a fait en vers les portraits de ces femmes rares pour le temps, et leur a adressé ce madrigal :

> Vous êtes belle, et votre sœur est belle ;
> Si j'eusse été Pâris, mon choix eût été doux
> La pomme aurait été pour vous,
> Mais mon cœur eût été pour elle.

Je voudrais parler de la maison favorite de Montesquieu. La duchesse d'Aiguillon [2] donnait, tous les sa-

---

1. Lettre à Duclos, 15 août 1748.
2. Lettre de Montesquieu du 8 décembre 1754, et notes de Guasco ; — Rousseau, *Confessions*, liv. IX, 2ᵉ partie, 1756 ; — Madame du Deffand, *Correspondance*, édit. de Lescure, 1865, table ; — La Gorse, *Souvenirs d'un homme de cour*, 2 vol. in-8. Paris, 1805 ; — Saint-Simon, *Mémoires*.

medis, un souper. Là n'étaient invités ni son mari, l'amant obscène et irréligieux de la princesse de Conti, ni son fils, le ministre libertin et incapable de Louis XV, mais les hommes les plus brillants par leurs lumières, leurs talents et leur position, tant français qu'étrangers, séduits par son esprit abondant, actif, impétueux, original autant qu'orné, et par sa façon de parler élevée et ses manières obligeantes. « Son impartialité était si parfaite que les différents partis étaient contents d'elle, l'estimaient, l'aimaient et lui voulaient du bien. » Comme elle savait quatre langues, et que, selon le mot de Gustave III, « elle était le journal vivant de la cour, de la ville, des provinces et de l'Académie, » enfin qu'elle avait le jugement excellent, les auteurs la consultaient sur leurs ouvrages. Guasco lui dédia la traduction des satires russes du prince Cantemir, et Voltaire lui écrivit des lettres en vers.

Madame la duchesse d'Aiguillon, dit madame du Deffand, a la bouche enfoncée, le nez de travers, le regard fol et hardi, et malgré cela elle est belle. L'éclat de son teint l'emporte sur l'irrégularité de ses traits. Sa taille est grossière; sa gorge, ses bras sont énormes; cependant elle n'a point l'air pesant ni épais. La force supplée en elle à la légèreté.

Pendant ses séjours à Paris, Montesquieu, raconte un intime[1], vivait habituellement chez madame d'Aiguillon; il l'aimait beaucoup parce qu'il pouvait écrire

1. Lettre de Montesquieu du 8 décembre 1754 et la note de Guasco.

d'elle à quelqu'un : « Voyez-la, elle ne pense pas d'après les autres, » et parce qu'il rencontrait chez elle madame Dupré de Saint-Maur, femme de l'intendant de Bordeaux, qui devait lui fermer les yeux et dont il disait : « Elle est également bonne à en « faire sa maîtresse, sa femme ou son amie [1]. »

Après ses connaissances de Paris, il avait celles de province. On manque de détails sur les personnes qu'il fréquentait à Bordeaux ; ou plutôt, je n'ai trouvé qu'un homme intéressant.

Barbot était un de ses anciens camarades de collége et d'école de droit, président à la cour des aides et créateur de la bibliothèque de Bordeaux, d'ailleurs esprit d'un jugement sain, et d'une vaste littérature ; mais sa modestie l'a empêché de rien publier. On [2] lui a attribué celle des *Lettres persanes* qui roulent sur la morale ; l'assertion est évidemment fausse, cependant l'imputation est flatteuse pour lui. Ses talents et ses vertus lui avaient mérité la plus grande considération, Montesquieu avait l'habitude de le consulter pour ses ouvrages. C'est ainsi qu'il écrivait, à la date du 3 septembre 1742, cette lettre inédite [3] :

« Je vous dirai que Mademoiselle m'obligea, il y a quelque temps que j'étais chez elle, à lui lire un petit roman. Je voudrais bien vous l'envoyer pour savoir ce que vous en pensez au juste, et que vous m'écrivissiez un long jugement, afin

1. Lettre de Montesquieu du 4 octobre 1752 et note.
2. Quérard, *France littéraire*, v° Montesquieu.
3. Bibliothèque Cousin.

que je le corrigeasse. Il faudrait que le jugement portât sur le tout et sur les parties, même sur les fautes de style. Madame de Mirepoix, à qui je le montrai il y a quelques jours, et qui a prodigieusement de goût, me fit quatre ou cinq critiques très-bonnes et dont je profitai. Il faudrait donc, si vous voulez que je vous l'envoie, que vous me jugeassiez sans flatterie, car je sais bien que vous ne me jugez pas avec sévérité, que votre cœur sera pour, mais je voudrais que votre esprit fût contre; enfin ce serait pour moi un petit spectacle de savoir au juste ce que vous en pensez : je vous le ferais tenir et vous me le renverriez... »

Aux environs de La Brède, c'est différent[4]. On le rencontrait allant à l'Estivette pour y causer avec madame Duguat, qui ne manquait ni d'esprit ni d'instruction et qu'il appelait sa « madame de Tencin de campagne; » il trouvait à Eyquem, madame Gaussen, qui réunissait la piété, la gaieté et le ton de la bonne compagnie; et à la Sangue, madame Dorly, femme d'un grand sens. Il possédait au plus haut degré le talent de se mettre à la portée de tous; aussi disait-il qu'il avait trouvé dans les campagnes de Bordeaux des Solons et des Démosthènes.

Il faut parler des autres collaborateurs de Montesquieu.

Tous les grands hommes ont eu près d'eux des confidents, des complaisants, des enthousiastes platoniques, admirateurs dévoués qui les défendaient ou les louaient à l'occasion, et qui se payaient en les voyant de près, heureux d'être les gardes du corps de

---

5. Latapie, *Projet de rosière à La Brède.* Bordeaux, 1823 in-4°.

ces rois, les satellites de ces soleils. Descartes avait eu
le P. Mersenne, Boileau avait Brossette, Buffon Leblanc, et Montesquieu l'abbé comte de Guasco[1]. Ce
riche et noble Piémontais, né en 1712, avait failli,
dans sa jeunesse, devenir aveugle à force d'étudier.
Après sa guérison, la reconnaissance lui fit embrasser l'état ecclésiastique, mais il l'embrassa sans
s'astreindre à la résidence. Il vint à Paris en 1738.
C'est sans doute à cause de lui que Montesquieu
disait[2] : « Les Italiens font tableau quand ils parlent,
et leurs expressions semblent avoir de la couleur. »
Cette qualité, jointe à une érudition agréable, le
fit distinguer du futur auteur de l'*Esprit des Lois*.
Alors, parti pour quelques jours à Bordeaux, à La
Brède ou à Clairac, il y passa des mois entiers chargé
des aumônes de la baronne, qui était calviniste, confesseur de sa fille, qui était catholique, et conseil de
son hôte, qui était à l'occasion calviniste et catholique. Le reste du temps était consacré à composer des vers, à traduire du russe, à briller dans les
salons de mesdames Geoffrin ou d'Aiguillon, à faire des
voyages, à concourir pour l'Académie des inscriptions qui le nomma membre étranger, sans oublier
l'administration de son abbaye de Tournaye. Il est
mort, en 1781, dans son pays, près de sa sœur, béni
des pauvres, après avoir publié la plus grande partie

1. *Académie des inscriptions*, 1785, t. XLV ; — La Harpe, *Corres-*
pondance, lettre 33 ; — Grimm, *Correspondance*, édit. Tourneux.
2. Caraccioli. *Vie de Benoît XIV*, p. 30.

de la correspondance de son maître et beaucoup de
détails de sa vie.

Je veux dire aussi quelques mots du principal secrétaire de Montesquieu. En 1742, le grand homme
cherchait un précepteur capable de surveiller l'éducation de son petit-fils. Il en parla à son médecin de
Bordeaux qui lui présenta son meilleur élève et le fit
agréer. D'Arcet [1] trouva le moyen de s'acquitter avec
zèle de ses fonctions, de suivre ses études particulières et de mettre ses loisirs à la disposition du grand-
père de son élève. Montesquieu lui fit faire des recherches dans les bibliothèques et même l'employa à
classer les matériaux de l'*Esprit des Lois*; en récompense, il le mit en rapport avec tous les savants de
l'Académie des sciences. Ces relations aidèrent D'Arcet
à devenir un des plus illustres chimistes de la fin du
dix-huitième siècle, et, qui sait? à être membre de
l'Institut et sénateur du premier Empire. C'est peut-
être lui, ancien étudiant en médecine, qui a suggéré à
Montesquieu sa théorie des climats [2], laquelle est dans
Huarte, Gallien et surtout Hippocrate; car il n'a fait
qu'étendre et appliquer à la législation ce que les
autres avaient dit des températures, des saisons et des
positions topographiques relativement à l'hygiène [3].

---

1. Dizé, *Précis historiques sur la vie et les travaux de J. Darcet*.
Paris, an X, 1802, in-8.

2. Bordeu, *Recherches sur l'histoire de la médecine;* — Guardia,
sur Huarte.

3. Hippocrate, traduct. E. Littré. Paris, Baillière, 1840, in-8, t. II.
Traité des airs, des eaux et des lieux.

« Ceux qui nous avertissent, dit notre auteur, sont les compagnons de nos travaux [1]. » A ce titre, je ferai figurer Voltaire dans cette galerie. Ses fanatiques se plaignent que Montesquieu affectait pour lui de l'indifférence et presque du dédain ; ils voudraient au moins les mettre sur le pied de l'égalité. Qu'ils m'excusent de me reporter à 1748 et aux contemporains. Montesquieu, né en 1689, d'ancienne noblesse, président d'une cour suprême, occupait dans le monde une position importante, augmentée par la réputation de la *Grandeur des Romains* et par la gloire anticipée de l'*Esprit des Lois*. Voltaire, né en 1694, fils d'un procureur, indiscret et inconsidéré, était reçu dans la société pour ses bons mots, ses poésies légères et ses pièces de théâtre, et n'avait pas encore donné la *Loi naturelle*, le *Siècle de Louis XIV*, et l'*Essai sur les mœurs*. Je ne parlerai pas de ses critiques contre Montesquieu, après la publication de l'*Esprit des Lois*, et pour cause, mais de celles qui ont précédé. Elles ont été incessantes. Selon lui, « les *Lettres persanes* [1] « étaient puériles. C'est du frétin, c'est un piètre « livre [2]... Les bons esprits font assez peu de cas « de la frivole imagination des *Lettres persanes* « dont la hardiesse, en certains endroits, fait le plus « grand mérite [3]... Les *Lettres persanes* si aisées à

---

1. Défense de l'*Esprit des Lois*, 3e partie.
2. Madame de Graffigny, *Voltaire et madame Du Châtelet*. Lettre à M. Devaux, décembre 1738.
3. Lettre à Vauvenargues, 15 avril 1743.

faire ¹... » Il a trouvé le *Temple de Gnide* « bien mau-
vais². » On connaît son opinion sur l'auteur de la *Gran-*
deur des Romains « qui a traité si légèrement une
matière si importante³. » Le discours de Voltaire sur
les *Contradictions du monde*⁴ prononcé en 1744, dé-
nonce Montesquieu comme impie. Ailleurs⁵ il l'accuse
du « crime de lèse- poésie. » Montesquieu répliquait
bien : « Voltaire n'est pas beau, il n'est que joli⁶.
« C'est l'homme du monde qui dit le plus de men-
« songes dans le moins de temps possible⁷ » et le
reste ⁸. Sa meilleure réponse est d'avoir profité des
critiques et des exemples de son rival. On doit sans
doute aux vivacités et aux impiétés de l'un, la modération de l'autre et l'hommage qu'il a rendu au
christianisme dans l'*Esprit des Lois.*

A côté de ces collaborateurs douteux que la curiosité nous a fait connaître, il en existe de plus certains
que l'étude nous offre d'elle-même.

---

1. Voltaire-Beuchot , *Dictionnaire philosophique*, vᵉ Art poétique,
t. XXVII, p. 119.
2. Madame de Graffigny, *ubi supra.*
3. Voltaire, *Œuvres*, édit. Didot, 1820. Lettre à Thieriot, 1734.
4. Voltaire-Beuchot, *Dictionnaire philosophique*, vᵉ Contradictions.
5. La Harpe, *Lycée.*
6. *Pensées diverses.*
7. Bernadau, *mss.*
8. Lettre de Montesquieu du 28 septembre 1753.

XVI

Aujourd'hui tout le monde est d'accord : l'homme est fait pour vivre en société, Ζῶον πολιτικον, et la politique est l'ensemble des lois qui règlent les rapports d'un gouvernement avec ses sujets et avec les autres États.

S'il est vrai que ces rapports vont s'améliorant, l'honneur doit en être reporté aux publicistes et aux philosophes ; car leurs idées, à mesure qu'elles l'ont mérité, sont entrées dans les lois et les institutions des peuples. D'ailleurs, l'histoire n'est que la suite des biographies de ces grands esprits. Nous chétifs, nous sommes le nombre qui les suit, qui s'éclaire, s'allume et s'échauffe à leur lumière ; eux seuls comptent dans l'humanité, répandant la civilisation et augmentant le progrès, ce flambeau qu'ils se passent de main en main au-dessus de nos têtes et qu'ils attisent en notre faveur.

Résumer, par ordre de date, les théories gouvernementales depuis l'origine jusqu'au dix-huitième siècle, ce serait montrer les étapes par lesquelles les écrivains spéciaux avaient amené la science politique avant Montesquieu. On jugerait mieux ainsi ce qu'il a ajouté aux connaissances de ses prédécesseurs. Mais ce travail a été exécuté par des hommes compétents et en dernier lieu par M. Paul Janet [1].

Le rôle du biographe est plus modeste. Son premier devoir est de faire connaître Montesquieu par tous les moyens possibles. J'ai cru que la recherche des sources où il a puisé pour composer l'*Esprit des Lois* m'était commandée : cette étude est de celles qui peuvent être utiles, pour indiquer ses auteurs de prédilection et les grands morts avec lesquels il a le plus conversé et qui ont davantage influé sur lui. Ce n'est pas assez dire.

Les compilateurs ne réunissent que des mots, les annalistes collectionnent seulement des faits, les voyageurs prennent des notes, les naturalistes recueillent des observations, les philosophes inventent des systèmes et les publicistes discutent les gouvernements. De loin en loin, un homme de génie arrive, choisit dans les carrières de tous ces praticiens les morceaux qui lui conviennent et il en construit un de ces monuments qui dominent les siècles.

Les *Lettres persanes* et la *Grandeur des Romains*

---

1. *Histoire de la Science politique* (ouvrage couronné par l'Académie française et par l'Académie des sciences morales et politiques), par M. Paul Janet, membre de l'Académie des sciences morales et politiques — 2 vol. in-8°, Paris, 1872.

furent certainement les pierres d'attente de l'édifice qui absorba la vie de Montesquieu[1]. On a vu, à leur place, que déjà il y essayait ses idées de politique et de législation.

Arrêtons-nous devant l'*Esprit des Lois* et voyons-en les principales parties, telles que la forme, les anecdotes, l'érudition, les idées féodales, les principes catholiques, l'influence protestante et les théories constitutionnelles. En rechercher l'origine, ce sera pénétrer toute l'œuvre de Montesquieu.

Et d'abord on a prétendu[2] qu'il avait emprunté son style à Tacite parce que, aussi profond dans ses idées, il est concis et nerveux dans ses expressions, mais l'historien latin écrit comme un orateur, tandis que notre publiciste émet volontiers des axiomes comme les jurisconsultes romains. Walckenaer[3] trouve qu'il se rapproche plus de Sénèque par ses antithèses et ses maximes morales : un homme du monde ne se modèle pas sur un maître d'école. Le plus savant avocat[4] du barreau de Paris voit plus de rapport entre l'*Esprit des Lois* et les *Pensées*, ces deux ouvrages ont une égale envergure ; les notes de l'un ressemblent assez aux considérations de l'autre. Il y a chez Montesquieu

1. Dans un ouvrage publié à Paris en 1820, chez Desoer, intitulé *La politique de Montesquieu* et attribué à Alexandre Tissot, il y a un travail sur *Les Lettres persanes* conférées avec l'*Esprit des Lois*.

2. Madame Necker, *Mélanges*, t. 1er, p. 175.

3. *Biographie universelle*, v° Montesquieu.

4. Malapert, auteur d'un petit chef-d'œuvre d'érudition originale : *De l'enseignement de l'histoire de France*. Paris, 1875.

et chez Pascal une même netteté, une même énergie et une même profondeur ; cependant les matières sont trop différentes pour qu'il soit possible de croire à rien de plus qu'à un souvenir. Je préfère adopter l'opinion d'un magistrat qui suppose que Montesquieu a pris sa forme à Bossuet. Déjà le discours sur l'*Histoire universelle* avait inspiré la *Grandeur des Romains; l'Esprit des Lois* ressemble extérieurement encore plus à la *Politique tirée de l'Écriture-Sainte*, dont le sujet est le même, qui est aussi partagé en livres, en chapitres et en alinéas très-courts : c'est l'ordre géométrique ici et là.

Les anecdotes de l'*Esprit des Lois* ont également été fort commentées. La plupart, comme l'attestent les notes, sont puisées dans le *Recueil des voyages qui ont servi à l'établissement de la Compagnie des Indes*, dans les *Lettres édifiantes et curieuses*, dans les *Voyages du Nord*, dans les *Voyages en Perse, en Turquie* et *en Afrique*, même dans les *Voyages imaginaires*[1]. Les nouveautés merveilleuses, racontées dans ces livres, les avaient mis à la mode alors, et ils étaient les sources d'informations presque uniques sinon les plus sûres. Montesquieu leur a pris beaucoup d'historiettes qui résument ou font mieux

---

1. Livre IV, ch. VI. Montesquieu dit : « Quand vous voyez, dans la *Vie de Lycurgue*, les lois qu'il donna aux Lacédémoniens, vous croyez lire l'*Histoire des Sévérambes*. » Ce peuple de sages n'a jamais existé que dans l'imagination de Vaïrasse d'Allais qui en a écrit l'histoire fabuleuse. Voyez le tome V des *Voyages imaginaires*.

connaître les lois ou les mœurs du pays. Je crois, en
outre, avec d'Alembert [1] que notre gascon, « ayant à
« présenter quelquefois des vérités importantes dont
« l'énoncé absolu et direct aurait pu blesser sans
« fruit, les a voilées... sans qu'elles fussent perdues
« pour les sages, » et sans encourir la censure, dans
des contes tirés de son propre fonds. Lord Brougham,
qui lui a reproché ses anecdotes, n'aurait peut-être
pas lu son livre s'il n'y en avait pas eu autant pour
l'égayer; et Fox a écrit à Burke : « Comme l'*Esprit
des Lois* est supérieur à tous les ouvrages sur le
« même sujet, en n'étant jamais ennuyeux [2]. »

On [3] s'est étonné de l'érudition de Montesquieu en
elle-même et au milieu de son siècle. C'est oublier
qu'alors paraissaient les ouvrages des Bénédictins qui
avaient entrepris de refaire l'histoire de France, en
imprimant toutes les pièces justificatives qui concer-
nent les matières générales, les provinces, les villes
et la littérature; enfin alors Secousse et Laurière pu-
bliaient les ordonnances de nos rois. Il faut se rappeler que notre auteur avait fait de fortes études chez
les oratoriens [4] et que, au sortir du collège, son père,
ami de la science sinon savant lui-même, lui avait

1. *Éloge de Montesquieu.* 1755.
2. Ch. de Rémusat, *Angleterre au XVIIIe siècle.* Paris, Didier,
in-8°.
3. Riaux, *Dictionnaire des sciences philosophiques*, dirigé par
M. Franck. V° Montesquieu. Paris, Hachette.
4. Voir *supra*, page 20.

mis entre les mains des livres de droit : on peut connaître les principaux. Grotius avait donné, en 1625,
un livre traitant *De bello et pace*, et Pufendorf, à son
exemple, avait mis au jour, en 1672, un traité *De jure
gentium*. Jamais on n'avait accumulé, à l'appui de
préceptes du droit des gens, une pareille quantité de
passages de la Bible, de fragments de lois romaines,
de maximes ou d'histoires tirées des auteurs grecs et
latins. Barbeyrac[1], y ajoutant encore des notes nouvelles, traduisit en français ces ouvrages qui étaient
en vogue au temps de la jeunesse de Montesquieu.
C'est là qu'il a trouvé la plupart des citations qui
donnent à son livre un air savant.

Si on demande d'où vient à notre auteur le goût des
matières féodales, la réponse est facile. Il y a lieu de
l'attribuer à sa qualité de baron de la Brède, et surtout à un autre motif. L'*Esprit des Lois* était terminé
avec le vingt-neuvième livre. Mais les lettrés et les
gentilshommes étaient surexcités par une question qui
d'historique était devenue actuelle[2]. Selon le comte de
Boulainvillers, la Gaule ayant été subjuguée par les
Francs, les vainqueurs y établirent leur gouvernement
à part de la nation conquise qui fut destinée au travail
et à la culture de la terre : donc la noblesse française

---

1. Barbeyrac est le seul commentateur dont on fasse plus de cas
que de son auteur. Il traduisit et commenta le fatras de Pufendorf,
mais il l'enrichit d'une préface qui fit seule débiter le livre. *Voltaire*,
Beuchot, t. XLIII, p. 522.

2. Augustin Thierry, *Considération sur l'histoire de France*, ch. II.

descendait des conquérants Francs. L'abbé Dubos[1] soutenait, au contraire, que l'arrivée des Francs datait d'une alliance avec les cités gauloises confédérées ; que ces populations avaient conservé l'administration de leur pays où les anciennes familles avaient gardé leur rang et leurs priviléges. Dans cette hypothèse, les nobles n'étaient plus les fils des conquérants. Ces systèmes rivaux, « dont l'un semble être une conjuration contre le tiers état et l'autre une conjuration contre la noblesse[2], » rallieraient les passions contemporaines. Montesquieu se crut obligé de donner son avis dans cette polémique. C'est de là que sont nés les deux derniers livres de l'*Esprit des Lois*, où il a jeté avec tant de puissance, mais un peu de partialité nobiliaire, beaucoup d'aperçus vrais au milieu de quelques erreurs sur l'origine de nos institutions nationales.

L'admiration pour le chistianisme que Montesquieu professe dans cet ouvrage lui avait certainement été inspirée par sa mère, sainte femme dont j'ai donné le portrait[3]. Je crois devoir y ajouter une cause beaucoup moins intime. L'auteur, comme nous l'avons dit, lisait

---

1. *L'histoire critique de l'établissement de la monarchie française dans les Gaules* (1734, 3 vol. in-8), est un ouvrage solide, souvent attaqué, jamais renversé, pas même par Montesquieu qui d'ailleurs a su peu de chose sur les Francs. On vole l'abbé Dubos sans avouer le larcin : il serait plus loyal d'en convenir. (Châteaubriand, *Études historiques*, préface.)

2. *Esprit des Lois*, livre XXX, chap. x.

3. *Supra*, page 18.

souvent les *Lettres édifiantes et curieuses* des mission-
naires dominicains, franciscains et jésuites. Ces annales de la foi contiennent des dissertations, des
peintures de mœurs, des descriptions d'objets, des
réflexions, des paysages, des aventures, des renseignements sur les arts, les sciences, la géographie,
l'histoire et le gouvernement. Le patriotisme y remarque qu'une grande partie du Canada et toute la
Louisiane ont été découvertes par ces pacifiques pion-
niers; en appelant au christianisme les peuples de
l'Acadie, ils nous ont donné des côtes où s'enrichissait
notre commerce et où se formaient nos marins. Au
Paraguay, trente tribus sauvages créèrent sur leur
plan cette république chrétienne établie pour montrer,
malgré le paradoxe de Bayle [1], que l'Évangile civilise
les hommes et peut fonder des états. N'est-ce pas
ainsi que la curiosité de Montesquieu, édifiée par
cette lecture, a donné tant d'éloges au catholicisme?

La veine d'indépendance religieuse qui court à
travers l'*Esprit des Lois* vient en partie du voisinage
calviniste de sa femme. Il faut en attribuer aussi une
certaine proportion au peu d'étendue de ses connaissances théologiques [2] : de quoi il convenait [3]. Malgré

---

1. M. Bayle, après avoir insulté toutes les religions, flétrit la religion chrétienne : il ose avancer que de véritables chrétiens ne formeraient pas un état qui pût subsister. *Esprit des Lois*, liv. XXIV,
chap. vi.

2. F. Godefroy, *Histoire de la littérature française*, tome III
page 687.

3. *Supra*, page 20.

de hautes autorités[1], l'influence huguenote des pamphlétaires du seizième siècle me paraît avoir été faible sur lui, à moins qu'on y ajoute l'étude de la révolution protestante de 1688, une lecture suivie d'Hobbes et de Bayle, ses ennemis intimes, et la fréquentation évidente de Bodin[2], qui croyait plus aux commandements de Dieu qu'à ceux de l'Église et qui a trouvé, en l'exagérant, la théorie du climat. Je puis encore faire une remarque plus générale. Presque tous les grands publicistes ont été accusés de fatalisme, de matérialisme, sinon de scepticisme, parce qu'ils acceptent les faits accomplis et qu'en les expliquant ils ont l'air de les excuser, parce qu'ils regardent les choses comme les instruments de l'histoire; parce qu'ils glorifient aisément les vainqueurs; parce qu'ils mettent souvent la raison d'État au-dessus de la liberté et qu'ils ne font pas assez la part de la Providence. Montesquieu était un grand publiciste.

Assurément il a médité à fond Aristote, Polybe et Machiavel; mais ses idées parlementaires ne lui viennent pas d'eux. P. Leroux[3] les a attribuées à Hobbes, et M. Nourrisson[4] tient pour Locke. L'honneur d'avoir

1. E. Caro, membre de l'Académie française et de l'Académie des sciences morales et politiques, *Journal des Savants*, août 1878, page 440 Robert Flint, *La Philosophie de l'histoire de France*, trad. Carrau, page 50.

2. *Bodin et son temps*, par Baudrillart, Paris, 1853, in-8°.

3. *Revue Sociale*, 1847.

4. *Politique de Bossuet*. Didier, Paris

trouvé plus juste me semble appartenir à M. E. Caro[1],
quand il écrit : « les sources de Montesquieu furent
« sans doute les pamphlets de wighs et des tories,
« sous Georges II, qu'il dut consulter avidement pen-
« dant son séjour en Angleterre. » Une preuve que
l'auteur de l'*Esprit des Lois* avait lu les satires des
Steele et des Swift[2], c'est qu'il n'a pas dédaigné de
citer la *Fable des Abeilles*, de Mandeville[3]. Il est possible d'être plus précis. Notre observateur aimait à
questionner les grands coupables, ces esprits faux
presque aussi curieux à étudier que les hommes de
génie et plus faciles à pénétrer : nous l'avons vu rechercher Bonneval, Law et le prince Eugène. On se
rappelle que l'*Esprit des Lois* contient cette maxime
qui est politiquement la plus blâmable de l'ouvrage[4] :

---

1. *Journal des Savants*, août 1878, page 437.

2. Il semblerait que Montesquieu eût voulu résumer toute la polémique religieuse de Swift et le fond de son argumentation ordinaire,
lorsqu'il écrivit cette page que le doyen de Saint-Patrick eût signée :
« Quel peut être le motif d'attaquer la religion révélée en Angleterre.
« On l'y a tellement purgée de tout préjugé destructeur, qu'elle n'y
« peut faire du mal et qu'elle y peut faire au contraire une infinité
« de biens... En Angleterre, tout homme qui attaque la religion, l'at-
« taque sans intérêt, et quand même il aurait raison dans le fond, il
« ne ferait que détruire une infinité de biens pratiques par des vérités
« purement spéculatives. » *Swift, Sa vie et ses Œuvres*, par Prévost-
Paradol. 1856. Paris, Durand. — Voir aussi *Voyage de Gulliver à
Brobdingnac*, chap. VI.

3. *Esprit des lois*, livre VII, chap. I, et livre XIX, chap. VIII.

4. Il y a, dans les États où l'on fait le plus de cas de la liberté,
des lois qui la violent contre un seul pour la garder à tous Tels sont,
en Angleterre, les *bills* appelés d'*atteindre*. Ils se rapportent à ces
lois d'Athènes qui statuaient contre un particulier, pourvu qu'elles

« il y a des cas où il faut mettre, pour un moment, un « voile sur la liberté. » Car les mesures d'exception accusent la faiblesse de ceux qui les emploient et compromettent la cause qu'elles veulent servir. Si Montesquieu avait vu l'usage que les Français ont fait des *mises hors la loi* pendant la Révolution, il eut regretté d'avoir aussi approuvé l'ostracisme des Grecs, les proscriptions des Romains. Si j'ose le dire, il avait ici surtout en vue le *Bill d'attainder* récemment porté contre Bolingbroke [1], qu'il avait beaucoup connu sans l'estimer. Le ministre équivoque l'avait attiré et fréquenté, comme nous l'avons vu, au club de l'Entresol à Paris, où il profitait de son exil pour révéler à la France les secrets ressorts du gouvernement de son pays. Montesquieu le retrouva à Londres, chez leur ami commun lord Chesterfield, écrivant dans le *Craftsman* ses remarques sur l'*Histoire d'Angleterre*, qu'admiraient Chatham et Rémusat [2], comme le meilleur tableau de la constitution de la Grande-Bretagne

fussent faites par le suffrage de six mille citoyens. Ils se rapportent à ces lois qu'on faisait à Rome contre des citoyens particuliers, et qu'on appelait *priviléges*. Elles ne se faisaient que dans les grands états du peuple. Mais de quelque manière que le peuple les donne, Cicéron veut qu'on les abolisse, parce que la force de la loi ne consiste qu'en ce qu'elle statue sur tout le monde. J'avoue pourtant que l'usage des peuples les plus libres qui aient jamais été sur la terre me fait croire qu'il y a des cas où il faut mettre, pour un moment, un voile sur la liberté, comme l'on cachait les statues des dieux. (Liv. XII, chap. XIX.)

1. Ch. de Rémusat, *L'Angleterre au XVIIIe siècle*. Paris, Didier, p. 396.

2. *Idem, ibid.*

en 1729. Voilà d'où est venu le fameux chapitre vi du livre XI.

Si je me suis trompé dans mes suppositions en cherchant les sources principales où Montesquieu pouvait avoir puisé, je demande qu'on m'excuse. Cette analyse n'a pas voulu rabaisser son génie ni satisfaire la jalousie de ses envieux; ma pensée a été toute opposée. La chimie, qui décompose les corps, enseigne à admirer l'auteur qui les a organisés.

Je n'ai voulu que prouver ce qu'un maître a si bien résumé dans ces termes :

« Lui aussi, il prenait son bien partout où il le trouvait. Cette lecture immense et variée, cette fréquentation assidue des esprits les plus divers et les plus mêlés dans la vie du monde, cette curiosité universelle des hommes et des livres dont chacun laissait un passage dans cet esprit qui ne laissait rien perdre, une note, une observation, un trait d'esprit, une vue profonde, une saillie même, rien de tout cela n'a diminué en quoique ce soit l'originalité de Montesquieu. Il y a des esprits qui, en pensant par eux-mêmes, ne trouvent rien que de banal; d'autres transforment tout ce qu'ils touchent et mettent leur marque même sur ce qu'ils empruntent. Tel se montre à nous Montesquieu dans la préparation de ses ouvrages. M. Robert Flint, dans sa récente étude sur l'*Esprit des lois*, me paraît avoir défini très-justement ce genre d'originalité qui survit par sa propre force à tant de lectures et d'emprunts. Montesquieu eut au plus haut degré ce don de personnalité inventive qui rend un homme capable de puiser avec indépendance aux sources les plus diverses, et de se servir de ce qu'il acquiert ainsi conformément à un plan et à des principes qui lui appartiennent et en vue d'un but qui lui est propre. C'est là aussi le genre d'originalité d'Aristote et d'Adam Smith... Néanmoins il dut beaucoup à nombre d'écrivains, aux auteurs classiques dont sa mémoire et son imagination sont nourries, aux pamphlétaires protestants du quinzième siècle, comme Hotman, à Bodin, Charron, Machiavel, à Locke et à une foule d'écrivains anglais plus ou moins connus. Mais tout cela est venu se fondre dans l'ardent creuset de ce puissant cerveau; l'idée fixe a été le moule où cette matière infinie et diverse a pris sa forme avec la maque souveraine de l'esprit qui la lui a imposée.

Outre ces devanciers chez lesquels il puisa, Montesquieu avait des manières de travailler qui méritent d'être connues.

XVII

Méthodes de travail : Conversations, Bibliothèques, Lectures,
Méditation, Dictées.

Nous venons de voir les collaborateurs de Montesquieu et les sociétés qu'il fréquentait. Je crois intéressant et utile de faire connaître sa conduite dans le
monde.

« Depuis la fureur que les cartes ont excitée, re-
marquait-il, on ne parle plus. Les vieilles femmes
mêmes sont silencieuses. Le jeu, qui n'était chez elles
qu'un prétexte dans la jeunesse, devient dans un âge
avancé une passion qui dévore tous les autres
plaisirs[1]. »

Son goût le portait à un autre amusement. Il pensait que, pour plaire dans le monde, il fallait n'avoir
pas cette sensibilité qui s'attache vivement. Quelqu'un
observait un jour devant lui que Fontenelle n'aimait
personne. « Eh bien ! il n'en est que plus aimable
en société, » répondit Montesquieu[2].

D'après Charlemont[3], « on était étonné de sa poli-

1. Bernadau, mss.
2. Trublet, *Mémoires sur Fontenelle*, 2ᵉ édit. Amsterdam, 1759.
3. Fr. Hardy, *Memoirs of Charlemont*, 2 vol. in-8, 1812.

tesse, de ses prévenances et de ses entretiens avec les dames. Le petit-maître le plus accompli n'était pas auprès d'elles plus amusant par la gaieté de la causerie, ou plus inépuisable à trouver et à dire les mille riens qui leur plaisent tant. »

Selon les mémoires de Chesterfield[1], « dans un salon ordinaire, Montesquieu ne répondait pas à l'idée qu'on se faisait de lui, mais dans une société choisie, personne n'était plus aimable, plus spirituel et plus tout à tous. » On raconte pourtant qu'une demoiselle un peu galante, certain soir, lui adressa vingt questions qui l'impatientèrent. Il saisit le moment où elle lui demandait ce que c'était que le bonheur. « Le « bonheur, s'écria-t-il, c'est la fécondité pour les « reines, la stérilité pour les filles et la surdité pour « ceux qui sont auprès de vous[2]. »

Une autre fois, il disputait sur un fait avec un conseiller du parlement de Bordeaux, qui avait de l'esprit, mais la tête un peu chaude; celui-ci, à la suite de quelques raisonnements débités avec fougue : « M. le « président, s'écria-t-il, si cela n'est pas comme je « vous le dis, je vous donne ma tête ! — Je l'accepte, « répondit froidement Montesquieu, les petits cadeaux « entretiennent l'amitié[3]. »

---

1. Matty, *Memoirs of lord Chesterfield*, 4 vol. in-4°. Londres, 1777. Sect. II, 17 27.

2. Laplace, *Pièces intéressantes et peu connues*. Bruxelles, in-8, 1787, t. V, p. 385 et 386.

3. Laplace, *ibid.*

Un homme, qui avait plus de zèle que de jugement, ayant fait tomber la conversation sur la religion, lui disait un jour avec vivacité : « On ne voit plus « aujourd'hui que des esprits forts. — Eh ! Monsieur, « interrompit Montesquieu d'un ton encore plus vif, « il y a pour le moins autant d'esprits faibles[1]. »

Une chose aurait pu lui causer un grand préjudice dans les salons : sa grande distraction. Ainsi[2] un jour qu'il dînait chez lord Waldgrave, devenu ambassadeur d'Angleterre, dans la chaleur d'une discussion il rendit sept fois de suite son assiette au domestique comme s'il eût fini de manger. Une autre fois[3], il partit de Fontainebleau et fit aller son carrosse devant lui afin de le suivre à pied pendant une heure dans la vue de prendre de l'exercice. Il alla ainsi à Villejuif près Paris, croyant n'être qu'à Chailly, près Corbeil. Un dernier exemple me vient encore du duc de Luynes qui l'avait connu.

M. de Montesquieu, un jour qu'il devait dîner chez le président Hénault avec M. d'Argenson, y arriva à deux heures ; il dit qu'il mourait de faim et demanda pourquoi on ne servait pas. On lui dit qu'on attendait M. d'Argenson et qu'il allait arriver. M. de Montesquieu sort dans la cour pour satisfaire un petit besoin. Il avait oublié de renvoyer son carrosse : ses gens, le voyant dans la cour, croient qu'il ne dîne pas dans cette maison ; le carrosse avance ; on ouvre la portière ; M. de Montesquieu monte et arrive chez lui ; il

1. Bernadau, *Tableau de Bordeaux*, 1810.
2. Fr. Hardy, *Memoirs of Charlemont*, 2 vol. in-8, 1812. Dublin.
3. Duc de Luynes, *Mémoires*. Année 1755.

fut étonné de s'y trouver; il y avait trop loin pour retourner ; il envoie quérir un morceau à manger au premier . endroit.

L'historien ajoute : « Ces détails peignent son caractère. » Cependant un étranger, jeune[1], a remarqué qu'il n'avait pas de distractions dans la compagnie des dames.

Mais sa grande occupation dans le monde était la conversation. Les contemporains ne tarissent pas d'éloge sur elle. D'Argenson dit[2] :

Il portait dans la société beaucoup de douceur, assez de gaieté, une égalité parfaite, un air de simplicité et de bonhomie qui, vu la réputation qu'il s'est déjà faite, lui forme un mérite particulier.

Dans le feu des conversations, raconte Maupertuis[3], on trouvait toujours le même homme avec tous les tons. Il semblait encore plus merveilleux que dans ses ouvrages : simple, profond, sublime, il charmait, il instruisait, et n'offensait jamais.

Quand il parlait, ajoute Garat[4], ce dont il n'était ni prodigue ni avare, on était toujours sûr d'être avec lui. C'était tour à tour la gaieté piquante de Rica, les vues vastes et concises d'Usbeck, quelquefois l'énergique et pittoresque expression des passions de Roxane, et toujours cette même énergie lorsque sa haine contre le despotisme allumait son imagination.

Sa conversation, d'après d'Alembert[5], était légère,

1. Hardy, *ubi supra*.
2. Loisirs d'un ministre.
3. Éloge de Montesquieu.
4. *Mémoires sur le dix-huitième siècle.*
5. Éloge de Montesquieu.

agréable et instructive par le grand nombre d'hommes et de peuples qu'il avait connus. Elle était coupée comme son style, pleine de sel et de saillies, sans amertume et sans satire ; personne ne racontait plus vivement, plus promptement, avec plus de grâce et moins d'apprêt. Il savait que la fin d'une histoire plaisante en est toujours le but ; il se hâtait donc d'y arriver et produisait l'effet sans l'avoir promis.

Le secret de cette conversation, il n'y a qu'une femme qui l'ait deviné : c'est la duchesse de Chaulnes. Elle [1] a dit de Montesquieu avec impertinence : « Cet « homme venait faire son livre dans la société, il re- « tenait tout ce qui s'y rapportait ; il ne parlait qu'aux « étrangers dont il croyait tirer quelque chose d'utile. » La remarque n'est exacte qu'à demi, mais elle indique la voie. J'en conclus qu'il savait faire parler les gens de la science dans laquelle ils excellaient, le prince Eugène de stratégie, Law de finances, et les diplo- mates de politique, tous de sujets où il n'avait pas encore de parti pris, cherchant à se former une opi- nion personnelle et raisonnable. C'est bien ce qu'il écrivait au futur historien anglais, Hume, dans une lettre inédite [2].

Ce que vous dites sur la forme dont les jurés prononcent en Angleterre et en Écosse, m'a surtout fait un grand plaisir, et l'endroit de mon livre où j'ai traité cette matière est peut-être celui qui m'a fait le plus de peine, et où j'ai le plus sou-

---

1. Madame Necker, *Mélanges.* Paris, Pougens, 1793, in-8, t. III, p. 306.

2. Hill Burton, *Life and correspondance of Hume.* London, 1846, 2 vol. in-8, 1er vol., p. 304 et 456.

vent changé ce que j'avais fait, parce que je n'avais trouvé personne qui eût là-dessus des idées aussi nettes que vous avez...

Son ouvrage se faisait ainsi partout et chez tous, aussi bien dans les salons de Paris que dans ceux de Bordeaux et dans les champs de La Brède. Nous l'avons vu avec les gens du monde; il agissait de même avec ceux de la campagne. Selon d'Alembert [1], il leur cherchait de l'esprit, comme faisait Socrate. On connaît son mot [2] : « J'aime les paysans, ils ne sont pas « assez savants pour raisonner de travers. »

La conversation était donc une manière de travailler de Montesquieu. Rentré chez lui, il recueillait, comme l'abeille, le fruit de la journée, notant le soir les observations qu'il avait faites et celles qu'il avait entendues, les saillies de ses interlocuteurs et les siennes, ce qu'il avait dit et ce qu'il avait provoqué à dire. Je me trompe, peut-être, mais il me semble que beaucoup de livres du dix-huitième siècle ont été causés avant d'être écrits. On a la preuve [3] que ceux de madame de Staël ont été faits de cette manière.

Une autre source d'information était ses voyages. On ne saura combien ils lui ont été utiles qu'après la publication des notes qu'il y avait prises. Tous les pays lui ont fourni leur contingent. Pour ne citer que quelques exemples, un professeur de droit, qui est

1. Éloge de Montesquieu.
2. *Pensées diverses.*
3. Sainte-Beuve, *Chateaubriand et son groupe.* Paris, M. Lévy.

très-versé dans l'histoire administrative de la Guyenne, m'assure que Montesquieu y a puisé vingt faits qu'il a généralisé dans l'*Esprit des Lois*. Ainsi, quand il se plaint [1] de la mauvaise rédaction des Coutumes, il a certainement en vue celles de Bordeaux; il a emprunté un ancien usage du Médoc, quand il propose de donner des prix aux agriculteurs [2].

Ses plus ordinaires instruments de travail étaient les livres et les extraits [3], faits par ses ordres, dans un grand nombre de volumes. Il lisait toujours la plume à la main, mettant volontiers sur les marges et sur les *gardes*, des imitations [4] ou des notes dans un style digne de Marot et de Rabelais. Son mot le plus fré- « quent était : « Le malheur de certaines lectures, « c'est qu'en lisant, il faut se tuer à réduire ce que « l'auteur a pris tant de peine à amplifier [5]. »

Il existe six volumes in-quarto d'extraits et de ré- flexions, écrits par lui. Walckenaër [6] a été étonné, en les parcourant, que les pensées les plus remarquables et les plus profondes lui avaient souvent été suggérées par des ouvrages frivoles.

1. *Esprit des Lois*, liv. XXVIII, ch. xlv; — Lamothe, *Coutumes du ressort du Parlement de Bordeaux.*

2. *Esprit des Lois*, liv. XIV, ch. ix.

3. Montesquieu avait écrit ou fait copier trente volumes in-folio sur les lois, pour composer son sublime ouvrage, dit le Marquis de Fortia. *Autographes de savants,* réunis par Grille. Paris, 2 vol. in-12, 1853, 1er vol., p. 51.

4. Et. Charavay, *Amateur d'autographes,* n° de février 1874; — Tallemant des Réaux, édit. Montmerqué et Paris, t. II, p. 305.

5. *Pensées diverses.*

6. *Biographie universelle,* v° Montesquieu.

On comprend que ce système lui ait fourni une mine de notes, de mots, de saillies, d'historiettes, d'observations qu'il s'est souvent donné un mal infini à utiliser et qui sont parfois déplacées dans son grand ouvrage.

Nous avons vu Montesquieu plus d'une fois, comme son compatriote Montaigne, *essayer* des sujets. On se rappelle le traité des *Devoirs*, les *Richesses de l'Espagne*, le *Discours sur la Considération et la Réputation*. Walkenaër[1] a eu entre les mains les épreuves d'un petit opuscule inédit, intitulé : *Réflexions sur la monarchie universelle en Europe*, que Montesquieu supprima « de peur, dit-il, qu'on interprétât mal quelques endroits, » et qu'il a résumé dans l'*Esprit des Lois*[2]. Il existe, d'ailleurs, dans ses papiers, une liasse appelée : « Morceaux qui n'ont pu entrer dans l'*Esprit des Lois*, et qui pourraient former des dissertations particulières. » Les principales sont sur la *Puissance paternelle*, sur les *Obligations sur parole* et sur les *Successions*.

Montesquieu puisait à pleines mains dans ses *Essais*, y prenant des idées et des phrases, pour les transporter, les développer, les abréger, ou même les réfuter, dans son chef-d'œuvre.

C'est peut-être ici l'occasion de parler de sa bibliothèque. « Il est certain, dit-on[3], qu'en parcourant les

1. *Biographie universelle*, vo Montesquieu.
2. Livre IX, ch. vII.
3. Joseph de Maistre, *Soirées de Saint-Pétersbourg*, notes du 4e entretien.

« livres rassemblés par un homme, on connaît en peu
« de temps ce qu'il sait et ce qu'il aime. »

Montesquieu avait deux bibliothèques, l'une[1] de
sept cent vingt-quatre, l'autre de quinze cent cin-
quante-six ouvrages. Je ne peux parler pertinemment
que de la seconde, parce qu'elle a été décrite par le
savant M. Gustave Brunet[2]. La théologie y comptait
deux cent quatre-vingt-onze volumes, dont neuf Bibles
et onze Nouveaux testaments; la jurisprudence, trois
cent soixante-quatorze; les sciences, trois cent dix-
huit, parmi lesquels on distingue deux Montaigne,
deux Charron, trois Euclide, trois Apollonius, cinq
Vitruve, deux Pline, beaucoup de livres de médecine
et de science, même de sciences occultes; les belles-
lettres, deux cent soixante-sept, au nombre desquels
quelques ouvrages italiens, un Rabelais, trois Cicéron, quatre Virgile, quatre Horace et cinq Juvénal;
et l'histoire trois cent six, dont deux Pausanias, deux
Hérodote, deux Thucydide, trois Salluste, quatre
Quinte-Curce, quatre Tite-Live, quatre César, quatre
Florus, cinq Suétone et cinq Tacite, quelques ouvrages d'archéologie, deux Grégoire de Tours, trois
Commines et un grand nombre de voyageurs. Cette
collection comprenait ce que les littératures ont produit de plus important chez les Grecs et chez les
Romains. Montesquieu s'écriait[3] : « J'avoue mon

1. Inventaire dressé après sa mort.
2. Bibliographie de la collection Migne.
3. Pensées diverses.

« goût pour les anciens ; cette antiquité m'enchante,
« et je suis toujours prêt à dire avec Pline : « *C'est*
« *à Athènes que vous allez, respectez les dieux.* »
Toutefois on peut penser, après avoir examiné
sa bibliothèque, ce que Sainte-Beuve a écrit, après
avoir lu ses ouvrages [1] : « Il ne connut jamais
« beaucoup cette première antiquité simple, naturelle,
« naïve : l'antiquité de Montesquieu était cette se-
« conde époque plus réfléchie, plus travaillée, déjà
« latine. »

Ces livres étaient un tiers à Paris et deux tiers à la
campagne : ce qui indique où leur possesseur travaillait le plus. Le lecteur n'a peut-être pas oublié le château féodal où Montesquieu était né et où il faisait sa
résidence de prédilection. Le rez-de-chaussée était
réservé à sa famille, mais le premier étage était son
habitation intime. On y monte encore par le même
escalier en pierre tournant, situé à l'aile gauche.

En 1838, un Anglais [2] était venu en pèlerinage à La
Brède ; quand on lui annonça qu'il allait entrer dans
la bibliothèque de Montesquieu, il se découvrit et
tomba à genoux.

Au fronton se lisait : *Hic mortui docent vivos*
mori.

La pièce est immense [3] : de dix-sept mètres sur onze ;
elle est percée de trois portes, celle d'entrée, puis une

---

1. Sainte-Beuve, *Causeries du lundi*, sur Montesquieu.
2. Grouet, *La Brède*, in-8. Bordeaux, 1839.
3. Léo Drouyn, la *Guyenne militaire*, in-4°. Bordeaux, 1865.

à gauche et l'autre au fond. Sur la seconde, qui donne issue à une chambre à feu, est écrit :

> Au magistrat ren humble obéissance ;
> Il a de Dieu ces honneur et puissance.

On lit sur la troisième, qui permet de pénétrer dans une petite chapelle consacrée :

> Ton Dieu surtout aime d'amour extrême,
> Et ton prochain comme toi-même.

En face s'ouvre une antique cheminée, dont le manteau est décoré de peintures à fresque de la fin du quinzième siècle, qui représentent un combat à la lance de chevaliers armés de pied en cap.

Au centre de cette pièce s'élève une armoire à double face, et le long des murs s'étagent des bibliothèques, vitrées en plomb et remplies de livres que j'ai décrits et dont beaucoup portent des signets en tête. Ils ont l'air de n'avoir pas servi depuis la mort de Montesquieu.

La salle, mal éclairée par deux fenêtres qui donnent l'une au nord et l'autre au levant, jouit d'une vue délicieuse sur un paysage formé de vertes prairies, de grands bois et de nombreux canaux.

C'est dans cette pièce imposante, qui sentait la féodalité par ses décorations, la piété par sa chapelle, la magistrature par sa bibliothèque et l'Angleterre par le paysage en perspective, que Montesquieu dicta l'*Esprit des Lois*.

Sa vue très-basse l'avait de bonne heure empêché

d'écrire lui-même : à quoi on peut attribuer la rareté de ses autographes. Madame Necker [1] ajoute : « C'est « peut-être ce qui rendait son style si décousu. Il était « quelquefois des heures sans avoir une idée qui lui « plût. Son secrétaire était habitué à rester la plume « à la main de longs intervalles. Ainsi, lorsqu'il fit le « fameux chapitre sur le despotisme [2], il fut trois « heures avant de trouver ces deux lignes. » Buffon [3] complète le renseignement : « il était si vif que, la « plupart du temps, il oubliait ce qu'il voulait dicter, « en sorte qu'il était obligé de se resserrer dans le « moindre espace possible. »

Mais une fois la dictée faite, il modifiait seul les détails de style et point le fonds des idées. On connaît sa réponse à d'Alembert qui lui demandait de traiter, pour l'*Encyclopédie*, les mots « république » et « despotisme : »

« J'ai tiré sur ces articles, de mon cerveau, tout « ce qui y était. L'esprit que j'ai est un moule, on « n'en tire jamais que les mêmes portraits. Ainsi, je « ne vous dirais que ce que j'ai dit et peut-être plus « mal que je ne l'ai dit. Moi, je ne puis pas me « corriger, parce que je chante toujours la même « chose [4]. »

Du reste, Montesquieu, qui était épicurien dans le

1. *Mélanges*. Paris, Pougens, 1798, t. II, p. 47.
2. Livre V, chap. XIII.
3. Hérault de Séchelles, *Voyage à Montbard*.
4. Lettre de Montesquieu du 16 novembre 1753.

sens le plus philosophique, n'abusa jamais de ses
secrétaires. Dès que la fatigue était sur le point de
venir, il cessait de dicter, de méditer, pour lire, causer ou faire une promenade[1]. On retrouve l'homme
qui avait écrit : « Belle parole de Sénèque : *sic
« præsentibus utaris voluptatibus, ut futuris non
« noceas*[2]. »

Des collaborateurs aussi différents et des méthodes
de travail aussi singulières lui permirent enfin de se
mettre à l'*Esprit des Lois.*

1. D'Alembert, *Eloge de Montesquieu.*
2. *Pensées diverses.*

Composition, lectures préalables et impression de l'*Esprit des Lois*.

Après la publication des *Lettres persanes*, Montesquieu avait commencé l'*Esprit des Lois*, vers 1724, et en avait trouvé, chez les Anglais, en 1730, la partie dogmatique, avant la composition de la *Grandeur des Romains*, puisqu'une note [1] de cet ouvrage parle de ses trois espèces de gouvernement.

Dès 1736, d'Argenson, qui s'était lié avec l'auteur au club de l'Entre-Sol, nous apprend qu'il connaissait des morceaux assez nombreux de cet ouvrage, car il en dit avec perspicacité [2] : « Je crains bien que l'en- « semble n'y manque et qu'il n'y ait plus de chapitres « agréables à lire, plus d'idées ingénieuses et sédui- « santes que de véritables et utiles instructions sur la « façon de rédiger et d'entendre les lois. »

La correspondance de Montesquieu établit qu'il ne s'adonna à son chef-d'œuvre qu'à partir de 1743, loin de Paris, non distrait par les dîners et les soupers,

1. Chap. IX, *in fine*.
2. *Loisirs d'un ministre*, Liége, 1787, In-8.

les spectacles ou les visites, pourvu de toutes ses notes, riche de nombreux extraits, au milieu d'une savante bibliothèque : ce fut un travail continuel, pendant deux années, et l'ensemble du livre fut dégrossi.

Alors il convoqua à en écouter la lecture son fils et l'abbé de Guasco, chez le président Barbot, dont j'ai ci-dessus parlé comme ils le méritent.

La réunion eut lieu le vendredi 12 février 1745, dans une des ailes de l'hôtel Bel, sur l'Esplanade de Bordeaux[1].

Montesquieu commença la lecture à dix heures précises du matin, et après une interruption nécessitée par le dîner, la continua jusqu'au soir; ainsi de suite pendant plusieurs jours. Les trois amis avaient la liberté absolue de juger et de critiquer. Dès que l'un d'eux faisait quelque remarque, l'auteur se montrait le plus facile du monde pour corriger, changer ou éclaircir. Car, comme Chateaubriant, il était inflexible aux critiques générales, mais les observations de détail le trouvaient toujours très-docile.

Au mois d'août 1745, la dernière main était mise aux treize premiers livres. On trouve dans la correspondance de Montesquieu les alternatives qui accompagnent la fin de tout grand labeur. Tantôt : « Ma vie avance et l'ouvrage recule[2], » tantôt : « Depuis trois

1. Lettre de Montesquieu du 10 février 1745, et notes de Guasco.
2. 16 janvier 1746 (45).

jours j'ai fait l'ouvrage de trois mois [1], » ou : « Mon travail s'appesantit [2]. »

L'*Esprit des Lois*, au mois de juin 1747, était achevé et mis au net ; Guasco même en avait reçu une copie pour en faire la traduction. Elle est restée malheureusement inédite, car elle permettrait de rétablir des passages que la censure du gouvernement et la prudence de l'auteur l'ont obligé de supprimer [3].

Montesquieu, son manuscrit à la main, s'en alla à Paris le soumettre au jugement de personnes compétentes [4]. On ignore où eut lieu le comité de lecture. Je vais parler des membres qui le composaient et qui avaient été pris à dessein dans des spécialités diverses : Hénault, président honoraire au parlement, membre de l'Académie française et de celle des belles-lettres, surintendant de la reine, venait de publier son *Abrégé chronologique*, qui est un chef-d'œuvre d'histoire ; Silhouette était alors commissaire du roi près la compagnie des Indes et avait une si grande réputation d'expérience dans les affaires d'argent, que Louis XV le nomma, un jour, intendant des finances ; Helvétius, après s'être fait connaître par des vers de société, était fermier général, préparait le livre de l'*Esprit*, et Mon-

---

1. Paris, 1746.
2. Lettre de Montesquieu du 1er mars 1747
3. Lettre de Montesquieu du 17 juil. 1747.
4. Laplace, *Pièces intéressantes et peu connues*, 1785-90, t. V, p. 367 ; — *Œuvres posthumes* de Montesquieu, 1 vol. in-12. Paris, an VI, p. 420 ; — Bernadau, *Tableau de Bordeaux*, in-8, 1810, p.

tesquieu[1] disait de lui : « Je sens que c'est un homme au-dessus des autres. » Saurin, avant de se faire une réputation par ses œuvres dramatiques, passait parmi les gens de lettres pour un esprit étendu, juste et profond, qui avait des connaissances variées, du goût et des mœurs. Il y avait encore Crébillon le romancier, et Fontenelle, le père du dix-huitième siècle. Hénault, opinant le premier, dit que l'ouvrage n'était pas achevé, quoique les matériaux fussent sublimes. Silhouette conseilla de le brûler. Crébillon et Fontenelle l'engagèrent à ne pas publier un livre qui ne leur semblait pas dans le bon genre de la littérature française. Helvétius, d'accord avec Saurin, voulut faire plus ; il écrivit leur opinion motivée[2].

Vous composez avec le préjugé, comme un jeune homme entrant dans le monde en use avec les vieilles femmes qui ont encore des prétentions et auprès desquelles il ne veut qu'être poli et paraître bien élevé. Mais aussi ne les flattez-vous pas trop ? Passe pour les prêtres. En faisant leur part de gâteau à ces cerbères de l'Eglise, vous les faites taire sur votre religion ; sur le reste, ils ne vous entendront pas. Nos robins ne sont en état ni de vous lire ni de vous juger. Quant aux aristocrates et à nos despotes de tout genre, s'ils vous entendent, ils ne doivent pas trop vous en vouloir ; c'est le reproche que j'ai toujours fait à vos principes.

Saurin fut inquiet de cette lettre. Helvétius le rassura ainsi : « J'ai enveloppé mon jugement de tous les

---

1. Lettre à Helvétius, 11 novembre 1749.
2. *Œuvres complètes de Montesquieu*, édit. Laboulaye. Paris, Garnier, 1876, t. VI.

« égards de l'intérêt et de l'amitié. Soyez tranquille ;
« nos avis ne l'ont point blessé. Il aime dans ses amis
« la franchise qu'il met avec eux. Il souffre volontiers
« les discussions, y répond par des saillies et change
« rarement d'opinion... Son beau génie l'avait élevé
« dans sa jeunesse jusqu'aux *Lettres persanes*. Plus
« âgé, il semble s'être repenti d'avoir donné à l'envie
« ce prétexte de nuire à son ambition. Il s'est plus
« occupé à justifier les idées reçues, que du soin d'en
« établir de nouvelles et de plus utiles... Les lumières
« que les philosophes auront répandues éclaireront
« tôt ou tard les ténèbres dont ils envelopperont les
« préjugés ; et notre ami Montesquieu, dépouillé de
« son titre de sage et de législateur, ne sera plus
« qu'un homme de robe, gentilhomme et bel esprit.
« Voilà ce qui m'afflige pour lui et pour l'humanité,
« qu'il aurait pu mieux servir. »

Son ami Barbot prononça le vrai mot de la situation : « Président, laissez-les dire, ils ne vous enten-
« dent pas ; imprimez et vous irez plus loin qu'eux [1], »
et Montesquieu répliqua : « Si cet ouvrage a du succès,
« je le devrai beaucoup à mon sujet ; cependant je ne
« crois pas avoir manqué de génie [2]. »

Alors fut écrite la préface de l'*Esprit des Lois*,
qui est si réservée, si religieuse, si patriotique et si
humaine.

---

1. Bernadau, *Tableau de Bordeaux*, in-18. Bordeaux, 1810.
2. *Pensées diverses.*

Il fallait passer à l'impression. J'ai trouvé, à ce sujet, des détails peu connus dans une lettre [1] écrite en 1785 par un professeur de l'école militaire, ancien secrétaire du marquis d'Ussé, nommé Detz.

C'était au retour d'une visite au maréchal de Belle Isle, à son château près de Meulan. Montesquieu, qui avait envoyé son carrosse en avant, marchait à pied, les bras croisés derrière le dos, selon son habitude. La route était peu distante du bord de la Seine. Tout à coup, il la quitta pour prendre un sentier qui conduisait droit au fleuve. Par bonheur, Detz passait par là. Il connaissait Montesquieu pour l'avoir vu chez le marquis d'Ussé, son maître, et le savait aussi myope que distrait. Il accourt, et, le tirant par derrière, il empêche de tomber dans l'eau le grand homme, qui n'en était qu'à deux ou trois mètres. A quelque temps de là, et, en récompense, Montesquieu lui donna son manuscrit de l'*Esprit des Lois* pour le faire imprimer à son profit. Detz le porta à plusieurs libraires; mais, après l'avoir fait lire par des magistrats, aucun n'en voulut risquer les frais, car il s'agissait d'une dépense de 10 à 12,000 livres. Enfin, un attaché à la maison du lieutenant général, nommé Corbie, plus riche que Detz et plus avisé que les libraires, en fit l'avance : ce qui lui procura 5,000 écus de rente. Le fait est vraisemblable; j'attends qu'il soit réfuté pour cesser d'y croire.

---

1. *Archives de la Bibliothèque de Bordeaux.*

Dans tous les cas, le lieu et le mode d'impression étaient réservés à l'auteur. La Hollande avait eu ses *Lettres persanes* et sa *Grandeur des Romains;* pourquoi ne lui aurait-il pas donné son *Esprit des lois?* Il y songea d'abord, ensuite il eut « des raisons très-fortes « pour n'en point tâter, encore moins de l'Angleterre [1], » à ce qu'il dit, dans sa correspondance. Le Piémont, à cause de Guasco, le séduisit un instant; il hésita plus tard entre Soleure, Bâle et Genève.

Son choix s'arrêta sur cette dernière ville. Elle était sous le rapport de l'imprimerie une sorte de port franc [2] qui, en vertu d'anciens priviléges, pouvait faire entrer ses produits en France. Un autre motif décida Montesquieu : il avait connu à Rome un savant Genèvois, professeur de théologie et ministre de l'Église réformée, nommé Jacob Vernet [3], et l'avait apprécié surtout depuis ses démêlés avec Voltaire. Chose remarquable! les *Lettres persanes* avaient eu pour prote un abbé, et la *Grandeur des Romains* un jésuite; l'*Esprit des Lois* allait avoir un pasteur protestant.

Le résident de Suisse en France, Mussard [4], se chargea de porter le manuscrit. Montesquieu [5] pensa

1. Lettre du 6 décembre 1746.
2. Gaullieur, *Études sur l'Histoire littéraire de la Suisse française*, in-8. Genève, Cherbulliez, 1856.
3. *Mémoires historiques sur la vie et les ouvrages de M. J. Vernet*, in-8. Paris et Genève, 1790.
4. Palissot, *Mémoires*, 1771, p. 317. — Sayous, *Dix-huitième siècle à l'étranger*, Didier, Paris.
5. Lettre de Montesquieu. Paris, 4 mai 1747.

d'abord à mettre son ouvrage en six volumes in-12 ou en trois volumes in-8°; il se décida enfin à en faire deux in-4°.

Au sujet de l'impression, voilà ce qu'un ami de l'éditeur nous apprend [1] :

Vernet fut en correspondance réglée avec l'illustre auteur, qui lui envoya de jour en jour ses additions et corrections. J'ai entre les mains les premières variantes de l'*Esprit des Lois*, elles sont curieuses. Montesquieu avait si fortement médité son sujet qu'il n'eut aucune idée importante à modifier ; mais il était singulièrement attentif au choix des tours et des expressions, il priait souvent son éditenr de faire substituer un certain mot à un autre, et, dans ces légers changements... On voit avec quel goût il composait ; il voulait allier les grâces du style et la précision, la profondeur et l'élégance; il voulait satisfaire tout à la fois l'esprit et l'oreille. Que n'a-t-on ces corrections successives pour étudier les finesses de la langue?

L'auteur avait prié l'éditeur de lui faire librement les observations qu'il croirait convenables. « Vernet se « crut permis, dit Guasco [2], de changer quelques mots « qu'il ne croyait pas français, parce qu'ils n'étaient « pas en français de Genève. » Montesquieu [3] écrivit en 1749 à Hume : « Je fais faire une copie des correc- « tions que j'ai envoyées en Angleterre et à Paris, de « la première édition de Genève, en 2 volumes in-4°, « qui est très-fautive. » Il y a des mots et même des

1. Mémoires sur J. Vernet, *ubi supra*.
2. Note de Guasco sur la lettre de Montesquieu du 30 mai 1747.
3. Le 3 septembre 1749. — Hill. Burton, *Life and correspondance of Hume*. London, 1846, vol. 1, p. 456.

lignes sautés. Cependant, comme l'édition de Paris, à quelques corrections près, est semblable à celle de Genève, on doit croire que Montesquieu fut content de Vernet [1].

Pourtant [2] deux désaccords s'élevèrent entre les correspondants. Une fois, l'auteur voulait placer à la tête du XXᵉ livre de l'*Esprit des Lois* une invocation aux muses ; l'éditeur la trouvait charmante mais déplacée dans un tel ouvrage, et n'obtint gain de cause qu'au bout de quinze jours.

L'autre conflit est plus grave : le manuscrit contenait « sur les lettres de cachet » un chapitre où elles étaient considérées comme une des armes les plus dangereuses du despotisme. Après avoir bien réfléchi, Montesquieu crut s'apercevoir que ni le gouvernement, ni le public n'étaient prêts encore à entendre ce qu'il y avait à dire sur cette matière, et il voulut absolument qu'on le supprimât : ce qui eut lieu.

Cette participation de Vernet à la publication de l'*Esprit des Lois* a fait dire [3] qu'il avait été le collaborateur réel de l'auteur : je n'ai rien à répondre à cette assertion.

Michelet [4] et Lerminier [5] ont prétendu aussi que le

---

1. Palissot, *Mémoires pour servir à l'histoire de notre littérature*, à la suite de la Duncade, 1771, p. 317.

2. *Mémoires* sur Vernet, in-8. Paris, 1790, *ubi supra*.

3. Gaullieur, *Études sur l'histoire littéraire de la Suisse française*, in-8. Genève, Cherbulliez, 1856.

4. Vico, *Œuvres choisies*. Traduction et introduction. Paris, Hachette, in-8, 1835.

5. Introduction générale à l'*Histoire du droit*, ch. XIV.

fonds des idées de l'*Esprit des Lois* avait été emprunté
à la *Science nouvelle*. Ce paradoxe a été réfuté par
MM. Sclopis[1] et Franck[2] avec une grande autorité :
« Il n'y a aucun indice que Montesquieu, dans ses
« voyages, ait connu les ouvrages de Vico, dit l'un; »
l'autre ajoute : « Cela me paraît d'autant moins pro-
« bable que les travaux de Vico étaient à cette époque
« presque ignorés des Italiens eux-mêmes. »

On désire ajouter un mot pour les diplomates. Le
manuscrit de l'*Esprit des Lois* contenait un chapitre
sur le « Stathoudérat[3], » où l'auteur faisait voir la
nécessité d'un stathouder, comme partie intégrale
de la Constitution des Provinces-Unies. Mais alors
les Anglais venaient de faire nommer à ce poste le
prince d'Orange : ce qui déplaisait à la France, qui profitait du gouvernement acéphale des Hollandais pour
pousser ses conquêtes en Flandre. Montesquieu crai-
gnit[4] que ce passage ne fût mal accueilli dans sa patrie et ne l'envoya pas à Vernet. C'est bien là sa
prudence ordinaire, qu'on retrouve dans une lettre à
Guasco : « Je veux éviter toute occasion de chicane[5]. »

De ces trois morceaux supprimés, un seul, l'*Invocation aux Muses*, a été retrouvé et publié. Où sont les

1. Recherches sur l'*Esprit des Lois*, in-8. Turin, 1857.

2. *Revue contemporaine*, 1858.

3. Guasco, notes sur la lettre de Montesquieu du 17 juillet 1747.

4. Lettre du 17 mai 1747. — Raynal venait de publier l'*Histoire
du Stathoudérat*, véritable manifeste contre les princes d'Orange.

5. 17 juillet 1747.

autres ? C'est affaire aux collectionneurs d'autographes.

Les gouvernements crient volontiers contre la littérature de leur temps, comme s'ils n'avaient pas celle qu'ils méritent ; c'est pourtant un axiome que le pouvoir exerce une influence sur les écrivains les mieux trempés et les plus originaux. Je ne connais pas d'exemple qui le prouve aussi bien que celui de Montesquieu.

La Régence n'a pas de miroir plus exact que les *Lettres persanes ;* le *Temple de Gnide* est un des champignons littéraires nés sous le ministère de M. le duc ; le cardinal de Fleury, en se montrant ombrageux pour les sujets nationaux et contemporains, jeta les gens de lettres dans les sujets anciens et étrangers, qu'ils remplissaient d'allusions comme en fourmille la *Grandeur des Romains.* Il est donc intéressant de voir qui gouvernait la France, quand fut composé et quand parut l'*Esprit des Lois.*

XIX

Depuis 1745, le pouvoir était aux mains d'une femme extraordinaire[1] : cheveux châtains bouclés court, yeux étincelants, teint rosé, joues à fossettes, sourire enivrant, dents de perle, corsage voluptueux, le reste à l'avenant, avec un air folâtre ou impérieux à volonté; d'ailleurs, vingt-cinq ans à peine.

A ces charmes extérieurs, la nature avait joint les charmes de l'intelligence, développés par l'éducation et raffinés par le luxe. Jeliotte lui avait appris à chanter et à toucher du clavecin; Guibaudet, à danser ; Crébillon, à jouer la comédie; Gai, à graver; Quesnay, à parler d'économie politique, et le diable à s'habiller.

Au surplus, elle était riche comme son fournisseur de père, sceptique comme sa proxénète de mère, irréligieuse comme son complaisant mari, élégante comme

---

1. Correspondance de madame de Pompadour, éditée par P. Malassis, in-8, Paris, Baur, 1877. — E. et J. de Goncourt, les *Maîtresses de Louis XV*.

Boucher et spirituelle comme Marivaux. Il ne lui manquait que ce qui ne se donne pas, la distinction et
la grandeur.

On la voit, dans l'espoir de s'anoblir, se faire créer
marquise ; pour se venger du dédain de la haute société, protéger les gens de lettres et les artistes ; tantôt favoriser les jansénistes et les parlementaires jusqu'à ce qu'ils menacent la puissance royale, tantôt
seconder les philosophes contre les jésuites, sauf à
s'en plaindre si la secte devient trop hardie : «... Qu'est
« devenue notre nation ? disait-elle[1]. Les parlements,
« les encyclopédistes, etc., etc., l'ont absolument chan-
« gée. Quand on manque assez de principes pour ne
« reconnaître ni divinité, ni maître, on devient bientôt
« le rebut de la nature, et c'est ce qui nous arrive... »

Il est impossible de réunir autant de beauté, de talent, d'intrigue, d'égoïsme et d'imprévoyance qu'en
avait madame de Pompadour. Je me figure ainsi la
fille de M. Jourdain. C'est d'elle que date l'arrivée aux
affaires de cette bourgeoisie qui devait corrompre les
arts, protéger l'Encyclopédie, expulser les jésuites,
supprimer les parlements, réclamer les états généraux
et faire guillotiner Louis XVI ; le tout avec regret.

Pour le moment, la vieille France, dans la guerre
de succession d'Autriche (1745-1748), venait de jeter
son dernier éclat : le peuple en appelant son roi « le

1. Lacretelle, *Histoire du dix-huitième siècle.* Paris, 1812, t. IV,
p. 47. Lettre de Madame de Pompadour au duc d'Aiguillon.

bien-aimé, » la noblesse en gagnant les batailles de
de Fontenoy, de Raucoux et de Lawfeld, et Louis XV
en signant la paix infructueuse, mais honorable,
d'Aix-la-Chapelle.

On était donc, en 1748 et sous Cotillon II, comme
disait le roi de Prusse. L'ironie cédait la place à l'affir-
mation. Les écrivains, n'étant plus forcés de dissi-
muler leurs idées sous des formes légères, se mirent
à dogmatiser. Buffon allait donner l'*Histoire naturelle*,
Diderot les *Lettres sur les aveugles et les sourds-muets*,
Condillac le *Traité des sensations*, Voltaire l'*Essai
sur les mœurs*, Rousseau les *Discours contre l'inégalité des conditions et contre les sciences*, Quesnay le
Droit naturel et les Encyclopédistes leur *Prospectus*.

Le livre de Montesquieu parut alors à Genève, en
2 volumes in-4° sans date, chez Barillot, sous ce titre :
DE L'ESPRIT DES LOIX *ou du Rapport que les Loix doivent avoir avec la constitution de chaque gouvernement, mœurs, climat, religion, commerce, etc.; à quoi
l'auteur a ajouté des recherches sur les loix romaines
touchant les successions, sur les loix françaises et
sur les loix féodales.*

Il avait pour épigraphe : *Prolem sine matre crea-
tam.* On[1] a beaucoup cherché la signification de cet hé-
mistiche d'Ovide. Les traducteurs[2] d'Aristote et de

---

1. *Mémoires de l'Académie de Caen*, in-8, 1860 ; Demiau de
Crouzillac, *Recherches sur l'épigraphie de l'Esprit des lois.*
2. Barthélemy Saint-Hilaire, *Politique d'Aristote*, préface ; — Villemain, *Discours sur la République de Cicéron.*

Cicéron, donnant un sens assez étrange[1] au mot *mater*, et expliquant cette devise par « livre sans modèle, » l'ont traitée de « présomptueuse. » Madame Necker[2] et Suard[3] tenaient leur explication de Montesquieu. « Pour faire de grands ouvrages, leur a-t-il « dit, deux choses sont utiles : un père et une mère, « le génie et la liberté... Mon ouvrage a manqué de « cette dernière. »

Qu'on m'excuse ! Il me semble utile de donner ici une analyse de ce livre, non pour en tenir lieu, mais au contraire pour encourager à le lire ; elle peut-être bonne à l'intelligence de mon travail. Les principales sont de Maleteste[4], de Bertolini[5] de d'Alembert[6] et de Riaux[7]. Je tâcherai d'en donner une plus concise et plus près du texte.

L'*Esprit des Lois* contient trente et un livres, partagés eux-mêmes en un grand nombre de chapitres. Car Montesquieu multiplie les divisions, afin de frapper davantage l'attention, c'est-à-dire pour piquer les esprits légers qui préfèrent sauter d'un sujet à un autre et pour se concilier les gens graves qui aiment mieux méditer une pensée que de lire un morceau.

1. Ed. Cougny, *Revue politique et littéraire*, 30 juin 1877.

2. *Nouveaux Mélanges*. Paris, Pougens. in-8, 1801, t. I, p. 190.

3. Sainte-Beuve, *Nouveaux lundis*, t XII, sur l'Académie française. — M. Nourrisson, Académie des sciences morales, 11 août 1877.

4. Œuvres diverses d'un ancien magistrat. Londres, 1784, in-8.

5. *Analyse raisonnée*, in-8. Genève, 1771.

6. *Encyclopédie*, V⁰ volume.

7. *Dictionnaire des sciences philosophiques*, par M. Ad. Franck, Paris. Hachette, 1875. V⁰ Montesquieu.

Notre publiciste ne prétend pas développer un projet de constitution, donner un code de législation ou décrire une société idéale. Son but, à la fois plus spéculatif et plus pratique, est d'étudier les lois tant civiles que politiques, dans leurs origines, dans l'ordre sur lequel elles sont établies, dans leur rapport avec la nature des gouvernements, le climat des pays, le genre de vie des peuples, leur religion, leurs richesses, leur nombre, leur commerce, leurs mœurs, leurs manières. Son désir est de présenter à chaque nation « les raisons de ses maximes » et à tout le monde « de « nouvelles raisons pour aimer ses devoirs, son prince, « sa patrie, ses lois [1]... »

Le premier livre de l'ouvrage est intitulé : *Des lois en général*. D'abord Montesquieu donne sa définition célèbre : « les lois, dans la signification la plus éten- « due, sont les rapports nécessaires qui dérivent de la « nature des choses ; et, dans ce sens, tous les êtres ont leurs lois : la divinité a ses lois, le monde matériel a ses lois, les intelligences supérieures à l'homme ont leurs lois, les bêtes ont leurs lois, l'homme a ses lois. » Des principes aussi formels s'opposent à ce que l'établissement et le maintien des sociétés aient un fondement artificiel et reconnaissent comme un fait nécessaire l'existence de Dieu et le gouvernement de la Providence ; en vertu de quoi « chaque diversité « est uniformité, chaque changement est constance. »

---

1. *Esprit des Lois*. préface.

Les lois, en général, peuvent être divisées en deux espèces, les lois naturelles et les lois positives. Les lois naturelles sont la paix dont l'origine est dans le premier sentiment de l'homme, sa faiblesse et par conséquent la crainte. Le besoin de la conservation, l'attrait des sexes l'un pour l'autre et le désir de vivre en société sont les autres lois naturelles. Les lois positives sont le droit des gens, le droit politique et le droit civil. Les lois positives ont pour origine la société qui est l'ensemble des nations, des gouvernements et des citoyens. Les rapports des peuples entre eux s'appellent le droit des gens[1], les rapports entre les gouvernements et les gouvernés forment le droit politique et les rapports entre concitoyens constituent le droit civil. D'après le droit des gens, les diverses nations doivent se faire dans la paix le plus de bien et dans la guerre le moins de mal possible, sans nuire à leurs véritables intérêts, et l'objet de la guerre doit être la conservation.

Les lois politiques et civiles doivent être propres au peuple pour qui elles sont faites et se rapporter à la nature et au principe du gouvernement. Elles doivent être relatives au physique du pays, au climat, au

---

1. Montesquieu dit : « La loi en général est la raison humaine, en tant qu'elle gouverne tous les peuples de la terre ; et les lois politiques et civiles de chaque nation ne doivent être que les cas particuliers où s'applique cette raison humaine. » Il ajoute immédiatement, comme une conséquence de ce qu'il vient d'écrire : « Elles doivent être tellement propres au peuple pour lequel elles sont faites, que c'est un très grand hasard si celles d'une nation peuvent convenir à une autre. » Liv. I, ch. II.

terrain, au caractère, à la religion, aux mœurs, aux
manières du peuple.

Le livre II traite *des lois qui dérivent de la nature
du gouvernement.*

Il y a trois formes de gouvernement. La *république*
qui devient une démocratie quand le peuple en corps
a la souveraine puissance, et une aristocratie quand
cette puissance est entre les mains d'une partie du
peuple.

Dans la démocratie, il faut établir le droit de suffrage par le sort et la manière de le donner, régler et
corriger le sort, rendre les suffrages publics, fixer le
nombre des électeurs, diviser le peuple par classes, le
charger d'élire ses ministres et de nommer les membres du conseil suprême.

Dans l'aristocratie, les suffrages doivent être donnés
par le choix et être secrets; il faut un sénat qui ne
pourvoie pas lui-même à combler ses vides; le peuple
doit avoir une certaine influence sur le gouvernement,
et les lois doivent tendre à ce que l'aristocratie approche de la démocratie.

La nature de la monarchie est qu'un seul gouverne
par des lois fixes et établies. Elle repose sur des pouvoirs intermédiaires subordonnés et dépendants, la
noblesse, le clergé, les villes qui maintiennent l'équilibre entre le monarque et le peuple. Il faut encore
dans ce gouvernement des corps politiques qui an-
noncent les lois quand elles sont faites et les rappelle
quand on les oublie.

Le despotisme est le gouvernement d'un seul, sans loi et sans règle, qui entraîne tout par sa volonté et ses caprices. Celui qui exerce seul le pouvoir ne le délègue qu'à un seul : un vizir dans cet état est donc l'unique loi fondamentale.

Dans le III° livre, Montesquieu définit *les principes des trois gouvernements*. Selon lui, la nature d'un gouvernement est ce qui le fait être tel, ce qui constitue son essence ; le principe d'un gouvernement, ce sont les passions qui le font mouvoir ; la nature est la structure, le principe est le ressort principal. Le gouvernement républicain a pour principe la vertu, c'est-à-dire l'amour de la patrie et de l'égalité, qui est nécessaire dans l'aristocratie et indispensable dans la démocratie. L'honneur, qui est l'ambition et l'amour de l'estime, est le principe de la monarchie. Dans le gouvernement despotique, où le prince est tout, le principe est la crainte.

Les lois de l'éducation forment le livre IV. Ces lois sont les premières que nous recevons. Elles doivent être relatives au principe du gouvernement, et avoir pour objet, selon l'état pour lequel elles sont faites, la *Vertu*, l'*Honneur* ou la *Crainte*[1]. Dans les monarchies, c'est

1. Lire dans le *Mercure de France*, juillet 1751, un *éclaircissement sur un passage du livre de l'*Esprit des lois de M. de M... sur l'honneur, la vertu et la crainte*. Cet article paraît avoir été inspiré par Montesquieu lui-même. En voici le commencement :

« On a demandé une définition précise et mieux expliquée du terme d'*honneur*, tel qu'il est employé dans le livre de l'*Esprit des Lois*; on l'y donne comme le grand ressort des monarchies, comme la *vertu*

dans le monde et non dans les écoles, que l'on reçoit
la principale éducation. Elle doit y élever le cœur, et
elle y a trois principes : mettre dans les vertus une
certaine noblesse, dans les mœurs une certaine franchise, dans les manières une certaine politesse. Dans
les gouvernements despotiques, l'éducation ne cher-

est celui des républiques, et comme la *crainte* est dans le gouvernement despotique.

« Opposant ces trois mobiles les uns aux autres, l'*honneur* ne serait
donc pas la *vertu*, ni la vertu l'honneur ; mais en y réfléchissant, nous
trouvons qu'ils peuvent s'identifier en partie et différer d'ailleurs,
sans se trouver en opposition ; et dans leur alliage et leurs différences,
l'honneur ne contiendra rien de vicieux, ni les monarchies rien d'inférieur aux républiques.

« On a dit de la science, qu'*elle n'est rien, si d'autres que vous ne
savent pas que vous êtes savant :* n'en pourrait-il pas être de même
de la *vertu*, dans le sens où cela est dit de la science ? Véritablement
cet *adage* n'est pas d'une parfaite justesse, on y donne l'exclusion à ce
qui n'est qu'un degré de moins de perfection, il fallait dire que *la
réputation du savoir ajoute au mérite de l'être ;* mais cesse-t-on d'être
savant parce qu'on n'est pas connu comme tel, et ne peut-on pas le
devenir dans l'obscurité ? Le temps y est plus grand et plus employé
à l'étude ; mais d'un autre côté la réputation accroît l'émulation, et
la communication perfectionne nos lumières, nos disciplines et le
fruit de nos études : voilà ce qu'on a voulu dire avec plus d'énergie
que de justesse.

« La *Vertu* peut recevoir les mêmes progrès et les mêmes inconvénients de l'obscurité et de la lumière, c'est véritablement un de ses
attributs de se suffire à elle-même ; le mépris des éloges et des honneurs (qu'elle appelle vains) l'élève et le rend encore plus estimable ;
mais une perfection de moins, n'altère point l'essence des choes.
L'homme vertueux, mais ignoré dans les monarchies, devient inutile
à sa patrie, car il n'est point avancé aux charges publiques ; il ne
doit donc plus être compté parmi ces ressorts de prospérité de ce
gouvernement : loin d'être employé, il est rejeté des cours, il con-
tracte une humeur chagrine, qui le rend critique et fâcheux ; le petit
nombre de ses concitoyens qui le connaissent, en prennent occasion
de blâmer le gouvernement, etc. »

chant qu'à abaisser le cœur, doit être servile. La vertu, dans une république, demandant à chaque citoyen de sacrifier son intérêt à l'intérêt public, l'éducation doit chercher à y inspirer l'amour du gouvernement.

Le livre V montre *que les lois, que le législateur donne, doivent être relatives au principe du gouvernement.* L'état républicain doit tendre dans la démocratie, à l'égalité et à la frugalité ; dans l'aristocratie à maintenir l'esprit de modération. Comme la monarchie ne peut exister sans la noblesse, elle doit la soutenir et la rendre héréditaire. Montesquieu dit : « Quand les sauvages de la Louisiane veulent avoir « du fruit, ils coupent l'arbre au pied et cueillent le « fruit. Voilà le gouvernement despotique. »

Dans le livre VI, l'auteur indique les *conséquences des principes des divers gouvernements par rapport à la simplicité des lois civiles et criminelles, la forme des jugements et l'établissement des peines.* Les lois dans l'état despotique doivent être simples. Dans l'état monarchique et dans le républicain, il faut qu'elles soient plus compliquées ; car à mesure qu'on fait plus de cas des biens de l'honneur et de la vie des hommes, il faut plus de précautions et par conséquent plus de lenteur à juger. Certes les peines tiennent aussi à la nature du gouvernement, mais leur but étant de prévenir tout ce qui peut nuire à la paix de la société, elles doivent être adoucies et proportionnées au crime ; la clémence même est nécessaire.

Le livre VII *montre les conséquences des diffé-*

rents principes des trois gouvernements par rapport au luxe, aux lois somptuaires et à la condition des femmes. Le luxe doit être proscrit des républiques. Il en faut dans les états despotiques; il en faut surtout dans les monarchies. Les lois somptuaires sont inutiles dans les gouvernements despotiques, elles sont fort bonnes dans les républiques; quant aux monarchies les riches doivent y faire la dépense conforme à leur fortune, sinon les pauvres ne sauraient y subsister. Dans les monarchies, les femmes font régner le luxe et la vanité; dans le despotisme, elles sont un objet de luxe mais elles ne l'introduisent pas; dans les républiques, les femmes sont captives par les mœurs, aussi le luxe est-il banni de ces états avec le vice qui le suit.

Le livre VIII traite de *la corruption des principes des trois gouvernements.* La corruption du gouvernement commence presque toujours par celle de son principe. La démocratie a deux sources de corruption, l'esprit d'inégalité qui mène à l'aristocratie et l'esprit d'égalité extrème qui conduit au despotisme. L'aristocratie se détruit quand le pouvoir des nobles devient arbitraire. La monarchie se corrompt si elle enlève aux corps leurs prérogatives et leurs privilèges et rapporte tout à elle. Quant au gouvernement despotique, son principe se corrompt sans cesse, parce qu'il est corrompu par sa nature.

Les lois dans le rapport qu'elles ont avec la force défensive et les lois dans le rapport qu'elles ont avec la force offensive, forment les livres IX et X. Chaque état doit s'occuper d'abord de pourvoir à sa sùreté; son grand moyen est l'affaiblissement de ses voisins. La guerre ne doit être faite que pour se défendre, l'esprit de conquête n'est excusable que s'il a pour but d'améliorer le peuple conquis.

Les livres XI et XII traitent *des lois qui forment la liberté politique dans son rapport avec la constitution et avec le citoyen.* Chacun a attaché au mot de liberté l'idée qu'ils s'en est formée d'après le gouvernement sous lequel il vivait. « La liberté est le droit de faire tout ce que les lois permettent[1]. » Le seul moyen de l'établir

1. Voici toute la définition de la liberté politique par Montesquieu :

Il est vrai que dans les démocraties le peuple paraît faire ce qu'il veut, mais la liberté politique ne consiste point à faire ce que l'on veut. Dans un État, c'est-à-dire dans une Société où il y a des lois, la liberté ne peut consister qu'à pouvoir faire ce que l'on doit vouloir, et à n'être point contraint de faire ce que l'on ne doit pas vouloir.

Il faut se mettre dans l'esprit ce que c'est que l'indépendance, et ce que c'est que la liberté. La liberté est le droit de faire tout ce que les lois permettent; et si un citoyen pouvait faire ce qu'elles défendent, il n'y aurait plus de liberté, parce que les autres auraient tout de même ce pouvoir.

La démocratie et l'aristocratie ne sont point des états libres par leur nature. La liberté politique ne se trouve que dans les gouvernements modérés : elle n'y est que lorsqu'on n'abuse pas du pouvoir; mais c'est une expérience éternelle, que tout homme qui a du pouvoir est porté à en abuser; il va jusqu'à ce qu'il trouve des limites. Qui le dirait ! la vertu même a besoin de limites.

Pour qu'on ne puisse abuser du pouvoir, il faut que, par la disposition des choses, le pouvoir arrête le pouvoir. Une constitution peut être telle que personne ne sera contraint de faire les choses auxquelles la loi ne l'oblige pas, et à ne point faire celles que la loi permet. (Liv. XI, ch. III et IV.)

et de la conserver, dans un état, est de faire une distribution des pouvoirs telle que la force de l'un tienne la force de l'autre dans un équilibre parfait. La liberté existe surtout en Angleterre parce qu'elle y est l'objet direct de la constitution.

La liberté politique, dans son rapport avec le citoyen, consiste dans la sûreté ou dans l'opinion qu'on a de sa sûreté. La constitution peut être libre et le citoyen ne l'être pas; dans ce cas la constitution sera libre de droit et non de fait. D'un autre côté, le citoyen peut être libre et la constitution ne l'être pas : dans ce cas le citoyen sera libre de fait et non de droit. La liberté du citoyen dépend donc principalement de la bonté des lois criminelles.

Le livre XIII, qui est comme un appendice des deux précédents, s'occupe *des rapports que la levée des tributs et la grandeur des revenus publics ont avec la liberté.* La régie est supérieure à la ferme pour la levée des impôts, et ils peuvent être plus forts à mesure que la liberté augmente.

Le livre XIV a pour objet la célèbre question *des lois dans le rapport qu'elles ont avec la nature du climat.* Les hommes sont différents dans les divers climats, donc le législateur doit chercher à déterminer les vices du climat[1].

---

1. Les principaux aphorismes de Montesquieu à ce sujet sont :

S'il est vrai que le caractère de l'esprit et les passions du cœur soient extrêmement différents dans les divers climats, les lois doivent

Les livres XV, XVI [1] et XVII expliquent *comment les lois de l'esclavage civil, celles de l'esclavage domestique et celles de la servitude politique, ont du rapport avec la nature du climat.* Elles doivent chercher à en ôter les abus et les dangers. Le chapitre v du livre XV, sur l'*Esclavage des Nègres*, est un chef-d'œuvre d'ironie : on n'a jamais stigmatisé avec une indignation plus amère et plus éloquente la doctrine des partisans de la traite des noirs.

Les lois dans le rapport qu'elles ont avec la nature du terrain, avec les principes qui forment l'esprit général les mœurs et les manières d'une nation, avec le commerce, avec l'usage de la monnaie, avec le nombre des habitants, sont traitées dans les livres XVIII, XIX, XI, XII et XXIII. Montesquieu y montre l'influence du terrain sur la liberté, y établit que tous les vices politiques ne sont pas des vices moraux et que tous les vices moraux ne sont pas des vices politiques ; fait l'éloge du commerce, explique l'usage de la monnaie et l'utilité de l'intérêt, enfin étudie la population avec une

être relatives et à la différence de ces passions, et à la différence de ces caractères.

Les peuples des pays chauds sont timides comme les vieillards le sont ; ceux des pays froids sont courageux comme le sont les jeunes gens.

Les mauvais législateurs sont ceux qui ont favorisé les vices du climat, les bons sont ceux qui s'y sont opposés.

Plus les causes physiques portent les hommes au repos, plus les causes morales les en doivent éloigner.

1. La chose du monde la meilleure par sa nature est l'attachement unique à sa famille. (l iv. XVI, ch. iv)

indépendance au-dessus de son siècle[1]. Ces livres, quels que soient les erreurs qu'ils contiennent font entrer l'économie politique dans l'histoire : service immense pour l'explication des problèmes sociaux[2].

Les livres XXIV et XXV s'occupent *des lois, dans le rapport qu'elles ont avec la religion établie dans chaque pays, considérée dans ses pratiques et en elle-même, et des lois dans le rapport qu'elles ont avec l'établissement de la religion de chaque pays, et sa police extérieure.* Bayle a prétendu qu'il valait mieux être athée qu'idolâtre. C'est un sophisme. Il est très utile qu'on croie à l'existence de Dieu : de l'idée qu'il n'existe pas suit l'idée de notre indépendance et de notre révolte. Quand il serait inutile que les sujets eussent une religion, il ne le serait pas que les princes en eussent et qu'il blanchissent d'écume le seul frein que ceux qui ne craignent point les lois humaines puissent avoir. La question n'est point de savoir s'il vaudrait mieux n'avoir pas de religion que d'abuser de celle qu'on a, mais bien, quel est le moindre mal, que l'on abuse quelquefois de la religion ou qu'il n'y

---

1. Autrefois chaque village de France était une capitale; il n'y en a aujourd'hui qu'une grande. Chaque partie de l'État était un centre de puissance; aujourd'hui tout se rapporte à un centre, et ce centre est, pour ainsi dire, l'État même. (Liv. XXIII, ch. xxiv.)

2. Un homme n'est pas pauvre parce qu'il n'a rien, mais parce qu'il ne travaille pas. Celui qui n'a rien et qui a un métier n'est pas plus pauvre que celui qui a dix arpents de terre en propre et qui doit les travailler pour subsister. L'ouvrier qui a donné à ses enfants son art pour héritage leur a laissé un bien qui s'est multiplié à proportion de leur nombre. (Liv. XXIII, chap. xxix.)

en ait point du tout. La nécessité de la religion ainsi
établie, Montesquieu étudie le rapport de la religion
avec le gouvernement, avec la morale, avec les lois
civiles, avec le climat, avec le genre de vie et les loca-
lités d'un pays.

Comme complément et application de ces prémisses,
l'auteur parle du motif d'attachement qu'on a pour les
diverses religions, de la police extérieure de la religion,
telle que les temples, les ministres, des richesses du
clergé, des monastères, du pontificat. Les moyens de
conserver la religion et la propagation, la tolérance en
fait de religion et les lois pénales en fait de religion,
complètent le sujet qui est traité en homme d'état [1].

Après avoir parcouru les problèmes qui touchent à
l'établissement des sociétés et au maintien des gouvernements, le livre XXVI s'occupe *des lois dans le rapport
qu'elles doivent avoir avec l'ordre de choses sur lesquelles elles statuent.* Il y a différents ordres de lois, tels
que le droit naturel, le droit ecclésiastique, le droit
des gens, le droit de conquête, le droit civil, etc., et
la sublimité de la raison humaine consiste à savoir
auquel de ces ordres principalement les choses sur
lesquelles on doit statuer et à ne point mettre de confusion dans les principes qui gouvernent les hommes.

Les deux livres suivants, le XXVII et le XXVIII,
intitulés : *Origine et révolution des lois des Romains*

---

1. La religion, même fausse, est le meilleur garant que les hommes
puissent avoir de la probité des hommes. (Liv. XXIV, chap. VIII.)

sur les successions, et Origine des révolutions des lois civiles chez les Français, contiennent l'histoire des diverses législations du moyen âge. Ils servent à expliquer certaines parties des législations modernes.

Enfin, dans le livre XXIX, on trouve traité *la manière de composer les lois*. Montesquieu l'a résumée ainsi : « Je le dis, et il me semble que je n'ai fait cet « ouvrage que pour le prouver : l'esprit de modération « doit être celui du législateur; le bien public comme « le bien moral, se trouve toujours entre deux li- « mites. »

En somme, la théorie et la philosophie de Montesquieu paraissent très clairement exprimées dans son célèbre livre XI. Le chapitre *des lois qui forment la liberté politique* est l'analyse d'un système de gouvernement que les politiques anglais s'étaient jusqu'alors contentés de pratiquer. La séparation des pouvoirs, le jugement par les pairs, la garantie de la liberté individuelle, l'établissement de deux chambres législatives, voilà quelles sont pour lui les conditions de la liberté politique. La constitution anglaise réunissant toutes ces conditions, il y trouve l'idée absolue d'un gouvernement, et tout le reste lui paraît utopie et rêve. A la fin du chapitre de la *Constitution d'Angleterre*, il l'avoue :

« Harrington, dans son *Océana*, a aussi examiné « quel était le plus haut point de la liberté où la con- « stitution d'un État peut être portée. Mais on peut « dire de lui qu'il n'a cherché cette ïïberté qu'après

« l'avoir méconnue, et qu'il a bâti Chalcédoine, ayant
« le rivage de Byzance devant les yeux. »

Les deux derniers livres de l'*Esprit des lois* ont
pour objet les *lois féodales chez les Francs*. C'est
l'étude des révolutions que les fiefs ont essuyées jusqu'au moment où les coutumes leur ont donné une
forme régulière. Montesquieu a déployé dans cet épisode, mal rattaché à son livre, une érudition battue en
brèche aujourd'hui ; mais ce qu'on n'a pas égalé ce
sont ses portraits d'Alexandre et de Charlemagne, et
sa perspicacité historique [1].

Tel est dans son ensemble et dans ses détails, cet
ouvrage qui, le premier, classa les gouvernements en
trois espèces, idéalisa le régime parlementaire, demanda des réformes dans les pénalités et formula le
principe de la séparation des pouvoirs. D'ailleurs, il
est composé avec toute la prudence d'un publiciste
et tout l'art d'un écrivain, conçu par un puissant historien et un moraliste sagace, enfin écrit avec une
modération de langage, une élévation de pensée et

---

1. Par exemple, Montesquieu, au milieu du dix-huitième siècle, a
prévu la grandeur future de l'Amérique du Nord, et il en a donné la
raison ; mais, pour reconnaître la prophétie, il faut y regarder de près ;
car voici comment elle est exprimée (*Esprit des Lois*, liv. XIX, ch. XXVII) :
  « Si cette nation (Montesquieu n'a donné nulle part le nom de cette
  « nation) habitait une île ;... si elle envoyait au loin des colonies, elle
  « le ferait plus pour étendre son commerce que sa domination.
  « Comme on aime à établir ailleurs ce qu'on trouve établi chez soi,
  « elle donnerait aux peuples de ses colonies la forme de son gouver-
  « nement propre ; et ce gouvernement portant avec lui la prospérité,
  « on verrait se former de grands peuples dans les forêts mêmes qu'elle
  « enverrait habiter. » (Laboulaye, *Revue de droit international*, 1869.)

une probité, qui commandent la soumission aux lois, l'amour de la patrie et l'admiration pour le christianisme. On sent que c'est un des chefs-d'œuvre de l'esprit humain[1], car il élève et éclaire notre intelligence, en nous entretenant de ce que l'auteur appelle « les grandes choses : la vie, la liberté, les biens et « toujours la religion[2]. »

D'ailleurs les vicissitudes de la publication de cet ouvrage sont curieuses à connaître.

---

1. P. Lacordaire, *Discours de reception à l'Académie française*, 24 janvier 1868 ; — Mignet, *Extraits et Notices.* Paris, Didier ; — Bonald, *Théorie du pouvoir.*

2. *Esprit des Lois*, l. XXIV, ch. III.

XX

Publication de l'*Esprit des Lois*. — Cartons. — Interdiction
et critiques.

Après que les lectures préalables, faites chez Helvétius, chez le président Hénault et ailleurs, eurent excité la curiosité la plus vive, Montesquieu donna, en septembre 1748, une édition refondue de la *Grandeur des Romains*, dont parlèrent toutes les feuilles périodiques[1], et s'en alla à La Brède.

En même temps, les deux volumes in-4° de l'*Esprit des Lois* sortirent de la presse suisse ; et on demanda au comte d'Argenson, directeur de la librairie française, la permission tacite de les introduire en France.

La censure était une institution dont les ministres se servaient quelquefois pour se défendre eux-mêmes, mais qui avait pour but utile et élevé de protéger contre la liberté de la presse les principes sociaux. Il y en avait de deux sortes : l'une s'exerçait sur les

---

1. *Correspondance de Grimm*, etc. Édit. Tourneux, Paris, Garnier, 1877, tome 1, p. 181.

livres imprimés en France ; l'autre sur les livres qui,
imprimés hors de France, voulaient y circuler.

Le grand moyen des censeurs était d'obliger les auteurs à mettre des *cartons* à leurs ouvrages.

Les *cartons* sont des feuillets substitués à d'autres,
qui contenaient des phrases, contraires au gouvernement, à la morale, à quelque chose ou à quelqu'un qui
veut être respecté. L'esprit des écrivains s'est souvent
affiné dans ces exigences de l'autorité, loin de s'a-
moindrir ; néanmoins les textes primitifs sont curieux
à connaître, et on comprend la valeur vénale et littéraire qui s'attachent aux volumes qui les contiennent.
Les plus intéressants, jusqu'ici, ont été ceux qui ont
précédé les cartons mis au *Don Juan* de Molière.

Je viens d'en trouver de plus piquants. Ils con-
cernent Montesquieu. Ce grand écrivain soumit tous
ses ouvrages à la Censure et toutes ses éditions originales en portent la marque.

Les quatorze cartons de l'*Esprit des Lois* sont si curieux que d'Argenson ne voulait pas que le public les
connut[1]. Voici les principaux.

Le texte qui les a précédés a été relevé sur deux
exemplaires. L'un, après avoir appartenu au Directeur
de la librairie en 1748, enrichit la bibliothèque de
l'Arsenal ; l'autre, qui est entre mes mains, a peut-être
été la propriété du censeur chargé, avant de le laisser

1. Voir dans les *Œuvres de Montesquieu*, (édit. Parelle, 8 vol.
1824), une lettre écrite à M. d'Argenson par un de ses agents et
attribuée à notre auteur, contre toute vraisemblance.

mettre en vente, de porter ses ciseaux sur ce livre immortel.

TEXTE CONNU	TEXTE PRIMITIF
L. II, ch. IV. — Les pouvoirs intermédiaires subordonnés *et dépendans*, constituent la nature du gouvernement monarchique, c'est-à-dire de celui ou un seul gouverne par des lois fondamentales. *J'ai dit les pouvoirs intermédiaires subordonnés et dépendans. En effet, dans la monarchie le prince est la source de tout pouvoir, politique et civil. Ces lois fondamentales* supposent nécessairement des canaux moyens par où coule la puissance.	Les pouvoirs intermédiaires, subordonnés constituent la nature du gouvernement monarchique, c'est-à-dire de celui où un seul gouverne par les lois fondamentales. Ces lois supposent nécessairement des canaux moyens par où coule la puissance.
L. II, ch. *V*. — Le Conseil du monarque... n'a point *à un assez haut degré* la confiance du peuple.	Le Conseil du monarque... n'a point la confiance du peuple.
L. III, ch. III. — Il ne faut pas beaucoup de probité pour qu'un gouvernement monarchique ou un gouvernement despotique se maintiennent ou se soutiennent.	Il ne faut pas beaucoup de probité pour établir ou pour soutenir un gouvernement monarchique ou un gouvernement despotique.
L. III, ch. VI. — Que si dans le peuple il se trouve quelque malheureux honnête homme, le cardinal de Ri-	Que si dans le peuple il se trouve quelque malheureux honnête homme, le cardinal de Richelieu dans son testa-

chelieu dans son testament politique *insinue* qu'un monarque doit se garder de s'en servir.

ment politique *déclare* qu'un monarque doit se garder de s'en servir.

L. III, ch. xi. — De quelque côté que le monarque se tourne, il emporte et précipite la balance, et il est obéi. Toute la différence est que dans la monarchie le prince a des lumières, et que les ministres y sont infiniment plus habiles et plus rompus aux affaires que dans l'état despotique.

De quelque côté que le monarque se tourne, il emporte toujours la balance. Il est vrai que les mauvais ministres dans la monarchie doivent avoir plus d'habileté; aussi en ont-ils d'avantage. Ils ont plus d'affaires; ils y sont donc plus rompus. Il est vrai que, pour s'en débarrasser, ils veulent quelque fois renverser les lois. Dans ce cas, ce gouvernement, en formant de pareils génies, est cet oiseau pui fournit la plume qui le tue.

L. IV, ch. ii. — Il permet la *ruse*, lorsqu'elle est jointe à l'idée de la grandeur de l'esprit ou de la grandeur des affaires, comme dans la politique dont les *finesses* ne l'offensent pas.

Il permet la fourberie, lorsqu'elle est jointe à l'idée de l'esprit ou de la grandeur des affaires, comme dans la politique dont les ruses ne l'offensent pas.

L. X, ch. viii. — Une république d'Italie tenait des Insulaires sous son obéissance : mais son droit politique et civil à leur égard était vicieux On se souvient de ce traité dans lequel elle promet qu'on ne les ferait plus mourir sur

Les Génois tenaient la Corse dans la sujétion : mais il n'y avait rien de si corrompu que leur droit politique ni de si violent que leur droit civil. On se souvient de ce traité dans lequel le Sénat promit aux Corses qu'on ne les ferait

la conscience informée du | plus mourir sur la conscience
gouverneur. | informée du gouverneur.

Enfin le chapitre vu du livre VIII se terminait par cet éloge de Louis XV, qui a été effacé.

La plus belle monarchie du monde est aujourd'hui gouvernée par un roi qui comprend que la plus grande force de son empire consiste dans l'amour de ses sujets et qui possède toutes les qualités propres à le mériter.

Après toutes ces corrections, dont la dernière est peut-être une représaille de Montesquieu contre les censeurs, l'*Esprit des Lois*, parut à Genève dans les premiers[1] jours de novembre 1748, mais il fut interdit en France.

Sur quoi un contemporain[2], qui écrivait ses mémoires au jour le jour, dit, au mois de février : « l'auteur est heureusement homme du monde, y plaît, y a des amis, de sorte qu'on ne lui fera pas plus de mal personnellement pour ce livre-ci qu'il n'en a eu pour les *Lettres persanes*. »

Il y a toujours eu des gens pour qui les défenses ne sont pas faites. La police laissa donc parvenir quelques exemplaires à ces privilégiés, de façon qu'ils pussent, non les lire à tête reposée, mais les parcourir en se les passant de main en main. Leurs opinions ont été recueillies.

---

1. Lettre du résidant de Genève au ministre des affaires étrangères, 11 novembre 1748. (*Archives du ministère des affaires étrangères.*)
2. D'Argenson, *Mémoires*, édit. P. Janet, in-12. Paris, t. V.

Les salons étaient alors, comme nous l'avons vu, la première puissance. D'abord un conseiller de parlement qui se croyait le rival de Montesquieu, auteur d'un très-médiocre *Essai sur le droit et la morale*, assura, chez Madame Geoffrin, qui le laissa dire, que « l'*Esprit des Lois* était un livre plat et superficiel et fait des épluchures du sien [1]. » « Les philosophes, riposte l'autre, prétendent que c'est un très-mauvais ouvrage, sans ordre, sans liaison, sans enchaînement d'idées, sans principes. C'est, disent-ils, le portefeuille d'un homme d'esprit et voilà tout [2]. » Madame du Deffand, qui excellait à mettre ses jugements en saillies, prononça que c'était « de l'Esprit sur les Lois [3], » et la société adopta le mot comme une appréciation et le fit circuler.

Après les bavardages, les écrits suivirent. Le public, en général, incapable de lire une œuvre sérieuse, aime qu'on la lui résume légèrement pour lui permettre d'en parler en conscience. Voici les principaux passages de la parodie qu'un comédien du roi, nommé Bonneval [4], publia avec succès pendant deux années.

> Vous avez lu l'*Esprit des Lois* :
> Que pensez-vous de cet ouvrage?
> Ce n'est qu'un pénible assemblage
> De républiques et de rois.

1. *Œuvres de Montesquieu*, édit. Laboulaye. Paris, Garnier, 1876, t. III, xxvi ; — Clément, *Cinq années littéraires*. Paris, 30 janv. 1749.
2. Collé, *Journal*, février 1749.
3. La Harpe, *Lycée*, v° Montesquieu.
4. L'*Esprit des Lois*..., à MM. les éditeurs du *Journal helvétique*, s. d., in-4°, pièce. — Opuscules de M. F., t. III, table.

Le sol est la cause première
De nos vices, de nos vertus :
Néron, dans un autre hémisphère,
Aurait peut-être été Titus.

. . . .

Ainsi, sans un grand appareil,
On peut, dans le siècle où nous sommes,
Calculer la valeur des hommes,
Par les seuls degrés du soleil.

. . . .

La liberté n'est qu'un vain titre,
Le culte un pur consentement,
Et le climat seul est l'arbitre
Des dieux et du gouvernement.

La progression continua : après le vaudeville, les journaux. Le P. Berthier, sensible à la justice que l'*Esprit des Lois* rendait à la Société de Jésus[1], en fit parler dans les *Mémoires de Trévoux*, numéro d'avril 1749, d'une manière délicate. Après avoir attiré l'attention du lecteur sur ce livre et « applaudi de grand cœur au talent de l'écrivain, » le rédacteur « donna ses pensées sur quelques points où Montesquieu ne ménage pas assez la religion. »

Tout autre fut le ton des *Nouvelles Ecclésiastiques*. Dans leurs numéros du 9 et du 16 octobre 1749, les jansénistes, peut-être plus irrités[2] de l'éloge que le grand politique avait fait de leurs rivaux que de ses erreurs de doctrine, chargèrent l'abbé de La Roche[3]

1. *Esprit des Lois*, liv. IV, ch. vi.
2. Lettre de Montesquieu à M. de Stainville, 27 mai 1750.
3. Barbier et Billard, *Dictionnaire des ouvrages anonymes*, v° Critique de l'*Esprit des Lois*.

de réfuter l'auteur. Il taxa l'*Esprit des Lois* de « livre
scandaleux, produit de la Constitution *Unigenitus.* »

Cependant le principal grief des deux critiques
porta sur le fameux livre xiv[1], où l'auteur veut prouver l'influence absolue des climats sur l'homme, sur ses
mœurs, sur sa religion et sur la nature de son gouvernement. Ce principe matérialiste a été, depuis, réfuté
à fond par les médecins les plus compétents[2]; d'ail--
leurs, Montesquieu, avec sa manie des sciences, a émis
dans quelques chapitres de son ouvrage au sujet de
l'action des liqueurs fortes sur le sang et sur le mécanisme de la transpiration cutanée, des idées et des
théories qui sont physiquement ridicules.

Quand les journaux eurent donné, les livres vinrent
à leur tour. Le premier fut écrit par un fermier général. Claude Dupin[3] composa deux volumes de *Réflexions sur quelques parties d'un livre intitulé de
l'*ESPRIT DES LOIS, et, avant de le publier, en distribua
huit exemplaires, dont un tomba par hasard, bien entendu, entre les mains de Montesquieu. Cette citation
peut en donner une idée suffisante :

Je finis, en vous observant que si vous prétendez à *quelque place*, vous ferez bien de prendre une autre route ; celle-ci
ne vous y conduirait pas. Soyez sage,, circonspect, ayez la
tête froide ; pensez avant de parler, ne frondez point, aimez

1. Chap. ii, x et xii.
2. *Mémoires et Campagnes de chirurgie*, t. IV, p. 136 ; — Michel-
Lévy, *Traité d'hygiène*, 1857, t. I, p. 391.
3. *Infra*, un pamphlet inconnu contre l'*Esprit des Lois.*

votre patrie, faites que les autres l'aiment, respectez la religion et ceux auxquels vous êtes soumis, et vous réussirez dans vos desseins.

En 1750, l'abbé Delaporte avait publié dans un journal[1] des articles contre Montesquieu; il les réunit en un volume sous le titre d'*Observations sur l'*ESPRIT DES LOIS *ou l'Art de lire ce livre, de l'entendre et d'en juger.* Le principal reproche du critique, qui a été souvent répété après lui, est le manque d'ordre. C'est pourquoi il résume sous cinq chefs, la religion, la morale, la politique, la jurisprudence et le commerce, toutes les matières traitées par Montesquieu. L'opuscule est médiocre, mais il fait honneur à l'urbanité, à la finesse et à l'esprit d'analyse d'un homme qui juge, à son apparition, une œuvre de cette portée.

Il parut ensuite un pamphlet[2], intitulé l'*Esprit des Lois, quintessencié par une suite de lettres analytiques* 1751. L'auteur, un abbé Bonnaire, traite partout Montesquieu « d'homme à chimères qui se joue de la raison, des mœurs et de la religion, de politique qui déraisonne, de rhéteur sophiste, de réfléchisseur volage, de Don Quichotte et de Cupidon. » Cet ouvrage, écrit d'un style moitié sérieux, moitié bouffon, toujours diffus, ne convenait ni au caractère du polémiste religieux, ni à la gravité du sujet.

La poursuite n'eût pas été complète si le grand

---

1. *Observations sur la littérature moderne*, par M. l'abbé D. Amsterdam, P. Mortier, 1750, in-12, t. III, *passim.*
2. 2 vol. in-12. Paris, 1751.

chasseur du dix-huitième siècle n'y eut pas tiré quelques coups de fusil. Le mécontentement de Voltaire venait, et du mal que les *Lettres persanes* avaient dit des poëtes et du bien que l'*Esprit des Lois* disait du christianisme. Aussi, dans le petit fascicule, appelé *Remerciement sincère à un homme charitable*, sous prétexte de défendre Montesquieu, l'accusa-t-il de manquer d'ordre, de faire des citations fausses et de n'avoir écrit qu'un ouvrage agréable. De plus, jaloux de la gloire politique de son rival, et de l'éloge qu'il paraissait avoir fait de la république suisse, en disant que « la démocratie est fondée sur la vertu, » il publia des *Pensées sur le gouvernement.* Je n'en citerai qu'un passage. « Dans un livre si bien intitulé de l'*Esprit sur les Lois*, on prétend que les religions sont faites pour les climats. » Ce qui était impertinent et injuste; car Montesquieu avait dit seulement[1] : « Il y a très-souvent beaucoup d'inconvénients à transporter une religion d'un pays dans un autre. »

Il existe encore une autre critique[2], inconnue jusqu'ici. Elle est du P. Castel : rien ne vaut mieux que d'en laisser rendre compte au jésuite lui-même, qu'on savait avoir corrigé la *Grandeur des Romains* et qu'on rendait volontiers responsable des erreurs de l'*Esprit des Lois*... « Arriva le troisième ouvrage de l'auteur... Je lui écrivis pour me plaindre...; je puis montrer les lettres par lesquelles il m'avoue qu'il

---

1. *Esprit des Lois*, livre XXIV, ch. xxv.
2. *L'Homme moral*, in-12 Toulouse, 1756.

s'est à dessein caché de moi dans cet ouvrage, crai-
gnant que je m'y formalise de bien des choses... A
peine m'eut-il donné son livre, qu'il vint de Bordeaux exprès m'en demander mon sentiment. J'a-
vouerai qu'il me craignait un peu. Il me connaissait
exact et inflexible sur les bons principes de la religion
et du gouvernement. Il se croyait bien sain sur le
premier article, et effectivement, à un article près et à
quelques manques d'expression, je ne vois pas qu'il
attaque le dogme et l'essentiel. Mais sur le gouvernement de l'État et celui surtout de l'Église, sur la
discipline, je lui fis convenir qu'il était trop et tout
anglican... »

C'est aussi vers le même temps que parurent les
Lettres persanes convaincues d'impiété. L'auteur, le
janséniste abbé Gauthier, y traite Montesquieu de
« âme de boue [1] » et de « pourceau. » Cette réfutation
n'est pas mal faite au point de vue théologique.

Le chef-d'œuvre, en face de ces préjugés, de ces
prohibitions, de ces bons mots, de ces jugements, de
ces critiques, ne réussit pas d'abord chez nous.

Montesquieu s'en consolait par des nouvelles fort
agréables qui lui venaient de l'étranger ; il écrivait du
reste dans une lettre de ce temps-là : « J'entends quelques frelons qui bourdonnent autour de moi, mais si les
abeilles y cueillent un peu de miel, cela me suffit [2]. »

---

1. Pages 80 et 82.
2. Lettre de Montesquieu à Cérati, 24 novembre 1748.

Éloges et succès de l'*Esprit des Lois* à l'Étranger et en France.

Les citations de Montaigne viennent d'elles mêmes et malgré tout se placer dans cette histoire de Montesquieu, parce que plus on étudie ces deux grands écrivains plus on leur trouve de ressemblance.

L'auteur des *Essais* dit : « En mon climat de Gas-
« coigne, on tient pour drolerie de me veoir imprimé :
« d'autant que la cognoissance qu'on prend de moy
« s'esloigne de mon giste, j'en vaulx d'autant mieulx ;
« j'achete les imprimeurs en Guienne ; ailleurs ils
« m'achetent [1]. » Le même fait arriva à l'auteur de
l'*Esprit des Lois* : son livre, critiqué en France,
eut d'abord du succès à l'étranger.

A Turin, un ambassadeur dit publiquement [2] :
« Voilà un livre qui opérera une révolution dans les
« esprits en France. » Le roi de Sardaigne avait lu son
livre et en faisait faire des extraits par son fils, le

1. *Essais*, livre III, chap. II. Édition Charles Louandre. Paris, Charpentier.
2. Lettre de Montesquieu, du 7 mars 1749. Note.

duc de Savoie [1] ; il avait même agréé la dédicace de la traduction commencée par l'abbé de Guasco, et il avait permis au futur cardinal Gerdil [2] de commenter l'*Esprit des Lois* devant la société royale de Turin.

Maupertuis avait mandé à Montesquieu que le roi de Prusse l'étudiait, trouvant des choses où il n'était pas de son avis. Et Montesquieu lui avait répondu : « Je parierais bien que je mettrais le doigt sur ces choses [3]. »

La réussite avait été grande aussi en Suisse. Nous avons vu que l'*Esprit des Lois*, posant les principes des divers gouvernements, paraissait donner la *Vertu* comme principe de la démocratie. Cette classification fut vivement applaudie par les hommes qui étaient à la tête des cantons républicains [4].

L'effet fut plus vif encore de l'autre côté du détroit. Hume lui demanda la permission de donner une édition de l'*Esprit des Lois*. Montesquieu lui adressa cette lettre peu connue :

J'étais prêt à vous faire réponse, quand M. Lemosnier est

1. Lettres de Montesquieu de Bordeaux à l'abbé Venuti, s. d.; — D'Argenson, *Mémoires*, juillet 1749, édit. Janet.

2. Le 15 novembre 1750. Solopis, *Recherches sur l'Esprit des Lois*, in-8. Turin, 1857.

3. Lettre de Montesquieu, 12 mars 1750.

4. Sayous, *Dix-huitième siècle à l'étranger*. Paris, Didier ;— Gaullieur, *Études sur l'Histoire littéraire de la Suisse française*, in-8. Genève, 1856.

entré chez moi et m'a parlé de l'honneur qu'on veut faire à mon livre, en Écosse, de l'y imprimer[1]...

A la lecture des deux chapitres où l'*Esprit des Lois* donnait aux Anglais un compte rendu de leur propre constitution si judicieux et si piquant, si vrai et si nouveau pour eux-mêmes, lord Chesterfield après l'avoir lu pour la troisième fois, écrivit à Guasco[2] :

> C'est dommage que M. le président de Montesquieu, retenu sans doute par la crainte du ministère, n'ait pas eu le courage de tout dire. On sent bien, en gros, ce qu'il pense sur certains sujets ; mais il ne s'exprime point assez nettement et assez fortement : on eût bien mieux su ce qu'il pensait s'il eût composé à Londres et qu'il fût né en Angleterre.

« Les papiers publics nous apprennent qu'on déchire « M. de Montesquieu en France, disait une dame « anglaise. Que n'a-t-il écrit ici, on lui eût érigé une « statue[3]. »

Enfin le succès allait venir à Montesquieu dans son propre pays.

Dès 1749, un conseiller au parlement de Dijon, publia l'*Esprit de l'*Esprit des Lois : excellente brochure, qui se vendit à deux éditions et excita la curiosité en faveur du livre défendu.

---

1. Hill Burton, *Life and correspondance of Hume.* London, 1848, t. I, p. 305 et 456.

2. Helvétius, *De l'Esprit*, Londres, 1780 ; — Lettre de Montesquieu du 12 mars 1752, Discours IV, ch. IV.

3. Labeaumelle, *Suite de la Défense.*

Deux hommes fort écoutés dans leur temps, D'Aydie et Titon du Tillet, en firent l'éloge. Montesquieu écrivit à l'un :

... Je suis bien charmé de la conversation que vous avez eue ; je ne crains rien là où vous êtes. M. de Fontenelle a toujours eu cette qualité bien excellente pour un homme tel que lui : il loue les autres sans peine.

L'autre reçut cette lettre, restée inédite[1] :

... Puisque vous trouvez, Monsieur, que j'ai habillé la raison d'un bon velours à quatre poils et d'une belle couleur, et que je l'ai placée au milieu d'un cristal de roche solide et transparent ; je vous prie de placer dans votre bibliothèque l'exemplaire que j'aurai l'honneur de vous envoyer.

On se rappelle que madame de Tencin se piquait d'obliger les gens de lettres et avait mille façons de le faire. En face de la prohibition mise sur l'ouvrage de son commensal, Piron eut ordre d'improviser un madrigal en faveur de Montesquieu. Ensuite elle pria un libraire de Paris de réimprimer furtivement[2] l'*Esprit des Lois*, força les habitués de son salon d'y souscrire (la souscription était de vingt-quatre livres), et en prit elle-même un grand nombre d'exemplaires, qu'elle distribua gratuitement. Aussi les contemporains[3] attribuent-ils à cette dame l'honneur d'avoir donné la première impulsion à ce chef-d'œuvre.

1. Cabinet du baron Feuillet de Conches.
2. Grimm, Diderot et Raynal, *Correspondance*, édit. Tourneux. Paris, Garnier, 1877, 1er vol., p. 265.
3. Auger, *Vie de Madame de Tencin*; — *Œuvres de Montesquieu*. Édit. Belin, 1817, t. I, p. 7.

L'antithèse est trop piquante pour être vraie. Je ne veux pas nier le service que madame de Tencin a rendu à Montesquieu. Mais on apprendra[1] avec plaisir que Lamoignon de Malesherbes avait contribué davantage au succès de l'*Esprit des Lois*. Comme on l'a vu, la censure s'était, en 1749, opposée à la publication de ce livre. Dès qu'il fut directeur de la librairie, au mois de décembre 1750, il s'empressa d'en faciliter l'introduction en France et en autorisa promptement la réimpression dans le royaume.

Cependant les amis de Montesquieu insistèrent pour qu'il ne restât pas indifférent aux reproches, d'irréligion. En les négligeant, il aurait eu l'air de les avoir mérités.

Peu après, au mois d'avril, parut la *Défense de l'Esprit des Lois*, à Paris, chez Guérin, sous la rubrique de : Genève, chez Barillot, 1750 [2].

Cette brochure est divisée en trois parties. Dans la première, l'auteur répond aux accusations générales des Jansénistes ; dans la deuxième aux accusations particulières ; la troisième contient des réflexions sur la manière dont on l'avait critiqué. Les éclaircissements, qui terminent, sont dédiés aux Jésuites. Cette *Défense* est un modèle. La grâce y est unie à la justesse, et la vivacité du style à la force du raisonnement. On y voit l'homme d'esprit, l'homme de

---

1. Boissy d'Anglas, *Vie de Malesherbes*. Paris, in-8, Treuttel, 1819, t. III, p. 65 et 72.

2. *Nouvelles ecclésiastiques*, 24 avril et 1er mai 1750.

génie, le politique et l'auteur, le philosophe et le chrétien. « Ce qui plaît dans ma *Défense*, disait-il [1], est de voir, non pas mettre les vénérables théologiens à terre, mais de les y voir couler doucement. »

Un seul passage est regrettable : Montesquieu, accusé de n'avoir pas parlé du *péché originel*, répond qu' « il n'a pas fait un traité de théologie. » Le mot est peu digne d'un si noble publiciste. Qu'on examine les erreurs les plus dangereuses qui aient, dans tous les temps, menacé les sociétés ; toutes s'appuient sur cette hypothèse, que nous n'apportons en naissant que de bonnes inclinations. Machiavel, « ce grand homme », comme l'appelle l'*Esprit des Lois* [2], a écrit sur cette question fondamentale : « Tous ceux qui ont traité de la politique ont démontré, l'histoire en main, que quiconque veut organiser un État et y établir des lois, doit partir de ce principe que les hommes sont mauvais et prêts à exercer leur malignité naturelle chaque fois qu'ils en trouvent l'occasion [3]. »

Le succès de la *Défense de l'Esprit des Lois* fut réel. Il s'accrut encore par la façon maladroite et médiocre dont les jansénistes et les jésuites y répliquèrent. Ils prétendaient que Montesquieu avait essayé de se justifier de quelques reproches sans y parvenir, et n'avait même pas tenté de le faire pour les autres.

1. Lettre à madame du Deffand, 13 septembre 1752.
2. Livre VI, ch. v.
3. *Discours sur les Décades*, liv. I, ch. III.

Le jugement de Voltaire sur eux est décisif [1] : « Ils auraient rendu plus de service à notre religion s'ils avaient combattu avec des raisons, mais ils ont été de mauvais avocats d'une bonne cause. »

Ces articles des *Nouvelles ecclésiastiques* reçurent, sous le titre de *Suite de la Défense de l'*Esprit des Lois, une réponse que Montesquieu estimait « faite par un protestant, écrivain habile et qui a infiniment d'esprit. » Il se nommait La Beaumelle ; il avait vingt-cinq ans, de l'admiration pour le livre nouveau, de l'enthousiasme pour l'auteur et un véritable talent de polémiste. Sa brochure discuta les critiques anciennes et récentes, et combattit tous les adversaires, de telle sorte qu'on l'attribua à Montesquieu. On peut la lire avec agrément.

Deux autres champions se mirent à réfuter : les jésuites, les jansénistes et l'abbé Delaporte. L'un, sous le titre d'*Apologie de l'*Esprit des Lois eut le défaut de vouloir tout défendre : il s'appelait Boulanger de Rivery. L'autre, Risteau, publia une *Réponse aux Observations*. Cette réfutation, logique et solide, rétorque souvent l'abbé avec avantage ; elle donne

---

1. Voltaire-Beuchot, t. LXIII, p. 530 ; — Joseph de Maistre, *Lettres*, t. II, 5e paradoxe, dit aussi : « Il n'y a pas, du moins en France, de plus grande réputation que celle de Montesquieu ; mais c'est que, dans ce genre, il n'y eut jamais d'homme plus heureux. Tout se réunit en sa faveur. Une secte puissante voulut absolument l'adopter et lui offrit la gloire comme un prix d'enrôlement. Les Anglais mêmes consentirent à lui payer en éloges comptants son chapitre sur la Constitution d'Angleterre. Pour comble de bonheur, il fut mal attaqué et bien défendu ; enfin, ce fut une apothéose. »

peut-être plus de précision à quelques points de l'*Esprit des Lois*. L'auteur, alors négociant à Bordeaux, devint, depuis, directeur de la Compagnie des Indes. Montesquieu faisait, dit-on, grand cas de ce travail [1] et avouait qu'il eût été embarrassé de répondre aussi bien à certaines objections de ses adversaires. Voici, du reste, une lettre inédite qu'il adressa le 19 mai 1751 à son jeune défenseur :

Les éloges flatteurs que vous donnez à mon livre, Monsieur, me consolent un peu des critiques qu'il a essuyées.

Mais je ne puis penser comme vous sur le despotisme : un gouvernement, qui est tout à la fois l'état et le prince, vous paraît chimérique ; je pense au contraire qu'il est très-réel, et je crois l'avoir peint d'après la vérité... Il y aussi loin du despote au véritable roi que d'un démon à un ange...

Un autre triomphe est différent. On se rappelle la diatribe outrecuidante de Claude Dupin ; elle ne fut pas publiée. Chamfort [2] en prit prétexte pour inventer l'anecdote connue :

M. de Montesquieu, dit-il, en eut connaissance et en fut au désespoir. On la fit imprimer, et elle allait paraître, lorsque M. de Montesquieu alla trouver madame de Pompadour, qui, sur sa prière, fit venir l'imprimeur et l'édition tout entière. Elle fut hachée, et on n'en sauva que cinq exemplaires.

Dupin au contraire écrit lui-même, dans une lettre

1. Bernadau, *mss.*
2. *Œuvres*, 4 vol. in-8, 1795.

inédite datée du 10 juin 1759, que possède son des
cendant, le prince Galitzin.

> Quand je me relus de sang-froid, je ne fus pas content ;
> je me trouvai faible, je me reprochai des personnalités, je
> jettai mes exemplaires au feu, à l'exception de deux.

L'auteur du *Remerciement sincère* et des *Pensées
sur le gouvernement*, joua un vilain rôle dans cette
marche triomphale. Montesquieu se contenta de dire
avec dédain et finesse : « Quant à Voltaire, il a trop
d'esprit pour m'entendre. Tous les livres qu'il lit, il
les fait ; après quoi, il approuve ou critique ce qu'il a
fait [1]. »

Montesquieu eut encore un succès. D'Alembert, non
sans arrière-pensée, fit ainsi son éloge dans le Discours
préliminaire de l'*Encyclopédie :*

> Un écrivain judicieux, aussi bon citoyen que grand phi-
> losophe, nous a donné, sur les principes des lois, un ouvrage
> envié par quelques Français et estimé de toute l'Europe, ou-
> vrage qui sera un monument immortel du génie et de la
> vertu de son auteur et des progrès de la raison dans un siècle
> dont le milieu sera une époque mémorable de l'histoire de la
> philosophie.

Quelques accessoires manquaient à cette apothéose. Thomas raconte ce nouveau triomphe [2] : « Le
« fils de Louis XV, qui fut le père de Louis XVI,
« avait lu l'*Esprit des Lois* avec la réflexion d'un

---

1. Lettre de Montesquieu du 8 août 1752.
2. Éloge de Louis, dauphin de France. in-8. Paris. 1766.

« homme d'État. L'obscurité répandue quelquefois
« sur cet ouvrage utile et profond lors même qu'il
« ne paraît pas l'être, lui fit désirer d'entendre et de
« consulter l'auteur lui-même. Déjà il était assez in-
« struit pour l'admirer souvent et le combattre quel-
« quefois. Il lui proposa ses doutes ; et tel fut le suc-
« cès de ses conférences que le Dauphin aima toujours
« et respecta le grand homme, lors même qu'il ne
« pensait pas comme lui. Ainsi, un roi célèbre du
« Nord consulta Leibnitz sur la législation, et le
« philosophe eut la gloire d'éclairer le prince. »

Montesquieu fut mis à la scène, dans une pièce ano-
dine en trois actes et en prose intitulée : « *Les huit*
« *philosophes errants*, ou Nouvelles découvertes de
« Voltaire, de Maupertuis, de *Montesquiou*, du marquis
« d'Argens, de l'abbé Prévost, de Crébillon, Marivaux
« et le chevalier de Mainvilliers. Comédie du temps
« présent. » Sans doute il n'y a rien en soi de très-
honorable à être pris comme personnage de théâtre,
mais cela prouve qu'on est à la mode, première étape
de la renommée.

Enfin Carlo Faucci[1], peintre italien, avait dessiné
le portrait de Montesquieu pour Guasco ; mais il était
médiocre et pouvait rester inconnu du public. Un
célèbre sculpteur en médailles, Dassier[2], occupé à

---

1. *Lettres familières.* Note de Guasco sur la lettre de M. de Secondat, 25 mars 1765.

2. Bernadau, *Le Viographe bordelais ;* — D'Alembert, *OEuvres posthumes*, 1805.

composer une suite des grands hommes du temps, vint exprès d'Angleterre lui demander à prendre son profil. Montesquieu lui dit : « M. Dassier, je n'ai jamais voulu laisser faire mon portrait ; Latour et plusieurs autres peintres m'ont persécuté pour cela pendant longtemps. Mais ce que je n'ai pas fait pour eux, je le ferai pour vous. Je sais, ajouta-t-il en souriant, qu'il y aurait plus d'orgueil à refuser votre proposition, qu'il n'y en a à l'accepter. » C'est la seule image authentique que nous ayions de notre grand publiciste. Le revers de cette médaille représente la Justice, à laquelle la Nature, sur un nuage, montre le Soleil d'une main, et de l'autre l'*Esprit des Lois*, en lui disant : *Hinc jura.*

D'ailleurs un journaliste [1] du temps achève de nous renseigner :

L'*Esprit des Lois*, écrit-il, a tourné la tête a tous les Français. On trouve également cet ouvrage dans le cabinet de nos savants et sur la toilette de nos dames et de nos petits-maîtres. Je ne sais si l'enthousiasme sera long, mais il est certain qu'il ne peut être poussé plus loin.

On connaît le mot de Piron à une personne qui, voulant faire l'éloge de l'*Esprit des Lois*, se perdait dans les hauteurs du sujet : « Madame, croyez-moi, sauvez-vous par le *Temple de Gnide*[2]. »

Tous ces succès étaient grands, mais ils n'étaient

---

1. Grimm et Diderot, *Correspondance*, édit. Tourneux. Paris, Garnier, 1877, t. I, p. 265.

2. Laplace, *Pièces intéressantes*, 1781.

que la contre-partie des critiques qui avaient d'abord assailli l'*Esprit des Lois*. Des deux côtés. ce n'étaient que personnalités sans mandat, et avocats sans responsabilité. Des individualités autorisées allaient le juger.

XXII

L'*Esprit des Lois* devant les autorités religieuses : l'Assemblée du clergé,
la Sorbonne et le Tribunal de l'*Index*.

On sait que le clergé de France tenait, tous les cinq
ans, des assemblées générales pour traiter les questions intéressant la religion. Il y en eut précisément
une en 1750. Un archevêque, Languet de Gergy, à
qui ses ouvrages de controverse avaient acquis une
grande considération, fut chargé par ses collègues d'y
faire un rapport sur un livre protestant dirigé contre
les « immunités ecclésiastiques. » Il proposa d'examiner en même temps l'ouvrage de Montesquieu ; l'Assemblée s'y refusa. [1]

Cependant la même année, le 1ᵉʳ août, la Sorbonne [2]
nomma des commissaires pour examiner l'*Histoire
naturelle* et l'*Esprit des Lois*.

Buffon a dit [3] comme il en usa avec cette espèce

---

1. Grimm et Diderot, *Correspondance*, ubi supra, t. I ; — Dom Devienne, *Histoire de Bordeaux*, in-4°, 1771.

2. Voir Dom Devienne, *Histoire de Bordeaux*, in-4o, 1771 ; —
Nouvelles ecclésiastiques du 23 janvier 1752.

3. Hérault de Séchelles, *Voyage à Montbard*.

de concile permanent : « Je n'ai fait aucune difficulté de lui donner toutes les satisfactions qu'elle a pu désirer... Ceux qui en agissent autrement sont des fous. »

Montesquieu se montra d'abord moins accomodant ; il écrivait dans un passage inédit d'une lettre [1] publiée : « Cette Sorbonne est la mouche du coche ; elle croit qu'elle remue tout. » En réalité elle avait, sur son livre, dressé un projet de censure, dont voici le texte [2] :

Propositiones extractæ ex libro cui titulus, de l'ESPRIT DES LOIS, *etc. A Genéve, chez Barillot fils*, 1750, *édit. in-12.*

I (t. II, p. 87). — La répudiation pour raison de la stérilité de la femme ne saurait avoir lieu que dans le cas d'une femme unique.

II (*ibid.*). — La loi des Maldives permet de reprendre une femme qu'on a répudiée. La loi du Mexique défendait de se réunir sous peine de la vie. La loi du Mexique était plus sensée que celle des Maldives.

III (p. 290). — Les scolastiques s'en infatuèrent (de la philosophie d'Aristote) et prirent de ce philosophe leur doctrine sur le prêt à intérêt ; ils le confondirent avec l'usure et le condamnèrent.

IV (p. 360). — L'argent est le signe des valeurs ; celui qui a besoin de ce signe doit le louer... C'est bien une action très-bonne de prêter à un autre son argent sans intérêt ; mais on sent que ce ne peut être qu'un conseil de religion, et non une loi civile.

V (t. III, p. 13). — Quand la religion donne des règles, non pour le bien, mais pour le meilleur ; non pas pour ce

1. A madame d'Aiguillon, 3 décembre 1753.
2. Mandements, in-4. Bibliothèque Mazarine, n° 12222. B

qui est bon, mais pour ce qui est parfait, il est convenable
que ce soit des conseils et non pas des lois... Le célibat fut
un conseil du christianisme : lorsqu'on en fit une loi pour
un certain ordre de gens, il en fallut chaque jour de nouvelles pour réduire les hommes à l'observation de celle-ci. Le
législateur se fatigua, il fatigua la société, etc.

VI (p. 50). — Je ne parlerai point ici des conséquences
de la loi du célibat : on sent qu'elle pourrait devenir nui-
sible, à proportion que le corps du clergé serait trop étendu.

VII (p. 58). — Comme il n'y a guère que les religions into-
lérantes qui aient un grand zèle pour s'établir ailleurs...
Ce sera une très-bonne loi civile, lorsque l'État est satisfait de la religion déjà établie, de ne point souffrir l'établissement d'une autre. Voici donc le principe fondamen-
tal des lois politiques en fait de religion. Quand on est
maître de recevoir dans un État une nouvelle religion, ou de
ne la pas recevoir, il ne faut pas l'y établir ; quand elle est
établie, il faut la tolérer.

VIII (p. 40). — Lorsque la religion fondée sur le climat a
trop choqué le climat d'un autre pays, elle n'a pu s'y établir... Il semble, humainement parlant, que ce soit le climat
qui a prescrit des bornes à la religion chrétienne et à la religion mahométane.

IX (p. 36). — Quand Montézuma s'obstinait tant à dire que
la religion des Espagnols était bonne pour leur pays, et celle
du Mexique pour le sien, il ne disait pas une absurdité.

X (p. 286). — Du temps des premiers empereurs, les
grandes familles de Rome furent sans cesse exterminées
par des jugements. La coutume s'introduisit de prévenir
la condamnation par une mort volontaire. On y trouvait
un grand avantage : on obtenait l'honneur de la sépulture, et les testaments étaient exécutés ; cela venait de ce
qu'il n'y avait point de loi contre ceux qui se tuaient eux-
mêmes. Mais lorsque les empereurs devinrent aussi avares
que cruels, ils ne laissèrent plus à ceux dont ils voulaient se
défaire, le moyen de conserver leurs biens, et ils établirent
que ce serait un crime de s'ôter la vie par les remords d'un
autre crime.

XI (t. II, p. 71-72). — La loi de la polygamie est une affaire de calcul... Mais j'ai peine à croire qu'il y ait beaucoup de pays où la disproportion soit assez grande pour qu'elle exige qu'on y introduise la loi de plusieurs femmes, ou la loi de plusieurs maris. Cela veut dire seulement que la pluralité des femmes, ou même la pluralité des hommes, est plus conforme à la nature dans de certains pays que dans d'autres.

XII (t. Ier, p. 44-47). — La vertu n'est point le principe du gouvernement monarchique... L'honneur, c'est-à-dire le préjugé de chaque personne et de chaque condition prend la place de la vertu et la représente partout... Ainsi, dans les monarchies bien réglées, tout le monde sera à peu près bon citoyen, et on trouvera rarement quelqu'un qui soit homme de bien ; car, pour être homme de bien, il faut avoir l'intention de l'être.

XIII (t. III, p. 16). — Non, il n'y a point eu après (Julien l'Apostat) de prince plus digne de gouverner les hommes.

I. Hæc propositio... est hæretica. II—XIII, hæretica.

Ce projet de censure paraît avoir ému Montesquieu. Il présenta des mémoires et crut ne pouvoir mieux répondre au reproche d'irréligion qu'en produisant les témoignages qu'il a rendus à l'authenticité de la révélation. Ainsi :

L'homme pouvait à tous les instants oublier son créateur, Dieu l'a rappelé à lui par les lois de la religion [1].

Je n'examinerai les diverses religions du monde que par rapport au bien qu'on en tire dans l'état civil, soit que je parle de celle qui a sa racine dans le ciel, ou bien de celles qui ont la leur sur la terre [2].

1. *Esprit des Lois*, l. I, ch. 1.
2. *Ibid.*, livre XXIV, ch. 1.

Celui qui n'a point de religion est cet animal terrible qui ne sent sa liberté que lorsqu'il déchire et dévore[1].

Chose admirable! la religion chrétienne, qui ne semble avoir d'autre objet que la félicité de l'autre vie, fait encore notre bonheur dans celle-ci[2].

Bayle, après avoir insulté toutes les religions, flétrit la religion chrétienne; il ose avancer que de véritables chrétiens ne formeraient pas un État qui pût subsister. Pourquoi non? Ce seraient des citoyens infiniment éclairés sur leurs devoirs et qui auraient un très-grand zèle pour les remplir[3].

Les principes du christianisme, bien gravés dans le cœur, seraient infiniment plus forts que ce faux honneur des monarchies, ces vertus humaines des républiques, et cette crainte servile des États despotiques[4].

Nous devons au christianisme, et dans le gouvernement un certain droit politique et dans la guerre un certain droit des gens, que la nature humaine ne saurait assez reconnaître[5].

D'ailleurs Montesquieu convint qu'il pouvait s'être énoncé d'une manière équivoque et offrit de faire les corrections que l'on jugerait nécessaires. La faculté de théologie nomma son syndic Millet et un de ses membres, Regnault, pour travailler avec lui à réformer son ouvrage. Du reste, comme dans les propositions incriminées il s'en trouvait quelques-unes concernant la juridiction, qui souffraient des difficultés, l'auteur gascon ne manqua pas de les faire valoir avec

1. *Esprit des Lois*, liv. XXIV, ch. ii.
2. *Ibid.*, liv. XXIV, ch. iii. — *Promissionem habens vitæ, quæ nunc est, et futuræ* (Paulus ad Tim., c. 4, v. 8).
3. *Esprit des Lois*, l. XXIV, ch. xxvi.
4. *Ibid.*, liv. XXIV, ch. v.
5. *Ibid.*, liv. XXIV, ch. iii.

habileté et promit de donner une édition corrigée de son livre. La Sorbonne alors suspendit sa censure. Enfin Christophe de Beaumont, archevêque de Paris, intercéda en faveur de Montesquieu, qui partit pour Bordeaux, abandonnant au prélat et aux docteurs la rédaction du traité de paix.

Mais le rédacteur janséniste des *Nouvelles ecclésias tiques* avait dénoncé l'*Esprit des Lois* à la Congrégation de l'*Index*.

Il existe, sous ce nom, à Rome, une commission de théologiens, dits consulteurs, instituée par le Concile de Trente, nommée par le Pape et présidée par un cardinal. Son devoir est de dresser la liste des livres contraires à la foi et dont la lecture est défendue aux catholiques, *donec corrigantur*.

Ce tribunal chargea d'examiner l'*Esprit des Lois* un de ses membres, appelé monseigneur Bottari, dont la droiture et l'érudition étaient connues. Aussitôt le duc de Nivernais [1], qui était ambassadeur de France à Rome, et qui avait beaucoup vu Montesquieu chez madame de Rochefort à Paris, s'émut et chercha à empêcher que l'ouvrage de son compatriote et ami fut condamné.

Son premier soin fut de mettre dans ses intérêts un des membres les plus éclairés et les plus savants du sacré collége, le cardinal Passionei [2], qui était en général prévenu contre les ordres religieux. Avec cette re-

---

1. Lettre de Montesquieu du 8 octobre 1750.
2. Cabinet de M. le comte Solopis.

commandation, il pria Bottari[1] de lui communiquer son rapport et même de l'envoyer à l'auteur, afin de le mettre à même d'y répondre. C'était à la fin de mars 1750.

Le 2 juin suivant, Montesquieu adressa de Paris au cardinal Passionei, sans doute pour être communiquées à Bottari et surtout au Pape, les deux pièces inédites suivantes, qui appartiennent à un savant magistrat, conseiller à la cour de Bologne, M. Lozzi :

Monseigneur,

Ceux qui m'ont attaqué m'ont fait le plus grand honneur que je puisse recevoir, puisqu'ils m'ont attiré la protection de Votre Éminence : de sorte que je ne sais si leur inimitié est pour moi un trait de la bonne ou de la mauvaise fortune. La réputation de Votre Éminence dans le monde chrétien, celle qu'elle a dans le monde littéraire, me font regarder ses bontés comme la récompense de mes travaux. Et il est bien glorieux pour moi d'avoir obtenu la protection de celui dont j'avais tant l'ambition d'obtenir l'estime. Son Excellence M. le duc de Nivernais m'a dit, Monseigneur, tout ce que je vous devais, et je me suis senti flatté en lisant sa lettre.

J'ai l'honneur de lui envoyer quelques réflexions que j'ai faites sur celles de monseigneur Bottari ; et Votre Éminence verra que, s'il a trouvé quelquefois des termes qui n'exprimaient pas assez ou qui exprimaient trop, ou des endroits qui n'étaient pas assez développés, je suis cependant presque toujours d'accord avec cet illustre prélat sur le fond des choses. Et telle est la disposition de mon esprit et de mon cœur, qu'en me remettant toujours entièrement à vous et à lui, je respecterai toujours de si grandes lumières. Et si je désire que l'on soit content de moi dans les autres pays, ce désir est infini-

1. Cabinet de M. le comte Sclopis.

ment plus ardent à l'égard de Rome, par la raison qu'il n'arrive point que l'on veuille offenser ce que l'on aime.

Je supplie Votre Éminence de m'accorder la continuation de ses bontés, et, parmi tant de personnes qui en connaissent le prix, je puis dire que je tiens un rang distingué.

J'ai l'honneur d'être, avec un respect plein de la plus parfaite admiration, Monseigneur, Votre très-humble et très-obéissant serviteur,

MONTESQUIEU.

A cette lettre était jointe la note ci-dessous.

L'auteur du livre intitulé l'*Esprit des Lois* a fait cet ouvrage dans la seule vue d'exposer quelques idées purement politiques sur les différentes lois des gouvernements anciens et présents.

Le public paraît avoir applaudi à ce projet digne d'un bon citoyen, dont le but était l'utilité publique ; et il y a déjà eu vingt-deux éditions de ce livre.

Cependant quelques personnes, donnant des sens détournés et forcés à quelques-unes de ses expressions, ont prétendu y trouver des principes dangereux sur la religion.

Cette matière est au-dessus des lumières de l'auteur, qui n'a ni dû ni prétendu la traiter. Il a travaillé à un ouvrage[1] où il se justifie pleinement de ces imputations, et montre qu'elles viennent de ce qu'on n'a pas entendu sa pensée, ou qu'on a donné à ses paroles un sens tout autre que le nature. Cependant, quoiqu'il ait lieu d'espérer que cet ouvrage, qui doit avoir paru à Paris depuis quelques jours, dissipera jusqu'aux moindres nuages qu'on voudrait élever sur ses sentiments ; comme il veut éviter même de scandaliser les simples, il supprimera et expliquera, dans une nouvelle édition qu'il ne tardera pas à donner, les endroits qu'on s'est efforcé de rendre suspects par une interprétation sinistre.

Dans ces circonstances, il se flatte que si la congrégation

1. La *Défense de l'Esprit des Lois.*

de l'*Index* voulait faire examiner son livre, elle attendrait au
moins, pour porter un jugement, qu'elle eût vu les réponses
de l'auteur et la nouvelle édition, et qu'elle daignerait faire
attention qu'il ne s'agit point d'un ouvrage de doctrine et de
théologie, mais d'un traité de politique dont la matière est
absolument étrangère aux matières de doctrine et de dogme.

L'auteur, digne de considération par sa naissance et par
la charge de président à mortier dont il est décoré, a mérité
en Italie et à Rome, lorsqu'il y est venu, l'estime et l'amitié
de tous ceux qui l'ont connu. Il semble digne, par là, qu'on
ait quelques égards pour lui et qu'on soit moins prompt à
flétrir son livre et à condamner les sentiments qui ont toujours été et seront toujours ceux de la plus saine et de la plus
pure doctrine, et exempts de tout soupçon à cet égard.

Au reste, comme on l'a déjà dit, la réponse qu'il y a faite
dissipera toutes les objections qui se sont élevées contre le
livre ; et l'édition à laquelle il travaille préviendra toutes
celles qu'on pourrait faire à l'avenir.

Les postes allaient alors lentement. Les réponses de
Montesquieu, envoyées de Paris le 2 juin 1750, n'é-
taient pas encore arrivées à Rome le 28 août.

Ce jour-là, le secrétaire de l'*Index* vint prévenir
qu'il ne pouvait plus différer de mettre l'*Esprit des
Lois* à l'ordre du jour de la première séance.

Le cardinal Passionei écrivit à Bottari immédiatement :

J'ose espérer que vous aurez demain ces papiers, qui
vous sont indispensables, puisque vous devez faire, lundi
prochain, votre rapport à la Congrégation. En effet, vous aurez besoin de les étudier, pour pouvoir lui exposer ce qu'ils
contiennent et pour vous rendre compte si elle se conten-
tera des explications du président.

Vous savez, du reste, qu'il se déclare prêt à changer et à

corriger, dans son livre, tout ce qu'elle ne saurait approuver.

A mon avis, c'est un acte de justice d'entendre un auteur, avant de le juger sur quelques idées particulières... [1]

La séance venue, dans les premiers jours de septembre, le prélat Bottari, au lieu de déposer son rapport, obtint à la majorité des voix de l'ajourner, sans doute sur la promesse donnée par l'auteur de faire une nouvelle édition. Mais le père Concina, dominicain, théologien ordinaire du pape, « lut un passage d'un de ses livres, qui contenait une sortie véhémente contre l'*Esprit des Lois* et notamment contre le chapitre où l'auteur dit que l'Inquisition n'est qu'une affaire de police, dans quelques pays ; qui diffère selon les pays ; qui peut avoir de la modération dans les uns et dans les autres de l'excès [2]. »

Montesquieu, informé, pensa de suite à répondre au P. Concina, mais des conseils l'en détournèrent.

Il écrivit, le 8 octobre 1750, au duc de Nivernais :

Sur la nouvelle qui me vint que quelques gens avaient dénoncé mon livre à la Congrégation de l'*Index*, je pensai que, quand cette Congrégation connaîtrait le sens dans lequel j'ai dit les choses qu'on me reproche... on me laisserait en repos à Rome ; et que moi, de mon côté, dans les choses que je ferais, je changerais les expressions qui ont pu faire quelque peine aux gens simples, ce qui est une chose à laquelle je suis naturellement porté... Votre Excellence remarquera que si mes premières éditions contenaient quelques hérésies,

1. Cabinet de M. le comte Sclopis.
2. Montesquieu, lettres du 8 octobre 1750 et 8 avril 1752, avec les notes jointes de Guasco.

'avoue que des explications dans une édition suivante ne devraient pas empêcher la condamnation des premières; mais ici ce n'est point du tout le cas : il est question de quelques termes qui, dans certains pays, ne paraissent pas assez modérés, ou que des gens simples regardent comme équivoques. Dans ce cas, je dis que des modifications ou des éclaircissements dans une édition suivante et dans une apologie, déjà faite, suffisent...

Cependant la *Défense de* l'ESPRIT DES LOIS avait paru au mois d'avril 1750[4]. La Congrégation eût en décembre une nouvelle séance qui devait être décisive. La minorité disait que l'assemblée du clergé de France avait refusé de condamner le livre de Montesquieu, que la Sorbonne allait l'absoudre et que l'auteur adhérait aux objections. La majorité demandait la censure de la première édition et de la traduction italienne faite à Naples. Par bonheur, le cardinal Quirini, préfet de la Congrégation et le plus important des prélats romains, dit qu'il avait été satisfait de la *Défense de* l'ESPRIT DES LOIS. Et sur les instances du duc de Nivernais, Benoît XIV défendit à la Congrégation de statuer.

Le souverain pontife était de l'école de saint Vincent de Lérins : *In certis veritas, in dubiis libertas, in omnibus caritas.* Il confirma la bulle *Unigenitus*, et il accepta de Voltaire la dédicace de *Mahomet.* Son mot le plus fréquent était : « Sachez que le pape n'a la main libre que pour les bénédictions. » Même il

4. Les *Nouvelles ecclésiastiques* des 24 avril et 1er mai 1750.

venait d'écrire, le 28 septembre 1748, à l'antiquaire Muratori [1] :

L'inquisiteur d'Espagne a interdit les ouvrages de feu le cardinal Noris. Je lui ai dit qu'on ne devait pas censurer les livres d'un grand homme, quoiqu'il s'y trouve des choses répréhensibles et qui mériteraient d'être relevées dans un auteur vulgaire. Pour me faire mieux comprendre, je lui ai rappelé qu'on n'avait mis à l'*Index* ni les Bollandistes, ni Tillemont, ni Bossuet, ni vous...

Au mois d'avril 1751, monseigneur Bottari, pour quelque motif qui échappe encore, fut remplacé par monseigneur Aimaldi, secrétaire des lettres latines et homme véritablement instruit, sur le compte duquel l'ambassadeur [2] écrivit à Montesquieu :

Je sais même qu'il est admirateur de votre ouvrage, et je le lui ai entendu dire publiquement dans le temps où il ne pensait pas être chargé de le rapporter. Outre cela, il est mon ami. Cependant il ne faut pas espérer que son jugement soit favorable, parce que la crainte de passer pour tolérant aura sur lui plus de force que sa propre opinion ; mais il m'a promis qu'il procéderait avec beaucoup de circonspection, par où nous gagnerons encore du temps, et c'est tout ce que je puis.

Qu'allait-il résulter de ce procès intenté à Montesquieu ? On se rappelle peut-être ce qui était arrivé en 1580, dans un cas pareil, à son plus illustre compa-

1. *Archivio Muratoriano*. Modène, 1872.
2. Duc de Nivernais. *Œuvres posthumes*, 2 vol. in-8, 1807.

triote et devancier. Voici du moins ce que Montaigne [1] nous raconte dans son curieux *Voyage en Italie* :

> Ce jour, au soir, me furent rendus mes *Essais*, châtiés selon l'opinion des docteurs moines. Le maître du sacré palais se contentoit tant des excuses que je faisois sur chaque article d'animadversion que lui avoit laissée un *frater* françois, qu'il remit à ma conscience de r'habiller ce que je verrois estre de mauvais goust... (En partant) ils me prierent de n'avoir aucun egard à la censure de mon livre, en laquelle d'autres François les avoient avertis qu'il y avoit plusieurs sottises ; ajoutant qu'ils remettoient à moi-même de retrancher en mon livre, quand je le voudrois réimprimer, ce que j'y trouverois de trop licencieux et, entre autres choses, les mots de *fortune*.

L'affaire de Montesquieu eut une suite bien différente. Monseigneur Aimaldi, nommé au mois d'avril 1751, mit presque une année avant de déposer son rapport. Attendait-il des éclaircissements qui n'arrivèrent pas ou qui parurent insuffisants ? Il y eut une nouvelle édition du chef-d'œuvre, mais elle ne contenait pas de corrections sérieuses.

Alors la Congrégation rendit un décret de censure, daté du 2 mars 1752 [2], contre les deux ouvrages intitulés : l'un « de l'*Esprit des Loix*, ou du Rapport que « les loix doivent avoir avec la constitution de chaque « gouvernement, les mœurs, le climat, la religion, le « commerce, etc. ; » et l'autre « *Spiriti delle Leggi*,

---

1. Montaigne, *Voyage en Italie*.
2. Index librorum pohibitorum, Mechliniæ, Hanicq, 1838, in-12.

« tradotto del francese in toscano, con alcune note dei
« traduttori. » C'étaient la première édition de l'*Esprit
des Lois* et sa traduction en italien, avant les corrections de l'auteur.

Du reste les canonistes sont formels et unanimes : il
n'y a aucun déshonneur à avoir un livre condamné
par la congrégation de l'*Index*. Seulement l'écrivain
frappé doit accepter de cœur et d'esprit cette censure,
comme on accueille un blâme de la part d'une personne autorisée et plus éclairée que soi.

Les Encyclopédistes riaient de ce tribunal et faisaient trophée d'obtenir ses arrêts, dépourvus de sanc-
tion pénale.

La conduite de Montesquieu pendant ce procès avait
été pleine de déférence et de soumission envers
l'Église. En échange le décret de l'*Index* fut, pour
ainsi dire, gardé secret, à ce point même qu'aucun de
ses contemporains n'en parle, et que l'homme [1] qui
connaissait le mieux le dix-huitième siècle en niait
encore l'existence en 1857.

Depuis cette sentence jusqu'à la mort de Montesquieu, qui eut lieu trois ans après, il ne parut plus
d'*Esprit des Lois*. L'auteur préparait une édition revue
et corrigée selon l'*Index* [2].

Cependant les veilles que lui avaient coûtées son
ouvrage; la correspondance qu'exigeaient de lui ses
admirateurs, ses critiques et ses juges, les soupers et

1. Saint-Beuve, *Le duc de Nivernais*; Causeries du lundi, t. XIII.
2. Voir page 331.

la conversation, l'avaient beaucoup fatigué. La perte presque complète de la vue l'avait aussi très-vieilli, quoiqu'il dît gaiement : » Je sais être aveugle[1]. » Il éprouvait le besoin de se fixer définitivement à la campagne.

1. *Memoirs of lord Chesterfield*, section IV, 1741.

XXIII

Peu à peu les critiques contre Montesquieu s'apai-
sèrent en France et à l'étranger. On vit bien encore
quelques écrivains, tels que Holberg, Cataneo, Pecquet et Forbonnais, s'occuper de l'*Esprit des Lois*,
mais c'était moins pour le critiquer que pour le vulgariser.

Après le succès de l'ouvrage, il y eut celui de l'auteur. Ce furent les poëtes qui, bien entendu, se mirent
d'abord à lui adresser leurs hommages dans le *Mercure de France*[1] ou directement. Montesquieu, grâce
au goùt des salons du temps et peut-être par rivalité
contre Voltaire, était un peu atteint de métromanie,
si j'en juge par quelques pièces heureusement inédites.
Il a dù, selon la mode du temps, répondre à ses enthousiastes en vers qui n'ajouteraient certainement
rien à sa gloire si on les publiait.

1. Voir, année 1754, une épître de Desforges Maillard.

De jeunes publicistes lui écrivirent pour lui proposer leurs doutes, mêlés d'éloges. Dreux du Radier,
avocat distingué, lui envoya une dissertation où il
combattait une de ses opinions ; Montesquieu, le
4 avril 1751, l'en remercia avec sympathie. On
connaît deux lettres fort intéressantes qu'il répondit à
un curieux écrivain, nommé Grosley. Celle qui est
inédite contient ces mots :

Je serais ravi que, dans la recherche de la vérité, nous
nous confirmions et nous nous convainquions l'un l'autre.
Quelques observations, que vous me fîtes l'honneur de m'envoyer, lorsque mon livre parut, me firent juger que nous
devions beaucoup espérer de vos connaissances et de vos
lumières sur le droit français.

La correspondance ne suffit bientôt plus à ses admirateurs. Partout il s'organisa des pèlerinages pour
venir le voir à La Brède.

Nul homme à talent ou sans talent, dit un enthousiaste
français[1], ne fut jamais plus simple que Montesquieu dans
son ton et dans ses manières : il l'était dans les salons de
Paris autant que dans ses domaines de La Brède, où parmi
les pelouses, les fontaines et les forêts dessinées à l'anglaise,
il courait, du matin au soir, un bonnet de coton blanc sur la
tête, un long échalas de vigne sur l'épaule, et où ceux qui
venaient lui présenter les hommages de l'Europe, lui demandèrent plus d'une fois, en le tutoyant comme un vigneron,
si c'était là le château de Montesquieu.

1. Garat, *Mémoires sur le dix-huitième siècle*, 2e édit. Paris, Belin,
1821, p. 102 et 103.

Un naturaliste génevois, Trembley[1], qu'il avait connu en Angleterre, écrivait à leur ami commun, Bonnet, après avoir passé quelques jours à La Brède, dans l'automne de 1752 :

Je ne puis vous exprimer les délices que j'ai goûtés pendant ce séjour. Que de belles, que d'agréables choses j'ai entendues ! Que penserez-vous de conversations qui commençaient à une heure après-midi et qui ne finissaient qu'à onze heures du soir? Tantôt vous auriez entendu traiter les sujets les plus élevés, et tantôt vous auriez entendu rire de grand cœur à l'occasion de quelque conte exquis... J'ai beaucoup parlé agriculture avec M. de Montesquieu. Dans une conversation que nous avions eue sur ce sujet, il s'écria :

O fortunatos nimium sua si bona norint
Agricolas !

Il ajouta ensuite : « J'ai souvent pensé à mettre ces paroles au frontispice de ma maison. »

Deux inconnus, dont un[2] futur membre de la chambre des Lords, vinrent exprès d'Angleterre pour le voir et lui écrivirent pour avoir une audience de lui :

Sa réponse, nous dit l'un d'eux, ne se fit pas longtemps attendre. Elle était charmante et favorable. Le premier rendez-vous d'une maîtresse ne nous aurait pas tenus plus éveillés toute la nuit que ne le fit cette flatteuse invitation ; et, le lendemain matin, nous nous mîmes en route de si bonne heure, que nous arrivâmes à sa campagne avant qu'il

1. Sayous, *Le Dix-huitième siècle à l'étranger*. Paris, Didier.
2. Fr. Hardy, *Memoirs of Charlemont*, 2 vol. in-8. Dublin, 1812.

fût levé. Le domestique nous fit entrer dans la bibliothèque, où le premier objet qui s'offrit à notre curiosité fut un livre ouvert sur une table à laquelle il s'était probablement assis le soir précédent : la lampe éteinte était encore à côté. Impatients de connaître les lectures de nuit de ce grand philosophe, nous allâmes aussitôt au volume : c'étaient les *Élégies* d'Ovide, ouvertes à l'une des pages les plus galantes . Nous n'étions pas revenus de notre surprise ; elle augmenta encore lorsque nous vîmes entrer le président, dont l'aspect et les manières étaient tout à fait opposés à l'idée que nous nous étions faite de lui : au lieu d'un grave et austère philosophe, dont la présence aurait pu intimider des jeunes gens comme nous étions, la personne qui s'adressait à nous était un Français gai, poli, plein de vivacité, qui, après mille agréables compliments et mille remerciements pour l'honneur que nous lui faisions, nous demanda si nous ne voulions pas déjeûner ; et, comme nous nous excusions, car nous avions déjà mangé en route : « Venez promener, nous dit-il, il fait une belle jour- « née ; je désire vous montrer comme j'ai tâché de pratiquer « ici le goût de votre pays et d'arranger mon habitation à « l'anglaise. » Nous le suivîmes. Bientôt à la lisière d'un beau bois coupé en allées, clos de palissades, et dont l'entrée était fermée d'une barrière mobile d'environ trois pieds de haut, attachée avec un cadenas : « Allons, s'écria-t-il après avoir cher- « ché dans sa poche, ce n'est pas la peine d'attendre la clef ; « vous pouvez, j'en suis sûr, sauter aussi bien que moi, et « ce n'est pas cette barrière qui me gêne. » Ainsi disant, il courut à la barrière et sauta par-dessus le plus lestement du monde. Mais il avait remarqué notre embarras en l'abordant (car nous étions fort émus) ; il s'appliqua, à force de bienveillance, à nous mettre à notre aise. Peu à peu, son âge et son génie disparurent, si bien que la conversation devint aussi libre et aussi facile que si nous eussions été ses égaux de toutes façons. On parla arts et sciences. Il nous questionna sur nos voyages, et comme j'avais visité l'Orient, il s'adressa surtout à moi, s'intéressant aux moindres détails des pays que j'avais parcourus. J'ai pu le constater plus d'une fois, il regrettait de n'avoir pas vu ces contrées... Tout en causant, nous nous promenions. Après avoir fait le tour de son domaine, arrangé en effet à l'anglaise, nous revînmes et nous fûmes reçus par madame la baronne et sa fille. Ce furent elles qui, avec le secrétaire du président, formèrent la société. Le repas fut simple et abondant. Après dîner, Montesquieu insista pour nous faire rester et ne nous laissa partir qu'au bout de trois jours, pendant lesquels sa conversation fut aussi amusante qu'instructive. Alors son secrétaire, qui était Irlandais, nous reconduisit à Bordeaux...

Il paraissait donc décidé à ne plus retourner à Paris, à cause de ses fatigues. Un autre motif peut-être le décidait à demeurer à La Brède. La femme de son arpenteur feudiste, Latapie, était allée accoucher en 1739 à Bordeaux [1]. Les mauvaises langues disaient que Montesquieu avait voulu suivre la première éducation du nouveau-né, qui était ardent et d'une sagacité peu commune, et sur lequel il avait des vues particulières. Le voisinage du grand homme et sa bienveillance portèrent l'enfant au travail. Admis près de lui, l'accompagnant dans ses promenades, l'aidant quelquefois dans ses recherches, écrivant sous sa dictée, prêtant à ses moindres paroles une oreille toujours attentive, il se livra à l'étude des langues anciennes, de l'histoire et des sciences exactes avec succès. Il est malheureusement très-possible que Montesquieu ait eu des bâtards, mais aucun des ouvrages du fils Latapie, qui roulent tous sur la botanique, ne porte la marque d'une telle parenté [1].

1. Bernadau, mss.; — Académie de Bordeaux, Actes, 1824.

Cependant des dettes de reconnaissance à acquitter le ramenèrent à Paris.

On se rappelle qu'un jeune Français[1], professeur de l'Université de Danemark, avait des premiers, en 1749, fait connaître, et ensuite, en 1751, défendu l'*Esprit des Lois*. Depuis, La Beaumelle avait publié deux nouveaux ouvrages : l'un, intitulé *Mes Pensées*, qui a mérité un moment d'être attribué à Montesquieu, contenait quelques traits contre les hommes de lettres trop pensionnés; l'autre était une nouvelle édition du *Siècle de Louis XIV*, où il avait relevé de nombreuses erreurs. Voltaire, deux fois piqué, parce qu'on l'attaquait dans ses intérêts pécuniaires et dans sa science historique, dénonça son adversaire au roi de Prusse, comme un homme dangereux, et au gouvernement français comme un pamphlétaire qui avait offensé la maison d'Orléans. La Beaumelle fut arrêté et mis à la Bastille le 24 avril 1753.

A la nouvelle de ce qui arrivait à son jeune défenseur, sur la demande de son rival, Montesquieu revint aussitôt de La Brède pour solliciter la mise en liberté de La Beaumelle, qu'il obtint le 12 octobre suivant. Il y a sur ce sujet une lettre inédite[2] de lui, adressée à La Condamine le 15 mars 1754 :

Je vous remercie des soins que vous vous êtes donnés pour La Beaumelle; et comme il peut avoir besoin d'argent,

1. Angliviel de La Beaumelle, *Vie de Maupertuis*. Paris, 1852, in-12; — Nicolas, *Vie de La Beaumelle*. Paris, 1852, in-8; — *la Spectatrice danoise*, recueil hebdomadaire.
2. Cabinet d'Étienne Charavay.

la Bastille n'en fournissant pas, je vous prie de disposer de moi...

Un second trait de bienfaisance signala son séjour à Paris. L'Académie française l'avait en 1753 nommé directeur, pour trois mois, selon l'usage. Dans l'intervalle, un de ses collègues mourut. Deux hommes de lettres briguèrent sa place ; c'étaient Buffon et Piron, le dernier avec plus de chances. Au jour de l'élection, le roi manda qu'il n'agréerait point le poëte de l'*Ode à Priape*. Le pseudo-traducteur du *Temple de Gnide* aimait beaucoup cet homme d'esprit, qui était comme lui, presque aveugle, comme lui auteur d'un *Lysimaque* (Callisthène), comme lui né en 1689, et qui avait composé un madrigal en faveur de l'*Esprit des Lois*. Il adressa immédiatement une lettre[1] pleine de cœur et d'esprit à madame de Pompadour, qui fut touchée ; et Louis XV accorda sur sa cassette une pension d'académicien au candidat évincé. Malheureusement, l'histoire ne finit pas là : Buffon[2], élu à la séance suivante, ne pardonna pas au protecteur de son adversaire. Il dit dans son discours de réception, qui était sur le style : « le grand nombre de divisions, « loin de rendre un ouvrage plus solide, en détruit « l'assemblage ; le livre paraît plus clair aux yeux, « mais le dessein de l'auteur paraît obscur. » Et il écrivit en note qu'il avait visé l'*Esprit des Lois*.

1. Éloge historique de Montesquieu, *infra* ; — Fréron, *Année littéraire*, 1776, t. III et IV.
2. Grimm et Diderot, *Correspondance*, édit. M. Tourneux. Garnier,

Montesquieu fut plus heureux dans une autre élection. La mort de l'évêque de Vence, le P. Surinan, laissa vacant un fauteuil à l'Académie. On vit se mettre sur les rangs l'évêque de Troyes, Poncet de la Rivière, l'abbé Trublet, l'abbé de Boismont et d'Alembert. Je me suis souvent demandé pourquoi ce sont d'ordinaire les dames qui donnent les chances à ce concours, où elles ne peuvent prendre part? La marquise de Lambert avait été autrefois grande électrice; aujourd'hui ce sont Mesdames ***.

Voici la chronique d'alors[1]. La duchesse de Chaulnes s'intéressait à Boismont; mais mesdames d'Aiguillon et du Deffand sollicitaient avec la plus grande vivacité pour d'Alembert. Montesquieu, qui avait été très-loué dans la préface de l'*Encyclopédie*, comme on s'en souvient, répondit, le 12 septembre 1754, à la Sévigné du dix-huitième siècle : « J'ai plus d'envie que lui et autant d'envie que vous, de le voir de l'Académie ; car je suis le chevalier de l'ordre du mérite. » Et d'Alembert fut reçu le 19 décembre 1754.

Du reste partout son plaisir le plus vif était d'aider le talent. On se rappelle comment il en usa avec Sully. Tantôt un praticien de Nérac, à sa sollicitation, se rendait à Paris et devenait médecin du roi; tantôt par

877 ; — Piron, *OEuvres*, édit. Rigoley de Juvigny ; — Nadault de Buffon, *Correspondance inédite*. Paris, Hachette. Notes ; — De Luynes, *Mémoires*, 1863.

1. Madame du Deffand, *Correspondance*, édit. de Lescure, 2 vol. Plon, Paris, 1867.

ses encouragements, Romas avait la gloire, avant Francklin, de découvrir le paratonnerre. Voici des lettres[1] inédites qui feront connaître quelques-uns de ses protégés et l'appui qu'il leur accordait. Il écrivait à son ami Barbot[1] :

J'ai eu, il y a quelques jours, mon cher Président, un entretien avec M. Roux, médecin très-estimable, qui m'a donné en communication un mémoire *sur les dangers de la petite vérole*. Cet homme mérite secours et protection. Je lui ai conseillé de quitter la province, où rarement on apprécie le vrai mérite ; et je lui ai promis des lettres de recommandation pour quelques amis de Paris. Rapprochez-vous de cet homme ; il est de la bonne espèce et mérite d'être connu.

Il écrivait[2] à l'abbé Leblanc, le 13 septembre 1753 :

Je reçois, Monsieur, avec bien de la reconnaissance, et votre lettre et votre traduction de M. Hume, que j'ai lues avec beaucoup de plaisir ; et l'auteur ne pourra pas vous accuser d'avoir affaibli son original : chose que les auteurs font quelquefois, parce qu'ils estiment trop leur original.

Le 13 juillet 1753, Hume, l'auteur anglais, recevait cette lettre...[3].

M. de Jaucourt, qui a formé le dessein de traduire l'ouvrage de M. Wallace, me dit hier qu'il traduirait aussi le vôtre, sur le nombre des peuples chez les anciennes nations. Le public, qui admirera les deux ouvrages, n'admirera pas

1. Bernadau, *mss.*
2. *Revue rétrospective.*
3. Hill. Burton, *Life and Correspondence of Hume.* London, 1848, t. I, p. 305 et 456.

moins deux amis qui font céder d'une manière si noble les petits intérêts de l'esprit aux intérêts de l'amitié.

On connaît de Montesquieu avec un médecin des environs de Nérac, une correspondance [1] qui est pleine de coquetterie. Tantôt il lui dit :

Il paraît que vous n'avez pas besoin d'être soutenu par votre sujet, puisque vous me louez. J'ai lu avec bien du plaisir votre lettre, et je me rappelle avec non moins de plaisir l'homme d'esprit qui l'a écrite.

Continuez, lui dit-il plus loin, de cultiver les Muses, elles demandent la jeunesse, ainsi que les Grâces. Jouissez longtemps des faveurs des unes et des autres.

Vous trouverez, Monsieur, ajoute-t-il ailleurs, que je fais réponse bien tard à votre lettre du 24 octobre. J'ai été toujours à cheval depuis ce temps-là, et j'aurais bien été flatté de vous voir... Ce que vous dites sur les Anglais est très-bien et très-sensé. Effectivement, ils aiment les grands hommes de leur patrie, et, dans cette nation extraordinaire, il y a peu de gens qui n'aient un coin de mérite personnel.

Vous avez envoyé, écrit-il enfin (23 mars 1752), Monsieur, un bâton à un aveugle, en m'adressant votre *Traité des maladies de la vieillesse*. Je puis encore dire avec plus de vérité qu'Horace :

Eheu ! fugaces, posthume, labuntur anni !

Votre livre sera le guide des vieillards ; il apprendra aux jeunes gens à ne pas se préparer, par la dissolution, de nouvelles infirmités pour cet âge avant-coureur de la mort.

Dans une lettre inédite à Bielfeld [2], datée de 1741, il lui annonce son arrivée à Paris et lui dit qu'il est

1. Bernadau, *mss.*
2. *Lettres familières* de Bielfeld, 1763.

« fort répandu dans le grand monde, fort dissipé, que
« le séjour de la capitale le conduit au tombeau, mais
« par un chemin de fleurs. » Une autre fois en lui
parlant de l'affaiblissement de sa vue, il ajoute plai-
samment : « Mon ami, je perds tous les jours un
œil. »

Le 3 août 1745, Montesquieu écrivait à l'intendant
de Guyenne[1] cette lettre presque inédite :

M. Stoup vient d'être porté, Monsieur, pour la jurade
dans l'ordre des avocats, et il a eu les trente voix; ce qui est
une chose bien rare. Il y a longtemps qu'il aurait été question de lui, si M. Cazalet, son beau-frère, pendant les trois
ans qu'il a été porté et les deux ans qu'il a été jurat, ne lui
avait pas été un obstacle. Il a été syndic des anciens en 1741.
J'ai écrit pour lui à M. le marquis d'Argenson. Je vous serai
bien obligé, Monsieur, si vous vouliez bien rendre service,
vous dont on écoute tant la voix, à mondit sieur Stoup auprès de ce ministre. Vous parlerez pour un bon sujet, pour
un homme qui a bien de la considération. Il est mon ami, et
je serais bien flatté si cette qualité ajoutait quelque chose à
celles que je viens de dire.

On doit parler d'un autre de ses protégés. L'Académie de Perpignan avait proposé comme sujet de son
concours d'éloquence « l'éloge de Louis XV. » Un dé-
butant remporta le prix en s'étendant, à l'exemple de
Simonide, sur les écrivains du règne qu'il avait à
louer, notamment sur Montesquieu. Celui-ci témoigna
le désir de voir et de remercier son panégyriste,

1. *Archives historiques du département de la Gironde*, in-4°. Bordeaux, Lefebvre.

Suard[1], qui devint, grâce peut-être à ses conseils, un critique littéraire très-distingué. Ce morceau appréciait notre grand publiciste d'une manière qui lui plut; car s'il aimait peu la louange de ses écrits, il était fort sensible à la vulgarisation de ses idées. Elles avaient fait des progrès depuis la publication de ses ouvrages.

J'ai dit combien le règne de madame de Pompadour avait dû favoriser les principes nouveaux. Il importe de convenir que Montesquieu avait été le premier à les émettre. Les *Lettres persanes* parurent avant les *Lettres anglaises* de Voltaire ; le *Projet d'histoire physique de la terre* précéda l'*Histoire naturelle* de Buffon ; l'*Essai sur les mœurs* de Voltaire vint après la *Grandeur des Romains ;* le *Contrat social* de Rousseau suivit de loin l'*Esprit des Lois ;* enfin l'*Essai sur le goût* donna peut-être à Diderot la pensée des *Salons.* Montesquieu avait, avant les encyclopédistes, prêché la tolérance ; avant Voltaire et Beccaria, demandé les réformes pénales ; avant Mably et Rousseau, enseigné la vertu politique[2]. Tous étaient ses disciples, ses admirateurs ou ses protégés, surtout Jaucourt, Raynal, Deleyre, Roux, Helvétius, Maupertuis et Diderot. L'un d'eux, Suard, nous a conservé les dernières paroles qu'il leur ait peut-être dites à ce sujet[3] :

---

1. Académie française, Rapport sur le concours d'éloquence, 1816. — Perennès, *Éloge de Suard.* Besançon, in-8.

2. Paul Janet, *Histoire de la morale politique*, 2 vol. in-8. Paris,

3. Garat, *Mémoires historiques sur le dix-huitième siècle et sur M. Suard.* Paris, in-8, 1821, 2ᵉ édit., 1ᵉʳ vol., p. 103.

Allons, Messieurs, vous êtes dans l'âge des grands efforts et des grands succès. Je vous invite à être utiles aux hommes, comme au plus grand bonheur de la vie d'un homme ; je n'ai jamais eu de chagrin dont une demi-heure de méditation n'ait adouci l'amertume. Je suis fini, moi ; j'ai brûlé toutes mes cartouches ; toutes mes bougies sont éteintes. Vous commencez, vous: marquez-vous bien le but : je ne l'ai pas touché, je crois l'avoir vu. L'homme n'a pas voulu ou n'a pas pu rester dans son instinct, où il était assez en sûreté, quoique très-près des animaux. En cherchant à s'élever à la raison, il a enfanté et consacré des erreurs monstrueuses ; ses vertus et ses félicités ne peuvent pas être plus vraies que ses idées. Les nations s'environnent de luxe des richesses et de luxe d'esprit ; et les hommes manquent très-souvent de pain et de sens commun. Pour leur assurer à tous le pain, le bon sens et les vertus qui leur sont nécessaires, il n'y a qu'un moyen : il faut beaucoup éclairer les peuples et les gouvernements ; c'est là l'œuvre des philosophes, c'est la vôtre.

Cependant les pèlerinages de ses enthousiastes, l'éducation de Latapie, la protection accordée à ses amis et les conversations ne prenaient pas tout son temps.

XXIV

Outre les ouvrages dont nous avons parlé, Montesquieu avait encore sur le chantier un éloge du maréchal de Berwick. Ce travail est resté en ébauche, mais il fait penser à Tacite. On y sent un grand politique et un grand moraliste ; il s'exprime ainsi sur les mémoires de son héros :

C'est un beau morceau de l'antiquité que la relation d'Hannon. Le même homme qui a exécuté, a écrit. Il ne met aucune ostentation dans ses récits : les grands capitaines écrivent leurs actions avec simplicité, parce qu'ils sont plus glorieux de ce qu'ils ont fait que de ce qu'ils ont dit.

Il composa encore *Arsace et Isménie,* pour peindre le triomphe de l'amour conjugal et le despotisme faisant le bonheur d'un peuple d'Orient. Ce roman paradoxal contient quelques tableaux ingénieux et énergiques, surtout des maximes et des réflexions politiques, où l'on retrouve l'auteur de l'*Esprit des Lois.*

La relation de ses *Voyages* le préoccupait également ; celle de l'Italie, dont deux cahiers sont consacrés à la galerie du grand-duc de Toscane, pourrait à elle seule fournir la matière d'un volume. Il ne voulait pas publier les notes qu'il avait prises dans les différents pays, avant de les avoir rédigées, comme l'ont demandé depuis certains raffinés [1], et il cherchait la forme à leur donner ; car on connaît sa théorie : « Nous aimons l'art, et nous l'aimons mieux que la nature ; c'est que l'art ne prend la nature que là où elle est belle [2]. »

Parmi ces papiers se trouve un petit ouvrage, mis au net, où un pythagoricien raconte les transmigrations de son âme et les divers personnages qu'il a remplis sur la terre. C'est un cadre qui renferme un tableau de mœurs et de caractère, dans le genre du conte de *Memnon* par Voltaire, mais inférieur en gaieté. Le titre de ce roman est : *Histoire véritable ou Métempsychologie.*

Il existe aussi, d'après Fréron [3], cent pages d'une *Histoire de Théodoric*, roi des Ostrogoths, que promettait l'*Esprit des Lois* [4].

Écoutons aussi ce que le père Castel [5] écrivait :

Je rappelle qu'étant allé voir, un jour, le célèbre président de Montesquieu, dans les commencements de notre amitié, il y a plus de trente ans, je le trouvai dans une espèce

1. Sainte-Beuve, *Montesquieu*, Causeries du lundi, 1852.
2. Fragments sur le goût.
3. *Année littéraire*, 1755.
4. Livre XXX, ch. xi.
5. *L'homme physique opposé à l'homme moral*, in-12, 1756.

de verve, et tout enthousiasmé de la découverte qu'il venait de faire, disait-il, d'un peuple spécialement conquérant de l'univers : ce peuple était les Tartares. Dans ce moment, M. de Montesquieu en était à la dix-huitième ou vingtième irruption conquérante que ce peuple avait faite dans notre triple continent, européen, asiatique, africain. Ce qui causait l'enthousiasme et faisait la découverte propre et spécifique de l'auteur, était que, prenant la chose dans toute sa rigueur, il voulait que ce peuple seul, à l'exclusion de tout autre, grec, romain, mède ou persan, fût créé par la nature ou donné de Dieu même, avec la qualité spécifique ou caractéristique de peuple conquérant. Je n'ai pas d'idée que M. de Montesquieu ait imprimé quelque part son idée de la vie tartare, conquérante d'office et par privilége spécial de la nature et de Dieu. En tous cas, on trouvera de lui des papiers relatifs, qu'on ne saurait trop tôt imprimer, non plus qu'une infinité de grandes pensées dont il m'a confié la connaissance, et peut-être le soin de les faire valoir à propos.

Je continue l'énumération des travaux qui occupaient notre publiciste.

Le docteur Bertrand de Saint-Germain, un des curieux de Paris les plus riches et les plus savants, ne croit pas commettre une indiscrétion en me communiquant les extraits ci-dessous, tirés des manuscrits de Montesquieu. C'est d'abord un *Mémoire sur le silence imposé sur la Constitution Unigenitus*, qui renferme ceci :

L'origine du mal et le mal même viennent de ce qu'on a, dans ces derniers temps, confondu la tolérance extérieure avec la tolérance intérieure... Tout le monde sait que la religion catholique n'admet en aucune sorte la tolérance intérieure...

Au dos de cet opuscule est écrit : « L'auteur du

mémoire ne prend part à ces disputes que parce qu'il en gémit. »

Vient ensuite un dialogue entre Xantippe et Xéno-crate, dont voici un passage :

« Xantippe, lui dis-je, vous vous dédommagez de tout par l'admiration où vous jetez l'univers. — Xénocrate, me répon-dit-il, je ne connais pas cette espèce de bonheur qui ne se rapporte qu'à celui qui en jouit. La gloire nous sépare du reste des hommes, mais la vertu nous y réunit, et par là fait notre bonheur. »

Les autres notes de M. de Saint-Germain se com-posent de réflexions de Montesquieu, trouvées dans un de ses manuscrits intitulé : *Pensées diverses*. Je les donne comme il les a recueillies :

Il y a peu de choses bonnes, peu de mauvaises, et une infinité d'indifférentes.

Dans tous les gouvernements, on s'est plaint que les gens de mérite parviennent moins aux honneurs que les autres. Il y a bien des raisons pour cela, surtout une qui est bien na-turelle : c'est qu'il y a beaucoup de gens qui se croient du mérite et peu qui en aient; il y a même souvent beaucoup de difficultés à en faire le discernement et à n'être pas trompé.

En France, ce ne sont pas les noms nobles, mais les noms connus qui donnent du relief.

L'humilité chrétienne n'est pas moins un dogme de phi-losophie que de religion. Elle ne signifie pas qu'un homme vertueux doive se croire plus malhonnête homme qu'un fri-pon, ni qu'un homme qui a du génie doive croire qu'il n'en a pas, parce que c'est un sujet qu'il est impossible d'affir-mer. Elle consiste à nous faire envisager la réalité de nos vices et les imperfections de nos vertus.

Le nombre infini des choses qu'un législateur ordonne ou défend, rendent les peuples plus malheureux et non pas plus raisonnables.

Passons aux derniers ouvrages dont Montesquieu paraît s'être occupé, ce sont des fragments inachevés *sur le goût*, qui jettent une des plus fortes lumières sur son esthétique. Car, comme la plupart des vrais artistes, il professait la théorie de son talent. Son grand principe est la variété.

Ainsi (je résume Montesquieu), la curiosité est l'une des sources les plus vives de nos plaisirs ; on est toujours sûr de plaire à l'homme, en lui faisant voir beaucoup plus qu'on ne lui avait promis. L'art nous séduit plus que la nature, quand il agrandit l'horizon de la pensée.

L'esprit, selon lui, consiste à savoir frapper plusieurs organes à la fois ; et si l'on examine les divers écrivains, on verra peut-être que les meilleurs écrivains et ceux qui ont plu davantage sont ceux qui ont excité dans l'âme plus de sensations en même temps.

Aussi, dans ses ouvrages, s'applique-t-il à mêler les aphorismes aux anecdotes, à tirer un principe général d'un fait particulier, à faire des définitions, à déduire des conséquences, à soutenir des thèses, à soulever des questions, à résumer une vérité, à développer un paradoxe, à peindre à grands traits, à décrire avec détails, à traduire sa pensée sous la forme du dialogue, de l'allégorie ou de la fiction. Il ne néglige même pas les digressions ; « ceux qui savent en faire,

« dit-il, sont comme les gens qui ont de grands bras,
« ils atteignent plus loin ; » enfin il met sous les yeux
mille choses, tirées de tous les pays, de tous les arts,
de toutes les sciences, de tous les hommes, de tous
les livres et de toutes les civilisations.

En face de cette variété d'objets, il y a une variété
de tons. Tantôt Montesquieu peint avec éloquence
les guerres civiles des Romains, la guerre punique,
la tyrannie de Tibère, le règne des Antonins, l'enva-
hissement de l'empire par les Barbares, les victoires
et les institutions d'Alexandre, le portrait de Charlemagne ou de Charles XII et le commerce des anciens.
Tantôt et plus souvent il excite l'attention par des
réflexions successives, des historiettes piquantes, des
idées nouvelles, un tour inattendu, des allusions
cachées, une obscurité calculée, une citation classique, une image concise, une galanterie même.

On peut dire encore que le défaut de méthode, si
généralement condamné dans l'*Esprit des Lois* par
les critiques, est plus apparent que réel. Je l'attribue
à ce que Montesquieu faisait plus ses transitions par
les idées que par les mots, et surtout j'imagine que
ce désordre était un effet de l'art.

Cette manière d'écrire explique pourquoi ce chef-
d'œuvre a coûté vingt ans de travail. Pourtant l'auteur
reconnaissait très-bien que la variété même pouvait
avoir des inconvénients; elle pouvait empêcher d'approfondir suffisamment les sujets, aussi disait-il :
« Je suis comme cet antiquaire qui, partant de son

pays, arriva en Egypte, jeta un coup d'œil sur les py-
ramides et s'en retourna » [1]. On sait le motif supérieur qui le décida à adopter cette méthode quand
même : « Il ne s'agit pas, écrivait-il, de faire lire,
mais de faire penser [2]. »

Ces règles en matière de goût ont été tempérées
tant soit peu cependant par son habitude des affaires, son caractère, ses mœurs et le reste. Voyons
l'une après l'autre l'effet de ces différentes influences.

Il avait l'esprit éminemment pratique. Son existence
le prouve et ses livres s'en ressentent. La méthode
expérimentale était la sienne et il n'aimait que les études qui peuvent être utiles. Aussi jamais œuvre politique n'avait été fondée sur tant de faits, pris chez
tant de peuples civilisés, barbares, sauvages, anciens
et modernes ; l'univers et le genre humain, à toutes
les époques, y sont appelés à témoin et servent à ap-
puyer les analyses les plus ingénieuses ou les plus
profondes. Ce qu'on lui a tant reproché, ses anecdotes,
sont des moyens de rendre des principes plus faciles à
retenir ou de délasser l'esprit, et ses exemples tirés de
peuplades obscures sont des allusions à la France.

Malheureusement, à ses yeux, la propriété, l'héré-
dité et le testament dérivent de la loi positive : c'est une
erreur [3] qui a été exploitée par les socialistes en 1848.
Mais les explications qu'il a données des questions de

---

1. *Esprit des Lois*, l. XXVIII, ch. xlv.
2. *Ibid.* l. XI, ch. xx.
3. Troplong, *De la Propriété d'après le code civil*, in-18.

droit civil, telles que les dots des femmes, la constitution de la famille et le mariage sont très-vraies et
très-justes. Les jurisconsultes regrettent qu'il ne leur
ait pas accordé plus de place.

Les économistes[1] aussi lui ont rendu justice, comme
à l'un des fondateurs de leur science. Selon eux, il
a bien saisi l'influence de la propriété, de l'agriculture et de l'industrie, quoiqu'il ait été opposé à
l'emploi des machines ; l'*acte de navigation* lui plaît,
autant que la liberté du commerce ; ce qu'il dit de l'impôt, sauf des impôts indirects, est exact ; les chapitres
sur la population ne manquent pas de valeur, et ses
idées sur la monnaie sont excellentes.

Outre ces deux preuves, tirées de la manière dont
il s'est occupé de jurisprudence et d'économie politique, son goût pour les faits fut si déterminé qu'il lui
a valu des blâmes dans tous les temps. Ainsi les philosophes se sont plaints qu'il ait négligé la métaphysique pour l'observation de la nature et qu'il ne
fût pas assez théoricien ; d'ailleurs les moralistes[2]
trouvent que l'*Esprit des Lois* n'instruit pas assez
sur les bornes du juste et de l'injuste ; en effet l'auteur a suivi les principes d'une morale plus relative
qu'absolue.

Son style subissait encore certaine autre influence.
Une note[3] manuscrite du temps dit de Montesquieu :

1. Pascal Duprat, *Journal des Économistes*, Guillaumin, 1870.
2. Manzoni, *Osservazioni sulla morale cattolica*, Milan, 1855.
3. Chaudon, *mss.* ; — Bernadau, *mss.* — *L'Espion dévalisé* et les

« Il n'était pas ennemi des plaisirs, même de ceux qu'un philosophe doit s'interdire. » Ses contemporains Duclos, Voltaire, étaient presque tous ainsi : Buffon, le conseiller Cideville et les présidents Hénault et de Brosses. Je veux le croire : la légèreté de conduite n'empêchait pas la gravité des études; elle ne leur donnait que des distractions fugitives; elle n'était pas contraire à la culture des lettres. Montesquieu lui-même a écrit, dans son chef-d'œuvre : « La société des femmes gâte les mœurs et forme le goût [1], » et dans une lettre inédite [2] du 3 août 1745 à M. de Tourny : « Les femmes vous amusent et ne vous retiennent pas. » Cependant la manière de vivre se reflète toujours un peu sur les écrits. C'est pourquoi le style des philosophes du dix-huitième siècle est plein de coquetterie et manque parfois du sentiment des convenances, comme leur existence elle-même.

On trouve dans les *Lettres persanes*, dans le *Temple de Gnide*, dans toutes les œuvres de Montesquieu et même dans l'*Esprit des Lois*, des phrases [3] qu'un

Mémoires secrets racontent une histoire gauloise arrivée au président de Brosses, en présence de Buffon et de Montesquieu, et prétendent qu'elle est tirée d'une lettre de Diderot à Catherine II. Le fait est dans la Correspondance de Diderot.(Édit. Assezat-Tourneux. Paris, chez Garnier, t. XI, p. 246). Mais il est écrit à Grimm et n'a pas pour témoin Montesquieu.

1. *Esprit des Lois*, l. XIX, ch. XIX.
2. *Archives historiques du département de la Gironde*, ubi supra.
3. *Esprit des Lois*, l. XVI, ch. VI, VIII, X, XI ; l. XXVIII, ch. XLI; l. XIX, ch. V.

honnête homme d'aujourd'hui n'oserait lire devant une honnête femme.

Son caractère agissait aussi sur sa manière d'écrire.

Les contemporains [1] sont unanimes pour proclamer son affabilité, sa bienveillance. D'Aydie, le plus sincère, a écrit : [2] « Eh ! qui n'aimerait pas cet homme, ce bon homme, ce grand homme... et toujours digne d'admiration ou adorable. » On se rappelle en outre les secours qu'il donna à Sully et à ses paysans. Ajoutez son appréhension de faire de la peine à ses amis. « Vous fûtes, hier, écrivait-il à Guasco, de la dispute avec M. de Mairan sur la Chine. Je crains d'y avoir mis trop de vivacité [3]. » Le plus beau témoignage en sa faveur est cette pensée de lui : « J'ai toujours senti une joie secrète, lorsqu'on a fait quelque règlement qui allait au bien commun. [4] »

Pourtant on trouve, dans ses livres beaucoup de plaisanteries, mais aucune n'est amère. Les *Lettres persanes*, dont le fond est une satire, contiennent plus d'un trait léger et comique. D'ailleurs, lorsqu'il y parle des faveurs que les princes accordent aux courtisans, des beaux-fils qui se font gloire de troubler les familles, de l'agiotage de Law, de l'origine du droit naturel, des causes de la dépopulation, son style est

1. D'Argenson, *Mémoires ;* — De Luynes, *ibid.;* — Richelieu, *ibid.*
2. Lettre à Madame du Deffand, 28 janvier 1754, édit. de Lescure.
3. Lettre de Montesquieu, 1755.
4. *Pensées diverses.*

sévère et son accent humain. L'*Esprit des Lois* même renferme quelquefois du badinage, au lieu de raisonnement. La faute en est à la bonne humeur de Montesquieu et à son tempérament, qui lui faisaient voir les choses du côté gai. C'était aussi une nécessité du temps et un moyen de faire accepter des vérités à un public frivole. Néanmoins, il y a dans cet ouvrage, des cris d'indignation contre le despotisme, la traite des nègres et les fortunes faites par les traitants sur le peuple. Rien n'est plus élevé que ses paroles sur la philosophie stoïque, l'amour de la patrie, les avantages de la vie sociale et l'utilité de la religion chrétienne.

Du reste il s'est trahi dans une lettre à Guasco[1] : « Vos recherches vous feront lire des savants, et un trait de galanterie vous fera lire de ceux qui ne le sont pas. » Ce mélange de tons était si bien une habileté d'écrivain et un moyen de plaire, que dans la *Grandeur des Romains*, il est resté sérieux, sachant que ceux qui aiment l'histoire n'ont pas besoin d'être amusés. C'est à eux qu'il a dit (chap. xvi) :

On sent en soi-même un plaisir secret lorsqu'on parle de cet empereur (Marc-Aurèle). On ne peut lire sa vie sans une espèce d'attendrissement : tel est l'effet qu'elle produit, qu'on a meilleure opinion de soi-même, parce qu'on a meilleure opinion des hommes.

M. Guizot[2] a fort bien remarqué quelle influence

1. Paris..., 1746.
2. Guizot, *Essais sur l'Histoire de France*, IV, *in fine*.

avait exercé sur Montesquieu la profession qu'il avait remplie et la classe à laquelle il a appartenu. Il emprunta de toutes deux quelques préjugés; mais celle-ci l'a aidé à mieux comprendre l'histoire et à expliquer le passé avec plus de respect ; celle-là lui a inspiré le goût des pensées sérieuses et surtout « l'esprit de modération qui, a-t-il dit [1], doit être celui du législateur. »

Un homme des mieux informés, Grouvelle, ajoute [2] : « On assure que Montesquieu forma longtemps des « projets d'ambition : il se destina d'abord aux am-« bassades ; ensuite il aspira véritablement à la place « de chancelier. Il est impossible que de pareilles vues « n'aient pas influé sur ses opinions. »

Montesquieu porta encore dans ses ouvrages le génie et le patois de sa province. Je laisse à de plus compétents le soin de relever ses *gasconismes* [3] comme *essayer* dans le sens d'*user*, *fatiguer* ou *déplacer*, au lieu de *débourser*, sans compter les autres. Je me bornerai aux gasconnades.

La gasconnade est un jeu d'esprit, un trait d'imagination, une manière fanfaronne, brillante et ingénieuse de dire les choses. Tous les écrivains du sud-ouest de la France ont plus ou moins, du château de leurs pères, craché dans la Garonne. Sans doute Montesquieu a corrigé ce goût du terroir par la lecture des

---

1. *Esprit des Lois*, l. XXIX, ch. I.
2. *De l'autorité de Montesquieu*, 1786, p. 112.
3. *Œuvres complètes*. Édit. Laboulaye, *Lettres persanes*, Introduction ; lettres XI, XLV, LVII, etc.

grands modèles grecs, latins et français ; on en trouve
cependant la trace dans ses écrits. Faut-il attribuer à
cette cause ses chapitres d'un alinéa et les titres qu'il
ne remplit pas ? C'était l'opinion du marquis de Mirabeau sur Montesquieu : « Au milieu de sa gloire, ra-
« conte-t-il, [1] j'osai lui dire : vous nous avez donné
« toute autre chose que ce qu'annonce l'étiquette. »
Je me permets aussi de ne voir que des gasconnades
dans les phrases suivantes :

Ce beau système (la Constitution anglaise) a été trouvé
dans les bois...[2].

A la Chine, il est permis de tromper...[3].

Dans une nation libre, il est très-souvent indifférent que
les particuliers raisonnent bien ou mal ; il suffit qu'ils raisonnent : de là sort la liberté [4].

Après la bataille de Cannes, il ne fut pas permis aux femmes
mêmes de verser des larmes [5].

On abandonnera son père, on le tuera même si le prince
l'ordonne ; mais on ne boira pas de vin, s'il le veut et s'il
l'ordonne [6].

Il faut écorcher un Moscovite pour lui donner du sentiment [7].

Enfin ce que l'on n'a pas assez remarqué, [8] c'est la

---

1. *Correspondant* du 25 décembre 1871 ; les Mirabeau, par M. de
Loménie.

2. *Esprit des Lois*, l. XI, ch. VI.

3. *Ibid.*, liv. XIX, ch. XX.

4. *Ibid.*, l. XIX, ch. XXVII.

5. Grandeur des Romains, ch. IV.

6. *Esprit des Lois*, liv. III, ch. V.

7. *Ibid.*, l. XIV, ch. II.

8. Garat, *Mercure de France*, 10 avril 1784.

personnalité que Montesquieu met dans son style :
« Un homme, disait-il, qui écrit bien, n'écrit pas
comme on écrit, mais comme il écrit ; et c'est souvent
en parlant mal qu'il écrit bien. ¹ » On peut lui appliquer le mot qu'il a prononcé sur un de ses quatre
grands poëtes de prédilection : « Dans la plupart des
auteurs, je vois l'homme qui écrit ; dans Montaigne,
l'homme qui pense. ² »

Car c'est un grand charme de Montesquieu : il ne
professe pas devant le lecteur, il cause avec lui, il le
fait assister au travail de sa composition.

Je n'ai pas le temps de traiter à fond cette matière...³.
Je viens d'attaquer, il faut que je me défende...⁴.
Je ne saurais quitter ce sujet...⁵.
Je n'ai pas le temps de développer...⁶.
Dans cette foule d'idées qui se présentent à mon esprit, je
serai plus attentif à l'ordre des choses qu'aux choses mêmes.
Il faut que j'écarte à droite et à gauche, que je perce et que
je me fasse jour...⁷.
Je voudrais couler sur une rivière tranquille ; je suis en-
traîné par un torrent...⁸.
Je ne sais si c'est l'esprit ou le cœur qui me dicte cet
article-ci...⁹.

1. *Pensées diverses.*
2. *Ibid.*
3. *Esprit des Lois*, l. XXIII, ch. XXIV.
4. *Ibid.*, l. XXX, ch. XIV.
5. *Ibid.*, l. XXI, ch. VI. _
6. *Ibid.*, l. XXXI, ch. XXXIV.
7. *Ibid.*, l. XIX, ch. L.
8. *Ibid.*, l. XX, ch. I.
9. *Ibid.*, l. XV, ch. VIII.

Voici d'autres réflexions... [1].

Mais j'entends la voix de la nature qui crie contre moi... [2].

C'est ici qu'il faut se donner le spectacle des choses humaines... [3].

Je supplie qu'on me permette de détourner les yeux des horreurs de Marius et de Sylla... [4].

Ces saillies plaisent beaucoup, parce qu'elles montrent, à côté du génie de Montesquieu, son caractère et ses gestes. Aussi est-ce dans ce sens que Voltaire [5] a dit de lui : « C'est Montaigne législateur. »

On comprend pourquoi je me suis un peu appesanti sur le style de notre publiciste. Mon désir était d'analyser à fond l'écrivain, avant d'assister aux derniers moments de l'homme.

1. *Esprit des Lois*, l. VI, ch. v.
2. *Ibid.*, l. VI, ch. xvii.
3. *Grandeur des Romains*, ch. xv.
4. *Ibid.*, ch. xi.
5. *L'A, B, C*, dialogue.

Derniers moments, religion et mort de Montesquieu.

Le tempérament de Montesquieu avait toujours été solide ; la seule infirmité qu'il ait eue, fut une cataracte qui lui avait presque enlevé la vue. Nous avons sans doute, par ce malheur, été privé de quelque nouveau chef-d'œuvre, car il a mis sur ses tablettes cette pensée mélancolique :

J'avais conçu le dessein de donner plus d'étendue et de profondeurs à quelques endroits de mon *Esprit* ; j'en suis devenu incapable. Mes lectures m'ont affaibli les yeux, et il me semble que ce qui me reste n'est que l'aurore du jour où ils se fermeront pour jamais[1].

La dernière lettre de Montesquieu, encore inédite[2], est datée de Paris, où il venait d'arriver vers la fin de décembre 1754. Il y annonce que, pour ne plus respirer que l'air natal, il est bien décidé à se retirer à La Brède ; « que le bail de la maison qu'il occupe est

1. *Pensées diverses.*
2. Lettre *Projet de rosière à La Brède.*

résilié; qu'il en a déjà parlé à mademoiselle Betty, sa ménagère, etc. »

Sur ces entrefaites [1], une indisposition suspendit son départ et l'empêcha d'abord de sortir de chez lui.

Sa demeure à Paris était rue Saint-Dominique-Saint-Germain, dans une maison que possédait une dame Ancelot, et qui, si je ne me trompe, portait, avant les démolitions récentes, le n° 27. Il en occupait seul l'avant-corps de logis, composé d'un rez-de-chaussée pour écuries, remises et cuisine, d'un premier mansardé pour les personnes à son service, et d'un entre-sol à son usage. Cet étage ne comprenait que cinq pièces : une antichambre, deux petites et deux grandes chambres. L'une de ces dernières, appelée salon de compagnie et transformée en véritable cabinet de travail, ne contenait rien de remarquable que deux tableaux, dont l'un représentait une bataille et l'autre une femme à mi corps, et une épée à garde d'argent massif dans son fourreau. On entrait dans la seconde des grandes chambres par une porte à deux battants, munie de portières en satinade à raies et précédée d'un paravent de six feuilles de damas cramoisi. Les murs étaient couverts d'une tapisserie « à personnages et verdure. » Ici se trouvait « une console à jour en marqueterie, surmontée d'une grande écritoire avec le cornet et la poudrière; »

---

1. Les détails suivants sont tirés de l'inventaire dressé après la mort de Montesquieu.

là « une commode en palissandre garnie de cuivre et couleurs avec dessus de marbre; » plus loin « une armoire de bois de chêne et une bibliothèque à deux volets; » sur la cheminée « une pendule en boîte carrée de marqueterie en écaille, ornée de bronze, de cuivre et couleurs, indiquant les heures et les minutes; » un peu partout « une chaise couverte en damas cramoisi et trois fauteuils pareils, dont l'un était à manchettes en tapisserie à l'aiguille. » En face de la fenêtre s'étendait « une couchette de cinq pieds de large, à piliers de bois de hêtre sur roulettes de cuivre, ornée de deux rideaux et de deux bonnes grâces en damas jonquille. »

Lorry[1], le médecin de Montesquieu, lui ordonna de prendre le lit et avertit d'ailleurs le secrétaire que son maître était attaqué d'une fièvre inflammatoire, susceptible de devenir une fluxion de poitrine. Immédiatement celui-ci prévint les parents et les amis du malade : son cousin, M. de Marans et son petit-cousin le comte d'Estillac, lord Bulkley, d'Arcet, le chevalier de Jaucourt. Mesdames d'Aiguillon et Dupré de Saint-Maur ne le quittèrent plus; Louis XV même envoya prendre de ses nouvelles par le duc de Nivernais.

Le troisième jour, on fit appeler en consultation le fameux Bouvard. Les deux médecins dirent qu'ils regardaient la maladie comme sérieuse.

1. *Année littéraire*, 1755

Les derniers moments de Montesquieu ont été l'objet de plusieurs versions. Toutes sont d'accord sur les faits, mais les interprétations varient. Afin d'en juger mieux, il faut se reporter en arrière.

Dans sa jeunesse, par entraînement, par négligence, sa foi n'était pas très-vive, et il épousa une protestante [1]. Personne ne le nie.

On se rappelle la manière dont il accepta la dispense du Pape, lors de son voyage en Italie [2]. Il y a d'autres traits aussi caractéristiques.

Il est certain que cette pensée inédite est de lui-même : « Mettez dans une île sauvage un jésuite et un dominicain, et revenez-y au bout d'un an : le premier sera le confesseur du roi et le second le tribun du peuple. »

La seigneurie de Baron, près Bordeaux, lui appartenait. Il assistait le dimanche aux offices, mais il y lisait les *Éléments* d'Euclide, dont les figures de géométrie faisaient supposer au sacristain que c'était le livre de messe du diable [3].

Il y a sans doute, dans les *Lettres persanes*, un courant d'impiété qui tient à son temps, à sa jeunesse et au masque mahométan de ses personnages.

La *Grandeur des Romains* même contient des réflexions hostiles aux moines, un éloge des païens et

1. Chap. II, *supra*.
2. Chap. X, *supra*.
3. Ducourneau, *Guienne historique et monumentale*, t. I, 2ᵉ partie, p. 156.

une méconnaissance de l'arrivée du christianisme qui choquent la justice et la vérité[1].

Montesquieu a donné l'indifférence en religion pour base commune aux lois de tous les peuples; il a négligé les idées chrétiennes sur l'origine et la mission du pouvoir; enfin, selon lui, l'ordre social et l'histoire du monde dérivent de l'influence des climats.

Mais en aucun temps, malgré tous ces écarts, il n'a médit du christianisme directement. La *Grandeur des Romains*[2] même s'explique ainsi sur le protestantisme :

> Il pensa bien y avoir en Orient à peu près la même révolution qui arriva il y a environ deux siècles en Occident, lorsqu'au renouvellement des lettres, comme on commença à sentir les abus et les dérèglements où l'on était tombé, tout le monde cherchant un remède au mal, des gens hardis et trop peu dociles déchirèrent l'Église au lieu de la réformer.

Il me semble voir son opinion intime dans ce passage tiré du recueil de ses *Pensées* posthumes :

> Quand l'immortalité de l'âme serait une erreur, je serais fâché de ne pas la croire. J'avoue que je ne suis pas si humble que les athées. Je ne sais comment ils pensent, mais pour moi, je ne veux pas troquer l'idée de mon immortalité contre celle de leur béatitude d'un jour. Je suis charmé de me croire immortel comme Dieu même. Indépendamment des idées

---

1. Comte de Champagny, les *Césars*. Paris, Comon, in-8, 1841, t IV, p. 188.

2. Chap. xxii. Il dit aussi (*Esprit des Lois*, l. XXIV, ch. v) : Quand la religion chrétienne souffrit, il y a deux siècles, ce *malheureux* partage qui la divisa en catholique et en protestante.

révélées, les idées métaphysiques me donnent une très-
forte espérance de mon bonheur éternel, à laquelle je ne
voudrais pas renoncer.

On n'a donc jamais remarqué, dans l'*Esprit des
Lois*, ces phrases émues?

> Une religion qui laisse derrière elle la justice humaine, et
> commence une autre justice; qui est faite pour nous mener
> sans cesse du repentir à l'amour, et de l'amour au repentir,
> ne doit point avoir de crimes inexpiables. Mais, quoiqu'elle
> donne des craintes et des espérances à tous, elle fait assez
> sentir qu'il serait très-dangereux de tourmenter sans cesse la
> miséricorde par de nouveaux crimes et de nouvelles expiations;
> qu'inquiets sur les anciennes dettes, jamais quittes envers le
> Seigneur, nous devons craindre d'en contracter de nouvelles,
> de combler la mesure et d'aller jusqu'au terme où la bonté
> paternelle finit [1].

Sa déférence en matière religieuse était telle qu'il
était lié avec beaucoup de prêtres, et que ses deux
plus grands amis ont été, comme nous l'avons vu,
un abbé et un jésuite, Guasco et le P. Castel.

En 1751, lorsque les immunités ecclésiastiques
furent contestées, il ne crut point qu'il fallût ôter au
clergé un privilége qu'il regardait comme l'ombre
respectable d'un droit autrefois commun à toute la
nation [2].

Pendant le premier succès [3] de l'*Esprit des Lois*, un
de ses proches parents étant tombé dangereusement

1. Livre XXIV, ch. 13.
2. Maupertuis, *Eloge de Montesquieu.*
3. *Dictionnaire antiphilosophique*, 1767, p. 386.

malade, Montesquieu vola chez lui, le pressa vivement d'appeler un confesseur ; et l'ayant persuadé, il
courut à minuit lui en chercher un. La confession
achevée, il ne consentit qu'avec peine qu'on différât
jusqu'au jour à lui administrer la Communion.

On sait[1] qu'à sa mort, Montesquieu préparait une
nouvelle édition des *Lettres persanes*, et qu'il en
donna le manuscrit, hélas! perdu, à mesdames d'Aiguillon et Dupré de Saint-Maur, en leur disant :
« Consultez avec mes amis et décidez si ceci doit paraître. » Une tradition a été recueillie dans le Comminges et rendue vraisemblable par M. le sénateur
Sacase[2] : Montesquieu, dit-on, avait commencé à
corriger son livre en 1752, à l'abbaye de Nizor, où
les pieux solitaires, qu'il avait plaisantés avant de les
connaître, l'avaient sinon converti tout à fait, au moins
décidé à prendre cette grave et généreuse résolution.

Ce qui est plus précieux, il venait de remettre aux
libraires une édition corrigée de l'*Esprit des Lois* qui
du reste parut en 1757. On y trouve des changements
dont quelques-uns étaient d'admirables modifications
de style et dont la plus grande partie donnait satisfaction à l'autorité religieuse[3].

---

1. Collé, *Journal*, 10 février 1755 ; — Bernadau, *Tableau de Bordeaux*, 1810, in-12 ; — Lettre de madame d'Aiguillon dans l'*Éloge
de Montesquieu* par Maupertuis.

2. Montesquieu à l'abbaye de Nizor, in-8. Toulouse, 1867.

3. *Année littéraire*, 1776, t. VI, p. 43 ; — Avertissement de
l'édition des OEuvres de Montesquieu, 1767. 3 vol. in-1°, t. I, p. 16.

Enfin Diderot[1] raconte que Montesquieu disait un jour en causant de religion : « Convenez, M. Suard, que la confession est une bonne chose. »

Après ces renseignements, on peut juger ce qu'ont dû être les derniers instants de Montesquieu. Il y en a des narrations faites pour le public, pour Louis XV et pour les amis : l'une vient d'un confesseur[2], l'autre d'un courtisan[3], plusieurs d'encyclopédistes[4], toutes publiées à des distances plus ou moins éloignées de l'événement et par conséquent peu sûres. La vérité doit être dans une lettre écrite le jour même de la mort de Montesquieu par une personne qui y assistait, qui est hostile aux faits qu'elle raconte, et qui est sans doute madame Dupré de Saint-Maur[5].

Il se fit ensuite lire la liste de ceux qui étaient venus le voir, et comme on lui lut : « M. le curé de Saint-Sulpice. — Comment dites-vous cela, interrompit-il ; recommencez. » Il se fâcha de ce qu'on n'avait pas laissé entrer le curé, et ordonna à chacun de ses gens en particulier de laisser entrer

1. *OEuvres*, Ed. Assezat-Tourneux. Paris, Garnier, 1876, t. XIX, p. 134 ; Lettre à mademoiselle Volland, 23 septembre 1762.

2. P. Routh, *Journal d'Utrecht*, 3 octobre 1755, et *Dictionnaire antiphilosophique*. Avignon, 1767, p. 386.

3. De Luynes, *Mémoires ;* — Soulavie, *Pièces inédites pour servir aux règnes de Louis XIV, XV et XVI*, 1793.

4. *OEuvres complètes de Montesquieu*, in-4°, édit. Plassan, 1796, t. V ; — *Correspondance* de Montesquieu, édit. 1767, lettre de madame d'Aiguillon à l'abbé de Guasco,; — Dizé, *Précis historique sur la vie et les travaux de J. Darcet*. Paris, in-8, an X.

5. Mennechet, *Matinées littéraires*. in-12, 1817. Paris, t. IV ; — Fréron, *Année littéraire*, 1755.

M. le curé, à quelque heure qu'il vînt. Le curé y est allé
ce matin vers les huit heures. Le curé lui a décoché en patelin
son compliment. Le président a répondu que son intention était de faire tout ce qui convenait à un honnête
homme dans la situation où il se trouvait. Le curé lui a
demandé s'il avait, dans Paris, quelque homme de confiance
dout il voulût se servir. Le président a répondu que, dans
ces sortes de choses, il n'y avait personne en qui il eût jamais
eu plus de confiance qu'en son curé ; que cependant, puisqu'il lui laissait sa liberté, il y avait une personne à Paris,
en qui il se confiait beaucoup, qu'il l'enverrait chercher,
et qu'il ferait demander le Saint-Sacrement après qu'il se
serait confessé. Le curé s'est retiré, et le président a envoyé
chercher... qui croiriez-vous? Le P. Castel, jésuite, qui est
arrivé avec son second. « P. Castel, lui a dit le président en
l'embrassant, je m'en vais devant. » Après quoi, le P. Castel
a laissé le président seul avec le jésuite. Il s'est confessé, et
M. le curé de Saint-Sulpice lui a porté le bon Dieu vers
les trois heures. Le curé, tenant l'hostie entre ses mains,
lui a demandé : « Croyez-vous que c'est là votre Dieu? —
Oui, oui, a répondu le président, je le crois, je le crois. —
Faites-lui donc un acte d'adoration. » Il s'est assis sur son
lit, a tiré son bonnet. « Faites un acte d'adoration, » a dit
le curé. Alors le président a levé vers les cieux les regards
et la main droite, dont il tenait son bonnet : il a communié.
Après quoi, le bon Dieu, le curé et les jésuites sont revenus
très-contents chacun chez eux. Quant au P. Castel, il ne se sent
pas de joie.

C'est madame d'Aiguillon, dont la piété n'était pas
non plus le faible, qui a rapporté les dernières paroles
que Montesquieu ait dites [1] :

J'ai toujours respecté la religion ; la morale de l'Évangile

1. Lettre de la duchesse d'Aiguillon à Maupertuis, dans l'*Éloge de
Montesquieu*, par Maupertuis.

est une excellente chose et le plus beau présent que Dieu pût faire aux hommes.

Bientôt il cessa de prendre part à la conversation, perdit connaissance et entra en agonie. Dix-huit heures après, il était mort; le treizième jour de sa maladie, le lundi 10 février 1755, à soixante-six ans.

Aussitôt on ouvrit son portefeuille où se trouvait un paquet scellé de huit cachets aux armes de Montesquieu et sur lequel était écrit :

Ceci est mon testament du 26 novembre 1750, dont j'ai fait deux exemplaires, l'un pour porter avec moi dans les pays étrangers où je me propose d'aller, l'autre pour être remis par moi à M. Doyen pour, en cas que le premier soit perdu, l'ouvrir après ma mort[1].

Les formalités remplies, on lut :

Je soussigné, étant en mon bon sens, j'ai fait mon testament tout écrit de main, ainsi que s'en suit. Je commande mon âme à Dieu, et me remets pour les prières et frais funéraires à la volonté de mon héritier bas nommé, le priant de faire le tout avec une grande simplicité...

Le service eut lieu le 11, lendemain de sa mort, à l'église Saint-Sulpice; et son corps y fut déposé dans le caveau de la chapelle Sainte-Geneviève[2]. Il a disparu, sans que personne en ait pu retrouver la trace, même sous le Directoire[3], lorsque ses admirateurs le

---

1. Voir chap. XI, *supra.*
2. Bernadau, *Tableau de Bordeaux,* in-12, 1810; — Dom Devionne, *Histoire de Bordeaux,* in-4°, 1771.
3. *OEuvres posthumes.* Paris, Plassan. in-12, 1798, p. 245.

firent rechercher avec les renseignements de la famille en ligne directe, qui existait encore : c'est sans doute qu'on l'a jeté dans les catacombes, en 1793[1].

Le convoi fut peu suivi. Comme parents, je n'y remarque[2] que le petit-fils de Montesquieu, Charles d'Armajan, ses cousins Joseph de Marans, le comte Delsillac et Guérin de La Motte, qui signèrent à l'acte de décès. Sa femme et ses enfants manquaient, et Diderot[3] fut de tous les gens de lettres le seul qui s'y trouva.

Telle est l'histoire de la vie et des ouvrages de Montesquieu. Après avoir mis quinze ans à l'écrire, je ne crois pas indiscret de donner mon jugement sur lui.

1. *Les Catacombes de Paris.* Paris, Gaume, 1862, in-18, p. 85 et 239.

2.   *Extrait du registre des actes de décès de la paroisse Saint-Sulpice pour l'année 1755.*

Le onze février 1755, a été fait le convoi et enterrement de haut et puissant seigneur Charles Secondat, baron de Montesquieu et de La Brède, ancien président à mortier du parlement de Bordeaux, l'un des quarante de l'Académie française, décédé le jour d'hier, rue Saint-Dominique, âgé de soixante-cinq ans, en présence de messire Joseph de Maran, ancien maître des requêtes honoraire, et de messire Charles Darmajan, petit-fils du défunt, et de messire Joseph Guérin de Lamotte, maréchal de camp, gouverneur de Philippeville et cousin du défunt, qui ont signé :

Signé : MARANS, DARMAJAN, GUÉRIN DE LA MOTTE, COMTE GUYONNET, DE GUYONNET DE COULON, COMTE MARANS, COMTE DELSILLAC, et ROLLAND, curé.

3. Grimm et Diderot, *Correspondance,* édit. Tourneux. Paris, 1877, t. II; — Diderot, *Œuvres.* Édit. Assézat-Tourneux. Paris, Garnier, 1875, t. IV, p. 151.

La civilisation, qui utilise tous les hommes de génie, sait que chacun d'eux a une nature différente. Quelques-uns ne se sont jamais livrés, n'ont point partagé nos passions, sinon par curiosité, et ne se sont proposé que d'être grands. Ils ont pourtant cru bien d'être aimés de leurs semblables, et ils se sont fait connaître d'eux par de bonnes actions et par des chefs-d'œuvre.

On dirait des demi-dieux, nés du cerveau de Jupiter, ne partageant ni le rire ni les pleurs, quelquefois s'occupant des hommes, d'ordinaire habitant les hauteurs sereines de la pensée, dans cette zone limpide de l'atmosphère où les nuages n'arrivent plus, calmes comme l'expérience, indulgents comme le scepticisme.

Montesquieu, ainsi que Gœthe et que Spinosa, paraît avoir été de cette race olympienne. On m'objectera son mot : « Je suis amoureux de l'amitié[1]. » Que répliquer à son aveu : « L'amour a des dédommagements que l'amitié n'a pas[2]. » Ce qui détermine mon jugement, ce sont ses deux déclarations suivantes : « Je n'ai presque jamais eu de chagrin, encore moins d'ennui. J'étais l'ami de tous les esprits et l'ennemi de tous les cœurs[3]. » Cette phrase suffirait : « Je ne demande autre chose à la terre que de tourner sur son centre[4]. »

---

1. *Pensées diverses.*
2. *Ibid.*
3. *Ibid.*
4. Lettre de Montesquieu à Maupertuis, 25 novembre 1746.

Enfin rappelons-nous le trait raconté dans toutes les *Morale en action*[1]. Montesquieu allait volontiers visiter sa sœur aînée à Marseille. Le premier dimanche de juin 1734, il eut l'idée de faire une petite excursion en mer. Un batelier lui offre sa barque, et les voilà partis. Le promeneur frappé des manières inexpérimentées de son pilote lui en fait l'observation. Le pauvre enfant répond qu'il a en effet un autre métier pendant la semaine et qu'il n'exerce celui de rameur que les dimanches, travaillant le plus possible pour racheter son père pris par des pirates, esclave à Tétouan, et appelé Robert. On revient au port et on se quitte. Six semaines après M. Robert est de retour dans sa famille, qui ne sait à qui elle doit la délivrance de son chef. Mais au bout de deux ans, le jeune homme qui pense toujours à son questionneur inconnu, le rencontre de nouveau. Il se jette à ses pieds avec effusion, en le bénissant et le suppliant de venir voir les heureux qu'il a faits. L'autre nie tout et se dérobe brusquement. Ce bienfait est resté anonyme jusqu'à ce que les enfants de Montesquieu aient, à sa mort, vu dans ses papiers qu'il avait chargé un banquier d'envoyer au Maroc, pour la rançon d'un Marseillais, une somme de sept mille cinq cents francs.

Sans doute cette action de Montesquieu est belle, comme sont beaux tous ses ouvrages ; mais comme

1. *Mercure de France*, mai 1775 ; — Levizac et Moysant, *Cours de littérature*. Nouv. édit., Paris, Bossange, 1814, 1er vol., p. 178-182.

eux, elle offre un caractère de bonté dédaigneuse,
venant d'un homme sec qui ne fait le bien que par
acquit de conscience. Saint-Vincent de Paul n'aurait
pas agi de la sorte ; il a ôté les chaînes d'un captif,
mais il ne s'est pas arraché sans pitié à une reconnaissance légitime [1].

J'ose le dire, c'est la différence de la charité avec la
bienfaisance, de l'amour du prochain inspiré par Dieu
avec l'humanité dictée par la justice, et de l'époque
précédente avec celle de Montesquieu.

Ses chefs-d'œuvre, pleins de patriotisme, d'expérience, de probité, de modération, de vertu civique et
de génie, doivent être étudiés et admirés, car ils sont
grands et nobles. Leur seule infériorité vient de ce qu'ils
ne procèdent que de l'intelligence et ne s'adressent
qu'à elle, sans passionner notre cœur ni enthousiasmer
notre âme sensible aux belles choses.

« Respectons, honorons donc [2], la libéralité naturelle et raisonnée. Mais reconnaissons toutefois qu'il
manque à cette bonté et à cette bienfaisance une certaine flamme, comme il manque à tout cet esprit et à
cet art social du dix-huitième siècle une fleur d'imagination et de poésie. Jamais on ne voit dans le lointain
le bleu du ciel ni la clarté des étoiles. »

Pourquoi se plaindre et de ce temps et de cette
vie de Montesquieu? Le véritable temps et la véri-

---

1. Madame Rolland, *Mémoires*, édit. P. Faugère, t. II, p. 195-196.
2. Sainte-Beuve, *Causeries du lundi*, sur Madame Geoffrin.

table vie d'un grand homme ne commence qu'à sa mort. Car le caractère le plus marqué du génie et sa puissance réelle est d'intéresser la postérité, d'agir sur le sort des peuples et de contribuer à leur civilisation.

XXVI

On ne sait si les querelles du parlement avec le
clergé avaient absorbé toute l'attention, ou si les
œuvres de Montesquieu étaient tombées en oubli,
mais sa mort paraît avoir passé inaperçue en 1755[1].

D'ailleurs, il faut convenir que notre publiciste
n'entra pas de suite dans la postérité. Sans doute les
Académies[2] dont il était membre firent son éloge,
les journalistes[3] de sa connaissance annoncèrent à
leurs lecteurs la perte qu'ils venaient de subir, et plus
d'un enthousiaste[4] composa des vers à sa louange.

1. Grimm et Diderot, *Correspondance*, édit. Tourneux. Paris,
Garnier, 1877, t. II ; — Dizé, *Vie de d'Arcet*, an X, in-8. — Lettre
de madame d'Aiguillon à l'abbé de Guasco, dans les *Lettres familières* de Montesquieu, édit. 1767. — Madame du Hausset, *Mémoires*,
édit. Baudoin, in-8, 1823, p. 139.

2. Académie française ; — Académie de Berlin ; — Académie de
Stanislas.

3. Fréron, *Année littéraire*, 1755 ; — *Mercure de France*, ibid. ; —
Evening Post, ibid.

4. Piron, *OEuvres* ; — Ximénès, *Essais de quelques genres divers
de poésie* ; — Turben, *Sur la mort de M. le président de Montesquieu,
mon illustre protecteur*. Toulouse, 1755, pièce ; — Bonneval, *Année*

Même, à la fin de l'année, en tête du cinquième volume de l'*Encyclopédie*, d'Alembert, en chef de secte habile, présenta l'apologie de Montesquieu, comme celle d'un collaborateur : ce qui était vrai et faux en même temps, car si l'auteur des *Lettres persanes* avait préparé les voies des philosophes, l'auteur de l'*Esprit des Lois* n'aurait pas tardé à se plaindre de leur marche[1]. Cette adoption par les distributeurs actuels de la réputation le grandit; toutefois, pour le populariser, il fallut un motif plus humain.

En 1762, à l'apparition du *Contrat social* de Rousseau, le peuple des lettrés qui ne permet pas qu'un homme de génie soit sans rival, et la haute bourgeoisie qui cherche toujours des défenseurs, pensèrent à l'*Esprit des Lois* de Montesquieu.

Les deux politiques formèrent deux écoles, l'une qui représentait le principe de liberté, l'autre le principe d'égalité. Le nom de celui-ci voulut dire libéralisme ou monarchie constitutionnelle, le nom de celui-là démocratie ou république radicale; et leurs élèves se battirent, qui contre un anarchiste, qui contre un aristocrate. Alors on multiplia[2] les éditions

littéraire, 1755; — Adami, sénateur florentin, *Lettres familières*, 1767, 2e édit.

1. « L'impartialité ! Voilà ce que les Encyclopédistes n'aimaient pas dans l'*Esprit des Lois*. » Nisard, *Histoire de la littérature française*, in-8. Paris, Didot, 1870, t. IV.

2. Louis Dangeau. *Bibliographie de Montesquieu*, 1874, in-8. Rouquelle. Paris.

complètes de Montesquieu, on les enrichit de commentaires[1], on proposa son éloge au concours[2], on raconta
les détails de sa vie, on mit sa bienfaisance au
théâtre[3], on illustra trois fois le moindre de ses livres[4],
on le traduisit dans toutes les langues, en anglais, en
italien, en allemand, en russe, en latin et en vers
français. [Tous les esprits qui abordèrent l'histoire,
le droit, l'économie politique et l'administration générale, Quesnay, le marquis de Mirabeau, Raynal,
Morelly, Servan, Malesherbes, Voltaire même, procèdent de Montesquieu. Ses succès ne se bornèrent
pas à la France. Il inspira, en Italie, le criminaliste Beccaria et le législateur philanthrope, Filangieri;
en Angleterre, le jurisconsulte Blackstone, et en Écosse,
le philosophe Fergusson.

Son influence se fit sentir même sur les gouvernements. Catherine[5] écrivait à un encyclopédiste, en lui
envoyant son *Instruction* pour le Code russe : « Vous
verrez comment pour l'utilité de mon empire, j'ai
pillé le président de Montesquieu sans le nommer.
J'espère que si de l'autre monde, il me voit travailler, il
me pardonnera ce plagiat pour le bien de vingt millions

---

1. Voir, *infra*, Monographie des livres pour et contre Montesquieu.
2. Garat, Barère et Marat furent les principaux concurrents.
3. Le duc d'Orléans jouait, dans une pièce de madame de Montesson, le personnage de Montesquieu
4. *Temple de Gnide.*
5. Collection de documents publiés par la Société historique de
Russie. Saint-Pétersbourg, in-4°, 1874; — *Revue des Deux-Mondes*,
15 janvier 1877, Rambaud, sur Catherine II et ses correspondants.

d'hommes qui doit en résulter. Il aimait trop l'humanité pour s'en formaliser. Son livre est mon bréviaire. » Elle ajoutait ailleurs : « Son *Esprit des Lois* est le bréviaire des souverains, pour peu qu'ils aient le sens commun. » Grâce à lui, la Prusse donne le premier exemple d'un code simple et clair, l'Allemagne fait disparaître un instant de ses lois la barbarie de plusieurs siècles ; la Pologne réclame une constitution ; la Toscane a un gouvernement plein de lumière et de liberté ; l'Espagne et le Portugal commencent un projet de législation sage et uniforme ; en Amérique, Washington, qui connaissait la présence d'un Montesquieu [1] dans l'état-major français, tire [2] d'un chapitre de l'*Esprit des Lois* « le modèle d'une belle république fédérative. » Chez nous enfin Louis XVI [3], qui avait autorisé le descendant de notre grand criminaliste à conserver le titre de baron [4] de son grand-père, abolit la question [5], et se prépare à accorder d'autres réformes.

Jaloux de tels exemples, le Tiers État, dans la rédac-

---

1. On ne peut croire que Montesquieu, s'il eut vécu plus longtemps, aurait tenu la conduite de ses enfants ; mais celle qu'ils ont eue indique peut-être l'éducation qu'il leur avait donnée. Aussi, j'indiquerai en note les principaux traits de leur vie. Et d'abord son petit-fils prit part, comme on le voit, à la guerre de l'Indépendance, et à son retour, fut nommé colonel d'un régiment français.

2. Éd. Laboulaye, *Revue de droit international*, 1869, n° 11.

3. Il commanda sa statue en marbre à Clodion, le sculpteur à la mode.

4. Michaud, *Biographie universelle*, v° Montesquieu ; — Baron de Lynch, *Notice sur le baron de Montesquieu.*

5. Vicomte de Falloux, *Louis XVI.*

tion des *Cahiers* qu'il remit aux États-Généraux repro-
duisit les idées de Montesquieu [1].

L'Assemblée Constituante, (17 juin 1787 au 1ᵉʳ octobre 1791) sembla d'abord s'y conformer [2]. C'est
d'après ses principes que Necker fit le compte rendu,
que Mounier regrettait dans le gouvernement la confusion des trois pouvoirs. On entendait un écho de
l'*Esprit des Lois* dans le rapport de Bergasse sur l'organisation des tribunaux, dans l'apologie de la Constitution anglaise par Lally-Tollendal, dans maint discours de Clermont-Tonnerre, de Cazalès, de Malouët
et même, vers la fin de la cession, dans le génie de
Mirabeau. Cependant l'influence de Montesquieu [3] sur
cette assemblée fut plus théorique que pratique.
D'ailleurs il avait écrit [4] : « Abolissez dans une mo-
« narchie, les prérogatives des seigneurs, du clergé,
« de la noblesse et des villes, vous aurez ou bien un
« État populaire, ou bien un État despotique. »

Ses idées furent moins puissantes encore sur l'Assemblée législative (du 1ᵉʳ octobre 1791 au 21 septem-

---

1. Continuation de l'*Art de vérifier les dates*.

2. Pendant cette législature, le 30 mai 1791, des représentants
avaient proposé de mettre au Panthéon les cendres de Voltaire et de
Rousseau. Camus dit : « Je demande que le même honneur soit accordé à Montesquieu, le seul peut-être des écrivains qui soit mort avec
l'espoir fondé qu'il n'y avait pas une ligne à effacer à ses écrits. » Et
il parut un journal appelé les *Lettres persanes*.

3. Le fils et le petit-fils de Montesquieu ne se montrèrent pas enthousiastes de la Révolution, l'un dans son château de La Brède, l'autre
à la tête de son régiment de Cambrésis.

4. *Esprit des Lois*, liv. II, ch. v.

bre 1792.) La parti le plus brillant [1] qui, comme tous les partis, après avoir fait de l'opposition avec les doctrines démocratiques, gouvernait avec les doctrines monarchiques, savait par cœur l'*Esprit des Lois*, mais s'en montrait le disciple républicain. Les ennemis de Vergniaud lui reprochaient ses lectures de Montesquieu. Buzot le cite souvent dans ses mémoires, et on en trouva un volume dans la cave où les Girondins s'étaient réfugiés pour échapper à la proscription : ils l'invoquaient, en s'écriant contre la France qu'elle avait mérité ses malheurs, puisqu'elle avait oublié ou dédaigné ses leçons [2].

Pendant le règne de la Convention (du 21 septembre 1792 au 26 octobre 1795), le fils de Montesquieu [3], déclaré *suspect* à quatre-vingts ans, est jeté vingt-sept jours dans un cachot de Bordeaux et gardé à vue chez lui. Tous ses revenus sont arrêtés et ses biens séquestrés. Il est réduit au plus horrible dénûment et les manuscrits de son père sont profanés. A la tribune, Saint-Just parle sans cesse du système de la vertu républicaine, et Robespierre parodie Montesquieu, en disant : « Le principe du gouvernement démocratique c'est la

1. Vatel, *Charlotte Corday et les Girondins*, 3 vol. in-8, 1864-1872 ; — ejusdem, *Vergniaud*, 2 vol. in-8.

2. Pendant l'Assemblée législative, le petit-fils de Montesquieu émigra.

3. *Le Républicain français*, fructidor an III, p. 4173. A cette nouvelle, le petit-fils de Montesquieu prit du service sous le comte de Puisaye et débarqua à Quiberon, où il fut du petit nombre de ceux qui échappèrent à la mort.

« vertu, et son moyen, pendant qu'il s'établit, c'est la
« Terreur¹. » Du reste, les Jacobins le traitent de robin, d'aristocrate, d'imbécile et d'enfant en législation.
C'est l'honneur de ce grand esprit que sa voix calme
et modérée ne peut être entendue ni pendant la dictature du peuple ni pendant celle des despotes.

Quand la Constitution de l'an III (26 octobre 1795)
confia le gouvernement à un directoire, assisté de
deux conseils, Montesquieu redevint à la mode. Sa
fille², à Agen, dans une fête officielle, fut mise « au
nombre des vieillards dont l'âge et les vertus devaient être offerts à la vénération publique. » En
quatre ans, il parut quatre éditions de ses œuvres ;
une même, imprimée in-folio, ornée de vignettes, en-
richie de morceaux inédits, fut présentée³ aux deux
Chambres, qui l'acceptèrent avec respect. Même Pas-
toret aux *Cinq cents* et Goupil de Prefeln aux *Anciens*,
proposèrent de lui rendre les honneurs du Panthéon.

Sous le Consulat (1799-1804), la vogue se prolongea, mais en décroissant. Chateaubriand invoqua l'autorité de Montesquieu dans le *Génie du Christianisme*,
et La Harpe lut encore au *Lycée* une dissertation sur

---

1. Le 5 février 1794.

2. *Décade philosophique*, an V, n° 2, mercredi 11 octobre 1797,
p. 114. — La *Gazette nationale* du 26 ventôse an VIII dit qu'elle
mourut à Agen le 8 ventôse an VIII, à 73 ans. Son fils meurt en 1796
à Bordeaux, et son petit-fils propose au Directoire les manuscrits de
son grand'père pour obtenir la levée du sequestre qui pesait sur
La Brède.

3. Les 21 pluviôse an IV, et 12 ventôse an IV.

l'*Esprit des Lois*; l'Institut [1] proposa pour sujet de poésie un de ses mots les plus mal compris : « La vertu est la base des républiques. » Le gouvernement élimina son petit-fils de la liste des émigrés [2] et donna son nom à une rue de Paris. [3] Bonaparte enfin, lorsqu'il eut à nommer la Commission chargée de proposer une nouvelle législation, choisit pour la présider un disciple de Montesquieu. Le *discours préliminaire* de Portalis reproduit les grandes vues de l'*Esprit des Lois*; et dans la discussion où s'élaborent les codes Civil, Commercial et Criminel, notre auteur, sans cesse invoqué, fournit presque toujours la raison décisive. Triomphe du génie modéré, qui sait concilier les principes de conservation avec ceux de progrès.

Sous l'Empire (1804-1814), Napoléon, qui avait montré son peu de goût pour les publicistes, fit rentrer politiquement dans l'ombre, comme un idéologue, Montesquieu. Son petit-fils, pour obtenir la levée du séquestre mis sur La Brède, avait proposé au directoire et au Consulat, ses manuscrits posthumes. On lui accorda sa demande à condition, je soupçonne, qu'il ne les publierait pas. Du reste, pendant les quinze ans de ce règne, il ne parut qu'une seule édition des œuvres de Montesquieu, encore avait-elle été commencée sous le régime précédent.

1. En 1803.
2. En 1801. Bernadau, *mss.*
3. Lazare, *Dictionnaire des rues de Paris*, le 7 prairial an X, Chaptal, ministre de l'Intérieur.

La Restauration arrive. L'Académie française met son éloge au concours ; Villemain, à la Sorbonne, lui consacre deux leçons. Bordeaux lui élève une statue ; une fête annuelle est consacrée en son honneur [1] ; un auteur dramatique lui donne le rôle de la Providence dans une pièce[2] à succès ; un employé des douanes[3] lui consacre un poëme de vingt-six chants ; la duchesse de Berry[4] visite son château, et on publie une édition par an de ses œuvres complètes. Toutes ses théories libérales défrayent les journaux et les brochures en France, en Angleterre et en Russie. Car il avait le premier donné une idée nette de la liberté politique et montré comment elle peut être réalisée dans les Constitutions. D'ailleurs, l'exposé des motifs de la Charte de 1814 ressemble au fameux chapitre vi du livre XI de l'*Esprit des Lois*[5].

Sous la monarchie de juillet, qui fut si parlementaire, mais qui traversa tant de crises littéraires, in-

1. Lataple, *Fondation d'une rosière à La Brède*, in-4. Bordeaux, 1823.
2. La *Fausse clef*. Paris, 1823.
3. Dumont, Voir, *infra*, la liste des livres sur Montesquieu.
4. Le 23 juillet 1823. Voir Ribadieu, *Châteaux de la Gironde*, in-8. Bordeaux, 1855.
5. C'est dans cette période triomphante, le 19 juillet 1824, que, après avoir offert à Louis XVIII les manuscrits de son aïeul en échange de la pairie qui lui fut refusée, le petit-fils de Montesquieu meurt, sans postérité en Angleterre, où il s'était marié à une Anglaise. Chose remarquable ! Montesquieu, enfant d'une mère anglaise d'origine. né dans un pays qui avait été anglais, s'éteignit chez les Anglais, et ses idées sont appelées anglaises. Cependant un historien a pu dire : « Après avoir lu Montesquieu, on se sent toujours plus heureux d'être « Français. » (Michaud, *Biographie universelle*, vis Montesquieu. — Église de Bridge, Canterbury, Angleterre.)

dustrielles, économiques et sociales, Montesquieu n'eût pas moins d'influence que sous la Restauration. Le nombre de ses éditions, de ses statues et des articles ou brochures sur lui, diminua pourtant un peu, soit parce qu'on voulut réagir, selon l'usage, contre le régime précédent, soit plutôt parce que le goût des études sérieuses s'amoindrit. Si le succès de Montesquieu est en rapport avec la liberté politique, il indique encore mieux le niveau de l'esprit public.

La République de 1848 donna à la France le suffrage universel, malgré l'*Esprit des Lois* qui disait : « Il y a toujours dans un État des gens distingués « par la naissance, la richesse ou les honneurs. Mais « s'ils étaient confondus parmi le peuple, et s'ils n'a- « vaient qu'une voix comme les autres, la liberté « commune serait leur esclavage, et ils n'auraient « aucun intérêt à la défendre, parce que la plupart « des résolutions seraient contre eux [1]. »

Cependant, à dessein ou par mégarde, la seule mention qui fut faite de Montesquieu sous ce régime est dans un journal, qui le revendique comme socialiste.

L'empire de 1852, qui n'aimait pas le gouvernement parlementaire, procura peu de vogue en politique à notre publiciste, mais il se fit son disciple en histoire. Pendant ces dix-huit ans de règne, on trouve peu de

---

1. *Esprit des Lois*, l. XI, ch. vi. Il avait déjà dit dans la 86e *Lettre persane* : Dans ce tribunal, on prend les voix à la majeure ; mais on dit qu'on a reconnu par expérience, qu'il vaudrait mieux les recueillir à la mineure, et cela est assez naturel ; car il y a très-peu d'esprits justes, et tout le monde convient qu'il y en a une infinité de faux.

brochures sur Montesquieu, moins d'éditions de ses
œuvres et point de ses idées appliquées. Le critique
officiel [1] du temps dit même : « L'*Esprit des Lois*
« fut un livre qui n'a plus guère d'autre usage que le
« noble usage perpétuel de porter l'esprit dans la
« haute sphère historique et de faire naître une foule
« de belles discussions. »

Au contraire, depuis 1870, sans compter des *Lettres
persanes* et des *Grandeur des Romains*, les œuvres
complètes de Montesquieu ont déjà été tirées à trois
éditions, dont une, préparée pendant deux ans de
cours public [2], est annotée par un professeur de législation comparée au Collége de Franee, membre de l'Institut et sénateur, M. Ed. Laboulaye : commentateur
digne de l'auteur.

L'avenir lui réserve sans doute quelque influence
encore sur la civilisation. D'ailleurs il a flétri le *Congrès* [3], combattu le célibat [4], le duel [5] l'agiotage [6] et les
persécutions religieuses [7] et glorifié philosophiquement
le christianisme [8] comme institution sociale ; il a demandé l'abolition de l'esclavage [9] et de la traite

1. Sainte-Beuve, *Causeries du lundi*, v° Montesquieu.
2. C'était en 1867-1868 et 1868-1869.
3. *Lettres persanes* 66.
4. *Esprit des Lois*, l. XXIII, ch. xxi.
5. *Lettres persanes* 59 ; — *Esprit des Lois*, l. XXVIII, ch. xxv.
6. *Lettres persanes* 142 ; — *Esprit des Lois*, l. II, ch. iv ; l. XXII, ch. xi.
7. *Grandeur des Romains*, ch. xx ; — *Lettres persanes* 85 ; — *Esprit des Lois*, l. XXV, ch. xiii.
8. *Ibid.*, l. XXIV, ch. vi.
9. *Lettre* à Grosley ; — *Esprit des Lois*, l. XV, ch. v et xviii.

des nègres ; l'adoucissement des peines[1] surtout pour les sacriléges, la liberté des cultes[2], l'inviolabilité de la propriété[3], la perception[4] de l'impôt par les agents de l'État plutôt que par les fermiers généraux et le gouvernement parlementaire[5]; enfin il a donné la théorie de la séparation[6] des pouvoirs, la plus belle découverte des temps modernes.

On peut se faire une idée complète de Montesquieu, des services qu'il a rendus et de l'action qu'il peut exercer sur l'avenir, en se reportant à une vieille chronique italienne.

Il existe, à Rome, dans l'église de Saint-Pierre-es-liens, sur le mausolée de Jules II, une statue colossale. Moïse est assis, tenant sous son bras droit les tables du Décalogue ; sa tête, un peu tournée à gauche, est pourvue d'une épaisse chevelure d'où jaillissent les deux cornes symboliques. L'une de ses mains se joue dans sa longue barbe, l'autre en caresse les pointes. Malgré quelques détails trop finis et quelques vêtements inachevés, l'absence d'action chez ce géant de marbre est d'un effet irrésistible, et son aspect surhumain représente bien la puissance du génie se faisant obéir d'un regard. Michel-Ange,

---

1. *Lettres persanes* 88 ; — *Esprit des Lois*, l. VI, ch. ix, l. XII, ch. iv.
2. *Esprit des Lois*, l. XXV, ch. ix.
3. *Ibid.*, l. XXVI, ch. xxv.
4. *Ibid.*, L. XIII, ch. xix.
5. *Ibid.*, L. XI, ch. vi.
6. *Ibid.*, l. XI, ch. vi.

qui « est le maître pour donner de la noblesse à tous ses sujets [1] », a trouvé dans les Saintes Écritures et dans sa grande âme, ce législateur revenu du mont Sinaï et transfiguré par le souffle de Dieu.

On raconte qu'un petit enfant, le dernier d'une nombreuse et pauvre famille, menait tous les jours ses frères aînés jouer en face de cette œuvre sublime, et l'admirait avec eux, immobile, enivré de l'éclat qui frappait son âme exaltée. Au bout de quelques années, les uns avaient pris involontairement une attitude plus noble, les autres devinrent sculpteurs ou peintres, tous eurent le goût des arts.

Ce petit garçon est mon image. Je voudrais avoir emmené avec moi, pour étudier la vie et surtout les livres du plus grand publiciste de France, les hommes qui désirent s'occuper des affaires publiques. Ceux-ci deviendraient législateurs, ceux-là philosophes, qui plus pratiques, qui plus savants, tous meilleurs citoyens.

Montesquieu dit dans la préface de l'*Esprit des Lois* :

Si je pouvais faire en sorte que tout le monde eût de nouvelles raisons pour aimer ses devoirs, son prince, sa patrie, ses lois; qu'on pût mieux sentir son bonheur dans chaque pays, dans chaque gouvernement, dans chaque poste où l'on se trouve, je me croirais le plus heureux des mortels.

Si je pouvais faire en sorte que ceux qui commandent augmentassent leurs connaissances sur ce qu'ils doivent pres-

1. Montesquieu, *Fragments sur le goût.*

crire, et que ceux qui obéissent trouvassent un nouveau plaisir a obéir, je me croirais le plus heureux des mortels.

Je me croirais le plus heureux des mortels, si je pouvais
faire que les hommes pussent se guérir de leurs préjugés.
J'appelle ici préjugés, non pas ce qui fait qu'on ignore de
certaines choses, mais ce qui fait qu'on s'ignore soi-même.

C'est en cherchant à instruire les hommes que l'on peut
pratiquer cette vertu générale qui comprend l'amour de tous.
L'homme, cet être faible, se pliant dans la société aux pensées
et aux impressions des autres, est également capable de connaître sa propre nature lorsqu'on la lui montre, et d'en
perdre jusqu'au sentiment lorsqu'on la lui dérobe.

Ce sera le dernier mot de mon livre, comme c'était
le premier du chef-d'œuvre de Montesquieu.

FIN.

APPENDICE

APPENDICE

UN PAMPHLET INCONNU CONTRE MONTESQUIEU

Quand l'*Esprit des Lois* parut, en 1748, ce fut un enthousiasme universel, tempéré par une critique générale. Il y eut autour du livre de Montesquieu des luttes plus ou moins courtoises [1], qui se prolongèrent quelques années. M. Éd. Laboulaye, dans l'édition définitive qu'il donne de son maître, les a racontées avec son érudition et son charme habituels.

Mais il existe un pamphlet auquel les journalistes du temps ont fait allusion, que la génération suivante a cité sans le connaître et dont les bibliographes d'aujourd'hui parlent au lieu de le lire, sauf à en faire l'objet d'une légende : c'est un peu la fable de La Fontaine, *Les Femmes et le Secret*.

On trouve dans La Beaumelle (*Suite de la Défense de l'Esprit des Lois*, 1751) :

Un homme employé à lever les tributs du roi de Lydie

---

1. Voir ch. xx et xxi, *supra*.

avait fait imprimer une critique de l'*Esprit des Lois* en deux gros volumes. Il les supprima et fit bien.

Delaporte (*Observations sur la littérature moderne*, 1751), ajoute :

Il y a (dans l'*Esprit des Lois*) en particulier, un morceau digne de Juvénal contre les fermiers et les traitants. Je n'entreprendrai pas de réfuter son sentiment sur cette matière ; un homme du métier l'a fait, dit-on, avec beaucoup de force ; mais l'ouvrage est fort rare, et, quoique fait pour le public, il n'a été vu jusqu'à présent que par un très-petit nombre d'amis particuliers à qui, par un privilége spécial, on a bien voulu en procurer la lecture.

L'*Eloge de Montesquieu* par Maupertuis, en 1755, raconte ainsi le même fait :

Un auteur s'était donné beaucoup de peine pour composer contre Montesquieu un gros ouvrage qui allait paraître, ses amis lui conseillèrent de relire l'*Esprit des Lois*. Il le lut : la crainte et le respect le saisirent, et son ouvrage fut supprimé.

En 1767, un ami intime de Montesquieu publia en Italie, des *Lettres familières*[1] de lui. On lisait dans l'une d'elles :

Depuis le futile Delaporte jusqu'au pesant Dupin, je ne vois rien qui ait assez de poids pour mériter que je réponde aux critiques ; il me semble que le public me venge assez et par

---

1. *Lettres familières* du président de Montesquieu, baron de La Brède, à divers amis d'Italie, 1767. S. L. (Florence), in-12 ; 2 vignettes et titre gravés. L'éditeur était l'abbé de Guasco ; la date de la lettre citée doit être 1751 : elle est écrite de Fontainebleau.

le mépris de celles du premier et l'indignation contre celles du second.

Au nom de Dupin était joint cette note :

Ce fermier général fit imprimer, à ses frais, une critique qu'il distribua à ses connaissances, à condition de ne point la prêter. On ne manqua cependant pas de faire tomber un exemplaire de cette critique entre les mains de M. de Montesquieu ; et dès qu'il eut parcouru quelques parties de cette rapsodie, il dit qu'il ne valait pas la peine de lire le reste, se reposant sur le public. En effet, la mauvaise foi qu'on découvrit dans les citations des passages mutilés, à dessein de rendre l'auteur de l'*Esprit des Lois* odieux au gouvernement, ainsi que les mauvais raisonnements, l'indignèrent au point que M. Dupin crut devoir retirer les exemplaires distribués, sous prétexte d'en faire une nouvelle édition, pour corriger des fautes qui s'étaient glissées ; mais cette nouvelle édition ne parut jamais.

Monsieur et madame Dupin furent vraisemblablement outrés de cette double mention ; ils trouvèrent un écho à leur colère dans madame Geoffrin, qui paraît avoir été furieuse aussi d'une phrase de Montesquieu et d'une note de Guasco. Ils se réunirent sans doute pour faire faire, à Paris, des contrefaçons des *Lettres familières* et pour médire de l'auteur de l'*Esprit des Lois*.

Ces éditions corrigées existent : tous les bibliographes.les ont plus ou moins signalées[1].

Ne connaîtra-t-on pas également les propos de ces

1. Voir *Biographie des Œuvres de Montesquieu*, par Louis Dangeau, in-8. Paris, Rouquette, 1874.

mauvaises langues? Il me semble les avoir reconnus dans les œuvres de Chamfort[1], qui fréquentait les salons de ces dames, qui disait : « J'excelle à traduire la pensée de mon prochain » et qui battait monnaie avec son esprit. Voici ses propres termes :

M. le président de Montesquieu avait un caractère fort au-dessous de son génie. On connaît ses faiblesses sur la gentilhommerie, sa petite ambition, etc. Losque l'*Esprit des Lois* parut, il s'en fit plusieurs critiques mauvaises ou médiocres qu'il méprisa fortement. Mais un homme de lettres connu en fit une, dont M. Dupin voulut bien se reconnaître l'auteur, et qui contenait d'excellentes choses. M. de Montesquieu en eut connaissance et en fut au désespoir. On la fit imprimer, et elle allait paraître, lorsque M. de Montesquieu alla trouver madame de Pompadour qui, sur sa prière, fit venir l'imprimeur et l'édition tout entière. Elle fut hachée, et on n'en sauva que cinq exemplaires.

O la puissance d'une satire dans un pays spirituel ! A cette heure, tout le monde croit cette anecdote et madame Sand l'a consacrée dans ses *Mémoires*[2].

J'espère avoir indiqué ainsi comment elle est née ; je vais tâcher de montrer la vérité qu'elle cache.

Il me paraît suffisant d'emprunter à la collection du prince Galitzin une lettre inédite de l'auteur lui-

1. *Œuvres*. Paris, 1795. *Maximes et Anecdotes*.
2. *Histoire de ma vie*, ch. II, 1865. Paris, Lévy, in-18 ; — Proyart, *Louis XVI détrôné*, in-8. Londres, 1800, p. 72 ; — Capefigue, *Madame de Pompadour*, in-18. Amyot, 1860 ; — Peignot, *Dictionnaire des livres condamnés*; — Techner, *Bulletin du Bibliophile*. Paris, mai 1859; *Notice sur Claude-Dupin*, par A. G. du Plessis; — Quérard, *France littéraire*, v° Dupin ; — Barbier et Billard, *Dictionnaire des anonymes*.

même du pamphlet, Dupin, qui écrivait au sous-précepteur du dauphin, le 10 juin 1759 :

Je fus choqué de ce que l'auteur de l'*Esprit des Lois* avait écrit contre un état auquel le hasard m'a appelé et que j'ai tâché de remplir avec honneur : sentiments permis, nécessaires même à chaque individu pour le bien et l'utilité générale. Je fus surpris de ses efforts pour faire fraterniser le despotisme avec la monarchie, je fus fatigué de cette multitude de pointes, de saillies. L'humeur me prit et, en moins de quatre [semaines], je jetai sur le papier la valeur de trois volumes in-8°, et j'en fis imprimer seulement *huit* exemplaires. Quand je me relus de sang-froid, je ne fus pas content, je me trouvai faible, je me reprochai des personnalités, je jetai mes exemplaires au feu, à l'exception de *deux* que je ne pus retirer.

Du reste, sans l'aveu de Dupin, la connaissance du pamphlet pourrait sans doute suffire, pour montrer qu'un pareil livre a dû être détruit par l'auteur avant de voir le jour.

La difficulté était de trouver un des deux exemplaires subsistants. L'un est à Blois, chez M. G. du Plessis, bibliophile très-complaisant et très-distingué, qui descend du fermier général ; l'autre est à Paris, à la bibliothèque de l'Arsenal, et il y vient de d'Argenson, qui était Commissaire de la librairie lors de l'apparition du livre.

Je ne veux pas en donner l'analyse, parce qu'elle a été faite[1] tout récemment et parce que Dupin a publié

---

1. Voir *Œuvres de Montesquieu*, édit. Laboulaye, t. III, p. xxxix.

une seconde [1] édition de sa critique, où il a supprimé les personnalités.

Je m'en tiens à la première édition, qui est inconnue, et dont l'intérêt réside dans les détails.

En voici la description : *Réflexions sur quelques parties d'un livre intitulé* DE L'ESPRIT DES LOIS. Paris, Benjam. Serpentin, 1749. 2 vol. in-8°, papier de Hollande.

Cette critique est anonyme, comme l'ouvrage. Jamais Dupin ne s'y désigne et n'y désigne Montesquieu par son nom. Nous allons voir comment il l'appelle. Il lui dit tantôt (t. I, p. 404) :

L'auteur n'est pas assez ferme sur ses étriers politiques.

Tantôt (t. I, p. 168) :

Ce passage est un amas de contradictions et de faussetés.

Ou (t. I, p. 123) :

L'auteur livré à une imagination qui l'entraîne, entasse contradiction sur contradiction, énigmes sur énigmes, sans s'embarrasser d'être entendu et probablement sans s'embarrasser de s'entendre lui-même.

Ailleurs (t. II, p. 100) :

L'auteur ne nous a parlé que d'après des lectures qu'il n'a pas bien comprises et des ouï-dire de gens mal instruits, ou dont il n'a pas entendu le langage.

---

1. Observation sur un livre intitulé de l'*Esprit des lois*, sans lieu, ni date, ni nom d'imprimeur, 3 vol. in-8, papier de Hollande.

Plus loin (t. I, p. 111) :

Ceci est le comble de l'absurdité, et ce passage n'en manque pas ; il n'y a pas un mot qui n'en soit une.

Enfin (t. I, p. 118) :

Je ne crois pas qu'une idée si singulière ait jamais passé par aucune tête.

Montesquieu avait dit (l. XVI, ch. VIII) :

Un livre classique de la Chine regarde comme un prodige de vertu de se trouver seul dans un appartement reculé avec une femme, sans lui faire violence.

Telle est la remarque de Dupin (t. II, p. 214) :

L'auteur est trop poli pour en user de la sorte, mais il n'a pas les mêmes ménagements pour les passages qu'il cite, et il leur donne impitoyablement la torture. Si les passages que l'auteur cite sans les rapporter sont aussi infidèles que ceux qu'il rapporte, ne sera-t-il pas vrai de dire que les personnes qu'il a employées à feuilleter les livres pour lui ramasser des autorités ne l'ont pas servi fidèlement?

Tout ce qui précède n'est que de mauvais goût. Attendons les personnalités. Je les ai rangées par ordre d'importance. Dupin traite ainsi le style de Montesquieu (t. II, p. 242) :

Le long séjour que l'auteur a fait dans les sérails d'Orient pour en apprendre les usages et les transporter en Occident, l'a familiarisé avec certaines expressions qui donnent un ton trop sultan à ses compliments.

L'impartialité du publiciste est appréciée de cette manière (t. II, p. 78 et 79) :

Comme l'auteur s'est fait imprimer dans la république de

Genève, il a cru devoir par reconnaissance annoncer à l'univers et consacrer au temple de mémoire la sagesse des lois génevoises avec son livre.

Veut-on connaître la demeure et les voyages de Montesquieu ?...

Le commerce français n'avait pas été porté à un si haut point avant la dernière guerre. L'auteur cependant ne devrait pas l'ignorer puisque, communément, il a vu ou pu voir jusqu'à sept ou huit cents navires dans le seul port de Bordeaux (t. I, p. 342)... Quoique l'auteur ait fait quelque séjour en Angleterre (t. I, p. 348).

L'*Esprit des Lois* avait parlé de certains impôts (l. XIII, ch. vიი), Dupin nous apprend ainsi que l'auteur est noble (t. I, p. 380, t. II, p. 40) :

C'est à la vente du sel et du tabac en France que ceci s'adresse. Les seigneurs jouissaient anciennement du droit de gabelle. Pendant les troubles et les divisions, les peuples étaient assujettis envers les seigneurs particuliers au payement d'un droit que l'auteur improuve aujourd'hui. Serait-ce parce qu'il est dans la main du souverain, qui l'a revendiqué sur les usurpateurs? On découvre aisément que le vœu de l'auteur serait que nos rois voulussent bien se contenter des seuls revenus de leurs domaines.

On sait combien Montesquieu est hostile à la ferme des impôts. Le fermier général se trahit là (t. I, p. 408) :

Ce n'est qu'un vingtième au total, moyennant lequel les deniers entrent au Trésor. L'auteur fait-il valoir ses terres à meilleur marché.

L'*Esprit des Lois* dit (liv. VII, ch. xvii) : « Il est contre la nature et contre la raison que les femmes soient maîtresses dans la maison. »

Les *Réflexions* répondent (t. II, p. 221) :

Serait-il possible que l'auteur, qui a vu tant de choses si extraordinaires, n'ait pas vu celle-ci qui est si commune?

Une fois entré chez Montesquieu, Dupin y examine tout, notamment les points les plus délicats (t. I, p. 254) :

Nous n'avons pas, assure-t-il, affaire à un moraliste sévère.

Il ajoute même (t. II, p. 248, et t. I, p. 109) :

L'auteur semble se déclarer l'apôtre de la polygamie et de l'esclavage des femmes.

Je ne sais ce que les femmes lui ont fait, il ne manque jamais une occasion de les humilier ?

Enfin l'*Esprit des Lois* avait dit (l. VII, ch. IX) :

Les femmes ont peu de retenue dans les monarchies, parceque la distinction des rangs les appelant à la cour, elles y vont prendre cet esprit de liberté qui est le seul qu'on y tolère. Chacun se sert de leurs agréments et de leurs passions pour avancer sa fortune ; et, comme leur faiblesse ne leur permet pas l'orgueil mais la vanité, le luxe y règne seul avec elles.

Le fonctionnaire triomphe (t. I, p. 208) :

Ce n'est pas ici que l'auteur n'est pas clair... Je connais plusieurs femmes dans des monarchies, vivant dans des cours, qui sont très-aimables et très-raisonnables ; j'en connais qui ont des bontés pour lui, qui certainement ne lui ont pas fourni les mémoires sur lesquels il a travaillé et d'après lesquels il aurait pu faire des portraits différents de celui-ci.

La probité du grand écrivain restait debout, le lettré de hasard dit de lui (t. II, p. 346) :

Cet auteur a protesté qu'il ne l'était pas des *Lettres persanes* ; je le crois d'autant plus qu'on assure qu'il y a, dans la ville de laquelle il est, une personne qui les revendique.

Ces personnalités ne suffisaient pas au fermier général. Après avoir fait à l'homme de génie ses observations religieuses, morales, politiques et historiques, dans un style encore plus pédant que pesant, Dupin, voyant que le public n'est pas convaincu, se tourne directement vers Montesquieu et lui tient ce discours qui comble la mesure (t. I, p. 244) :

Je finis en vous observant que, si vous prétendez à *quelque place*, vous ferez bien de prendre une autre route. Celle-ci ne vous y conduirait pas.

Soyez sage, circonspect, ayez la tête froide, pensez avant de parler, ne frondez point, aimez votre patrie, faites que les autres l'aiment, respectez les religions et ceux auxquels vous êtes soumis, et vous réussirez dans vos desseins.

Telle est l'histoire du pamphlet et de la calomnie qui paraît l'avoir accompagné, comme le mensonge suit la faute. J'espère que les citations de Dupin confondront Chamfort et réhabiliteront Montesquieu, qui en avait peut-être besoin, car le feu noircit ce qu'il ne peut détruire.

MONTESQUIEU ET FRÉDÉRIC II

Le secrétaire du portefeuille de Napoléon Ier, Meneval, a publié la note suivante en 1845 (*Napoléon et Marie-Louise, Souvenirs historiques*. Paris, Amyot, t. III, p. 159) :

Après la bataille d'Auerstaëdt, à la fin d'octobre 1806, Napoléon se rendit à Berlin : il resta deux jours à Postdam. Il visita le palais de Sans-Souci, et le parcourut avec un vif intérêt, se faisant expliquer les moindres détails du séjour que le grand Frédéric avait fait dans cette résidence. Rien n'avait été déplacé. Dans la bibliothèque de Postdam, l'ouvrage de M. Chastenet de Puységur sur l'*Art de la guerre* était encore ouvert à la page où le roi avait cessé sa lecture.

Sur une table se trouvait un petit volume d'un format in-8° bâtard, imprimé en Hollande, relié en maroquin rouge et marque sur la couverture d'un P, comme tous les livres de cette bibliothèque.

C'était un ouvrage de Montesquieu sur la *Grandeur et la Décadence des Romains*, chargé à chaque page de notes marginales de la main de Frédéric. Je portai ce livre à l'Empereur, qui le garda dans sa bibliothèque.

M. de Talleyrand, qui en avait entendu parler, me le demanda à Saint-Cloud. Je le lui remis ; mais, malgré mes réclamations, je n'en ai jamais obtenu la restitution.

Depuis cette révélation, tous les lettrés ont cherché le petit volume que ce grand politique et ce grand capitaine avait annoté en secret, pour son usage personnel et sans crainte d'être lu.

Il y a quelques années, un heureux hasard fit trouver sur les quais un exemplaire de la *Grandeur des Romains* (édition stéréotype de Didot, an XI, in-8°), sur lequel était écrite la mention suivante :

Avec des notes manuscrites de Frédéric le Grand, copiées avec son orthographe, sur un exemplaire, pris par Bonaparte dans la bibliothèque de Sans-Souci, prêté à M. Mollien qui me l'a prêté. B.

On apprit bientôt qu'un marchand de curiosités avait fait imprimer ce livre, texte et notes, en un volume in-4° sur papier de luxe et à petit nombre avec une préface de M. Félix Grélot, avocat à la Cour de Paris, et allait nous permettre de partager le plaisir de Napoléon et de M. de Talleyrand. Faux espoir ! aucun éditeur n'a eu d'exemplaires de cette édition.

Sur ces entrefaites, dernièrement, je tombai dans une bibliothèque publique de Paris, sur une mauvaise *Grandeur des Romains*, qui portait cette inscription :

Les notes manuscrites de ce volume sont de Frédéric II, roi de Prusse, et ont été copiées sur un exemplaire appartenant à ce roi, où elles étaient écrites de sa main.

Mon premier soin a été de les transcrire. Je me hâte d'en publier quelques-unes, parmi lesquelles il y en a de politiques, de morales et de militaires.

Montesquieu dit (ch. IV) :

Ce n'est pas ordinairement la perte réelle que l'on fait dans une bataille — c'est-à-dire quelques milliers d'hommes — qui est funeste à un État, mais la perte imaginaire et le découragement, qui le prive des forces mêmes que la fortune lui avait laissées.

Frédéric souligne cette phrase et ajoute :

Très-vrai et très-solide. L'imagination frappée du soldat est un fantôme imaginaire qui gagne plus de batailles que la force réelle, ou la supériorité de l'ennemi.

Sur le texte de Montesquieu (ch. IV) :

Les conquêtes sont aisées à faire, parce qu'on les fait avec toutes ses forces ; elles sont difficiles à conserver, parce qu'on ne les défend qu'avec une partie de ses forces.

Le roi de Prusse met :

Témoin Louis XIV, qui fit rapidement la conquête de la Hollande, et qui fut obligé d'abandonner les villes avec autant de précipitation, qu'il les avait prises avec promptitude.

La *Grandeur des Romains* dit (ch. V) :

Leur monarchie (celle des rois de Macédoine) n'etait pas du nombre de celles qui vont par une espèce d'allure donnée dans le commencement : continuellement instruits par les périls et par les affaires, embarrassés dans tous les démêlés des Grecs, il leur fallait gagner les principaux des villes, éblouir les peuples, diviser ou réunir les intérêts ; enfin ils étaient obligés de payer de leur personne à chaque instant.

Frédéric met au-dessous :

Ces rois de Macédoine étaient ce qu'est un roi de Prusse et un roi de Sardaigne de nos jours.

Montesquieu écrit (ch. XI) :

Fallut-il faire la guerre à Sertorius? on en donna la commission à Pompée. Fallut-il faire la guerre à Mithridate? tout le monde cria Pompée, etc.

L'annotateur met en marge, de son écriture la plus fine :

Il n'y a qu'à être à la mode dans le monde ; avoir le bonheur de plaire et avoir fait une action capable d'éblouir. Mais le malheur est que les modes passent et que personne ne peut se vanter d'avoir joui longtemps de ce préalable.

Le texte porte (ch. xi) :

Enfin, il (Pompée) s'unit d'intérêts avec César et Crassus : Caton disait que ce n'était pas leur inimitié qui avait perdu la république, mais leur union.

La note approuve ainsi :

Tant il est dangereux de se confier sans réserve à un ami, qu'aucun lien ne vous attache que celui de la politique : on voit journellement des exemples que de pareils amis se trahissent, qu'ils se détestent, qu'ils se persécutent, après avoir paru indissolublement attachés les uns aux autres. Ce n'était pas l'amitié qui les unissait, c'était l'intérêt ; et dès que cet intérêt n'avait plus lieu, on secouait le joug du prétexte et on suivait le principe.

Montesquieu fait cette réflexion (ch. xii) :

Je crois que si Caton s'était réservé pour la République, il aurait donné aux choses tout un autre tour. Cicéron, avec des parties admirables pour un second rôle, était incapable du premier ; il avait un beau génie dans une âme trop souvent commune ; l'accessoire chez Cicéron, c'était la vertu ; chez Caton, c'était la gloire. Cicéron se voyait toujours le premier : Caton s'oubliait toujours ; celui-ci voulait sauver la République pour elle-même, celui-là pour s'en vanter.

Frédéric s'écrie :

Pourvu qu'un citoyen contribue au bien public ! S'il le fait

pour le plaisir de faire le bien, il est d'autant plus louable ;
s'il le fait pour l'amour de la gloire, le principe n'est pas si
beau, mais l'effet est le même.

Montesquieu (ch. XIII) :

Sylla, homme emporté, mène violemment les Romains à la
liberté ; Auguste, rusé tyran, les conduit doucement à la servitude.

Frédéric :

C'est que l'un suivait les impulsions d'un naturel franc et
incapable de feindre, et l'autre prêtait à ses desseins dangereux toutes les couleurs de la vertu et de la justice.

Montesquieu (ch. XIV) :

Il n'y a point de plus cruelle tyrannie que celle que l'on
exerce à l'ombre des lois et avec les couleurs de la justice,
lorsqu'on va, pour ainsi dire, noyer des malheureux sur la
planche même sur laquelle ils s'étaient sauvés.

Frédéric :

Un tyran spirituel est un animal bien dangereux : il ne se
contente pas d'opprimer, mais il veut encore que le peuple
bénisse la main qui le foule et le persécute.

Montesquieu (ch. XV) :

La même disposition d'esprit qui fait qu'on a été vivement
frappé de la puissance illimitée de celui qui commande fait
qu'on ne l'est pas moins, lorsqu'on vient à commander soi-
même.

Frédéric :

Faiblesse toute pure, qui nous fait admirer avec extase

ceux qui tiennent un rang élevé dans le monde. Nos yeux
sont éblouis de l'appareil de leur charge et de leur puissance,
ce qui fait qu'on s'applaudit soi-même, quand on se voit dans
un poste qu'on a tant redouté et qu'on aurait bien voulu
posséder il y a longtemps.

Les hommes font consister leur bonheur en partie dans
l'idée que le vulgaire s'en forme ; et, pourvu qu'on les croie
heureux, ils ne se mettent guère en peine de l'être réelle-
ment : ils sont charmés de savoir qu'on les craint, puisque
cela leur donne une idée de supériorité de leur personne, et
qui les égale en quelque façon au Tout-Puissant.

Montesquieu (ch. xv) :

L'empire avait été successivement occupé par six tyrans
également cruels, qui trop souvent furent furieux, souvent
imbéciles, et pour comble de malheur, prodigues jusqu'à la
folie.

Frédéric :

Il est pourtant étrange que le corps de l'histoire romaine
nous fournisse un catalogue très-nombreux de grands
hommes, et que l'histoire des empereurs ne semble fourmil-
ler que de monstres. N'y aurait-il pas quelque exagération
dans les mauvaises qualités qu'on attribue à ses empereurs?
ou bien, ne fallait-il connaître les Romains, pour les estimer
en corps, et non point en détail?

Ces quelques citations doivent suffire pour donner
une idée des notes de Frédéric sur Montesquieu. On
ne connaissait jusqu'ici que celles des professeurs du
Collége de France, de l'Université et des Séminaires, qui
sont excellentes. Je me flatte qu'il me sera donné,
quelque jour, de publier tout le commentaire d'un
grand roi.

Un libraire de 1792 a dédié une *Grandeur des Romains* au peuple français, et un éditeur de 1869 en a dédié une autre à l'Immaculée Conception. Je dédierai la mienne à ceux qui me liront.

Elle vient de paraître chez F. Didot.

BIBLIOGRAPHIE

LES ÉDITIONS ORIGINALES DE MONTESQUIEU

Les éditions originales de Montesquieu ont été l'objet de beaucoup d'erreurs; pour ma part surtout, j'en ai commis sous l'anonyme, sous un pseudonyme et sous mon nom.

Des recherches et des acquisitions nouvelles viennent sans doute de me permettre de les réparer. Je m'empresse de puplier ce que je crois la vérité; mais après l'avoir fait précéder, et pour cause, de quelques observations qui aideront à la recevoir.

Il y a plusieurs manières de faire des corrections à un livre imprimé : les principales sont d'y mettre des *errata* ou des *cartons*.

Les *errata* sont les relevés des fautes typographiques, échappées au prote : ils se placent au commencement ou à la fin des ouvrages; et, en général, ils émanent de l'auteur.

Les *cartons*, comme on l'a vu plus haut, sont des feuillets substitués à d'autres qui contenaient des phrases ou des mots désagréables au gouvernement. Les *cartons* sont visibles quand l'imprimeur a remplacé un feuillet par un autre, de façon à ce qu'il ait l'air monté sur onglet. Il sont faciles à reconnaître lorsque, en remplaçant les deux feuillets sur l'un desquels se trouvait une correction à faire, on a ajouté une astérisque à la *signature*. Faute de cette formalité les cartons sont presque impossibles à voir.

La présence de *cartons* dans un livre indique, d'ordinaire,

qu'il a été soumis à la censure et qu'elle a exigé des changements avant de le laisser paraître. C'est l'indice fréquent
d'une édition originale.

Il peut se faire pourtant qu'une seconde édition (ou du
moins le second tirage d'une première édition) ait plus de
cartons que le premier. Le motif est que les uns représentent
les exigences de la censure et les autres les *errata* absents.

LETTRES || PERSANES

Les bibliographes sont d'accord sur l'année où parurent
les *Lettres persanes*. Ce fut en 1721. La difficulté est qu'il
existe huit éditions de cette date :

— *Cologne, P. Marteau, 2 vol. in-12 écu.*

Le titre rouge et noir du 1er vol. porte un monogramme; celui
du 2e, qui est aussi rouge et noir, porte deux enfants se tenant par
la main.

Le 1er vol. contient des cartons pages 11 et 12, 103 et 104, 217
et 218, 223 et 224. Le 2e vol. en contient pages 85 et 86.

— *Cologne, P. Marteau, 2 vol. gr. in-12.*

Le 1er vol., titre noir, porte un coq. Le 2e volume n'a pas de titre.

— *Cologne, P. Marteau, 2 vol. gr. in-12.*

Le 1er vol., titre noir, porte une sphère. Le 2e vol. n'a pas de titre.

—Seconde édition, revue, corrigée, diminuée et augmentée
par l'auteur :

— *Cologne, P. Marteau, 2 vol in-12 écu.*

Les titres rouge et noir des 2 vol. sont ornés d'un monogramme

— *Amsterdam, Brunel, 2 vol. petit in-12.*

Les titres rouge et noir des 2 vol. sont ornés, le 1er d'une gre-
nade, le 2e d'une sphère.

— *Amsterdam, Brunel, 2 vol. gr. in-12.*

Les titres rouge et noir des 2 vol. sont ornés, le 1er d'une sphère.
le 2e d'un cristal à facettes.

— *Amsterdam, Brunel*, 2 *vol. in-12.*

Les titres rouge et noir des deux vol. sont ornés l'un et l'autre d'une sphère.

— *Amsterdam, Brunel*, 2 *vol. petit in-12.*

Les titre rouge et noir de chaque vol. portent, l'un un panier de fleurs sous un baldaquin, l'autre une sphère tenue par un dextro-chère.

Telles sont les huit éditions des *Lettres persanes*, publiées en 1721, et que je possède. Quatre viennent de chez Brunel et quatre de chez Marteau.

M. Landrin (voir le *Conseiller du Bibliophile* de juin dernier), qui les a comparées avec soin, a savamment établi que le texte de Brunel est moins correct que celui de Marteau.

Gueulette, le bibliophile le plus curieux de nouveautés du dix-huitième siècle, possédait un exemplaire de Marteau.

C'est chez Marteau que parurent, à la fin de 1721, la seconde édition, revue, corrigée et diminuée par l'*auteur*; en 1744, le Supplément aux *Lettres persanes*, et, en 1752, les sommaires des *Lettres persanes*.

Il y a là, à mon avis, des présomptions que Marteau était l'éditeur ou du moins le pseudonyme de l'éditeur de Montesquieu.

Mais Marteau a publié 4 éditions des *Lettres persanes*, de format, de titres et de fleurons différents.

L'édition originale doit être celle qui a pour fleuron du premier volume un monogramme, et du second, deux enfants.

Mes motifs sont que le papier est plus fort et le caractère plus beau que celui des autres éditions : l'homme riche se fait imprimer ainsi. Le texte est le plus pur des quatre éditions ; l'auteur l'a corrigé lui-même. Le monogramme du 1ᵉʳ vol. se trouve sur le 1ᵉʳ volume de l'édition intitulée 2ᵉ *édition revue par l'auteur*. De même que les éditions originales de la *Grandeur des Romains* et de l'*Esprit des Lois*, cette édition contient des cartons. Ils n'existent pas dans les autres éditions, *mais le texte en a été suivi* : ce sont les cartons exigés par la censure, avant de permettre la vente du livre en France.

TEMPLE || DE || GNIDE ||

Cet ouvrage parut d'abord dans la *Bibliothèque françoise* d'Amsterdam, périodique, in-12 ; 2ᵉ semestre, 1724.

La première édition à part est de Paris. Simart, 1725, in-12, titre noir.

CONSIDÉRATIONS || SUR LES CAUSES || DE LA GRANDEUR || DES || ROMAINS || ET DE LEUR || DÉCADENCE ||

Il existe au moins cinq éditions de 1734. 1 vol. in-12, titre rouge et noir.

— *Amsterdam, Desbordes.*

Cartons, page 17 et 18, 121 et 122, 199 et 200. Un *errata.*

— *Amsterdam, Desbordes.*

Cartons, pages 5 et 6, 11 et 12, 121 et 122, 179 et 280, 189 et 190, 241 et 242, 25͏ et 256, 265 et 266, 273 et 274.

Cette édition contient, de plus que la précédente, une note justifiant le suicide, page 130, et un alinéa page 131.

— Par l'auteur des LETTRES PERSANES, *Amsterdam, P. Mortier.*

Cette édition contient les deux passages en faveur du suicide.

— Par L. P. D. M., *Amsterdam, Desbordes.*

Cette édition contient les deux passages en faveur du suicide.

— Paris, Huart, Clousier et Guillyn.

Cette édition ne contient pas les passages pour le suicide.

Pour reconnaître quelle est, de ces éditions, l'originale, il faut se reporter à un livre du *P. Castel*, jésuite, ami de Montesquieu, l'*Homme moral*. Toulouse 1756, p. 100, où il dit :

« M. de Montesquieu me pria de lui corriger religieusement
« son ouvrage de la *Grandeur des Romains*. Il l'imprimait en
« Hollande par la médiation de l'ambassadeur, M. le comte de
« Vanhœ. L'ouvrage parut exempt de reproche, tel que je
« l'avais légitimé.

« L'article seul du *Suicide* se glissa dans une seconde ou
« troisième édition. Les vrais magistrats et l'auteur même,
« sans que je m'en mêlasse, le firent ôter... »

De ceci il résulte que la première édition parut en Hollande et ne contenait pas l'éloge du suicide. Ces deux conditions ne s'appliquent qu'à l'édition *Amsterdam, Desbordes*, qui a des cartons et un *errata*.

DE L'ESPRIT ‖ DES ‖ LOIX ‖

ou du Rapport que les loix doivent avoir avec la cons-‖ titution de chaque gouvernement, les mœurs, ‖ le climat, la religion, le commerce, etc.; à quoi l'auteur a ajouté ‖ des recherches sur les loix romaines touchant les ‖ successions, sur les loix françoises et sur les loix féodales.

On sait aujourd'hui (voir *supra*, p. 263), que le chef-d'œuvre de Montesquieu parut en 1748.

Personne n'a jamais vu cette date sur une édition de l'*Esprit des Lois*; cependant tous les bibliophiles sont d'accord pour vaincre cette difficulté. Il s'agit d'une édition sans date, donnée à Genève.

Mais il y a plusieurs éditions dans ces conditions :

— *Genève, Barillot et fils*, 2 vol. in-4.

Cartons dans le 1er vol., pages 23 et 24, 27 et 28, 29 et 30, 37 et 38, 45 et 46, 47 et 48, 85 et 86, 87 et 88, 185 et 186, 227 et 228, 261 et 262 ; dans le 2e, pages 267 et 268, 273 et 274, 425 et 426, 427 et 428.

— *Genève, Barillot et fils*, 2 vol. in-4.

Fautes à corriger à la fin du 1er vol.

— *Genève, Barillot et fils*, 2 vol. in-4.

Fautes à corriger à la fin de chaque volume.

— *Genève, Barillot et fils*, 2 vol. in-4.

Trois *errata*, plus étendus que dans les éditions précédentes, et placés à la fin de la Préface et l'autre à la fin de chaque volume.

— *Genève, Barillot*, 3 vol. in-12.

Cette édition contient un *avertissement* qui commence ainsi : « Nous « donnerons une nouvelle édition de l'*Esprit des Lois*... Dans la vue « de ne laisser rien à désirer au lecteur, nous avons fait faire pour... « cet ouvrage, une *carte géographique*... »

Après cette énumération, il est facile de voir que la première édition ne peut être que celle que j'ai mentionnée en tête des autres, parce qu'elle n'a pas de *carte géographique* donnée par l'éditeur au public, pour le remercier du succès fait à son livre, et parce qu'elle a les fameux cartons exigés par la censure, et dont le texte a été observé dans les éditions suivantes.

———

ÉCRITS SUR LA VIE ET LES ŒUVRES DE MONTESQUIEU

Lettre critique sur le *Temple de Gnide*, in-8. Paris, 1725. (Catalogue de la Bibliothèque Lamoignon).

Le Temple de Gnide, le Muet babillard et la Sympathie forcée. Utrecht, 1733, in-8.

Gazettes ecclésiastiques des 9 et 16 octobre 1749, 24 avril et 1er mai 1750.

Réfutation détaillée des *Nouvelles ecclésiastiques de* 1749 dans les *Variétés sérieuses et amusantes*, de Sabller, 1765, in-8, t. II, p. 29-39.

Esprit de l'*Esprit des Lois*, (par le marquis de Maleteste), 1749, in-4 et in-8 [inséré dans les Œuvres diverses d'un ancien magistrat, Londres, 1784, in-8].

Réflexions sur quelques parties d'un livre intitulé *De l'Esprit des Lois*, 2 vol. in-8. Paris, Benjamin Serpentin, 1749 par Cl. Dupin).

I.'Esprit de l'*Esprit des Lois*. A MM. les éditeurs du Journal helvétique. In-4, s. d., pièce. Couplets de Bonneval sur le chef-d'œuvre de Montesquieu.

Réponse à la *Défense de l'Esprit des Lois*. *Gazette ecclésiastique*, 24 avril et 1er mai 1750.

Examen critique l'*Esprit des Lois*, pour servir de préservatif au lecteur. Genève, 1750.

Critique de l'*Esprit des Lois* (par l'abbé de La Roche). In-12, 1751. Tirage à part des articles insérés dans la *Gazette ecclésiastique*.

Eclaircissement sur un passage du livre de l'*Esprit des Lois*. Dans le *Mercure de France*, juillet 1751.

Observations sur la littérature moderne, par l'abbé de La Porte. Londres ; Paris, Duchesne. In-12, 1751. Voir t. III et t. X.

Observations sur l'*Esprit des Lois*, par M. l'abbé de (La Porte). Amsterdam, 1751, in-18.

Réponse aux Observations (de l'abbé de La Porte) sur l'*Esprit des Lois* (par Risteau), 1751, in-12. Et à la suite des Lettres familières de Montesquieu. Édition 1768.

Lettres persanes convaincues d'impiété (par l'abbé Gaultier), 1751, in-12.

Remerciements sincères à un homme charitable sur l'*Esprit des Lois*, par Voltaire. 1751.

Esprit des Lois quintessencié (par l'abbé de Bonnaire). 1751, 2 vol. in-12, s. l.

Apologie de l'*Esprit des Lois* (par Boulanger de Rivery), Amsterdam, 1751, in-12. Et à la suite des *Observations* de l'abbé de La Porte sur cet ouvrage, auquel il sert de réponse.

Observations sur l'*Esprit des Lois*, 2e partie, contenant une lettre tirée des feuilles de M. Fréron, un éclaircissement de M. de M.... sur l'*Honneur*, la *Vertu* et la *Crainte*; l'Examen critique, la suite de cet Examen, etc. Amsterdam, P. Mortier, 1751, in-12.

Suite de la Défense de l'*Esprit des Lois*, ou examen de la réplique du Gazetier ecclésiastique à la Défense de l'*Esprit des Lois* (par La Beaumelle). Berlin, 1751, in-12.

Pièces pour et contre l'*Esprit des Lois*. A. Philibert, in-12, 1752, Genève.

La Source, la Force et le véritable *Esprit des Lois*. Essai du comte de Cataneo. Berlin et Postdam, Voss, 1752; La Haye, Varon, 1753.

Holberg (M. le baron de). Remarques sur quelques positions qui se trouvent dans l'*Esprit des Lois*. Copenhague, G. Ch. Wentzel. 1753, in-8 à 86 p. *Ex libris* Éd. Fournier.

Extrait du livre de l'*Esprit des Lois* chapitre par chapitre (par de For-honnais). Paris, 1753, in-12,

Opuscules de Fréron. Amsterdam (Paris), 1753, in-12, t. III.

Conjectures sur les vraies causes de la grandeur des Romains (par Holberg). Leipsig. in-8, 1753.

Réfutation du système de Montesquieu sur l'influence des climats (fragment d'un ouvrage intitulé : Essai politique sur le commerce du Portugal et celui de ses colonies). In-8, Paris, 1753.

Les huit philosophes errants, ou Nouvelles découvertes de Voltaire, de Maupertuis, de Montesquiou, du marquis d'Argens, de l'abbé Pré-vost, de Crébillon, etc. Comédie du temps présent (trois actes en prose), s. l., 1754, in-8.

Code de la Nature, ou le Véritable *Esprit des Lois* de tous temps négligé ou méconnu, avec cette épigraphe : « *Quisque diu latuere, canam. Ovid.* » (par Morelly). *Partout, chez le vrai sage*, 1755, et in-8 dans le tome II de la collection des Œuvres de Diderot. Londres, Amsterdam, 1773, 5 vol. in-8.

Éloge de Montesquieu, par d'Alembert. *Encyclopédie*, 5° vol., 1755.

Éloge de Montesquieu par Maupertuis, à l'Académie de Berlin, le 5 juin 1755.

Éloge de Montesquieu, par Solignac de la Pimple, secrétaire de l'Aca-démie de Stanislas. Nancy 1755. Le 20 oct. 1755. Tome IV des *Mémoires* de cette Académie.

Éloge funèbre de M. le présid. de Montesquieu. (s. l. n. i.), 1755· in-12, et 1765, in-8. Pièce en vers, par Pierre Lefebvre de Beau-vray.

Éloge de Montesquieu. *Mercure de France* de nov. 1755, Journal de Verdun, août 1756, et l'Europe illustre.

L'homme moral opposé à l'homme physique de M. R. (par le P. Cas-tel). Toulouse, 1756, in-12.

Pièces concernant les ouvrages et la vie de M. le président de Mon-tesquieu. Genève. Du Villard, 1756, in-8°.

Notice sur Monntesquieu, par Voltaire, dans le catalogue des écrivains du siècle de Louis XIV, 1757.

Grosley, de l'Influence des lois sur les mœurs ; Mémoire présenté à la faculté royale de Nancy. Nancy, Haner, 1757, in-4°.

L'esprit des maximes politiques pour servir de suite à l'*Esprit des Lois*, par Pecquet. Paris, in-12, 1757, 2 vol.

Analyse raisonnée de l'*Esprit des Lois*, du présid. de Montesquieu, par M. Pecquet. Paris, in-12. Prault, 1758, Nyon, 1768.

Éloge en vers, par Turben dans le *Conservateur* d'octobre 1758.

Le génie de Montesquieu, par Deleyre. Amsterdam, Arkstée et Merkus, in-12,1758, 1759, 1762.

Observation sur un livre intitulé de l'*Esprit des Lois* (par Claude Dupin). 3 vol. in-8°, papier d'Hollande.

Lettre écrite de Perse à l'auteur de l'*Esprit des Lois*, dans le tome 88 du choix des *Mercures* et autres journaux, par M. de Laplace, 1763. Tirée du *Petit Réservoir*, t. I.

J. A. Ernesti. *Animadversiones philologicæ in librum francicum de Causis Legum*. Lug. Batav in-8°, 1764.

Observation sur le livre de l'*Esprit des Lois*, par Crevier. Paris, Desaint et Saillant, 1764, in-12.

Nécessité d'une réforme dans l'Administration de la justice... avec la réfutation de quelques passages de l'*Esprit des Lois* (par Linguet). Amsterdam, 1764, in-8°

Beccaria. Traité des délits et des peines, in-8°, 1764.

Théorie des lois civiles ou Principes fondamentaux de la Société, par Linguet. Londres, 1767, 2 vol. in-12.

L'*a b c*, ou dialogue entre A, B et C. Entretien sur Hobbes, Grotius et Montesquieu, par Voltaire.

Les Troglodytes, tragédie en 5 actes, par Couret de Villeneuve. Paris, Delalain in-8° de 67 pages, 1770

Lettres sur la théorie des lois civiles. Amsterdam, 1770, in-12.

Analyse raisonnée de l'*Esprit des Lois*, par Bertolini, in-8°. Genève, Philib. et Chirol, 1771, in-12, Leipsick, 1773, in-12, et Œuvres posthumes de Montesquieu. Paris, 1798.

De la félicité publique, par Chastellux, in-8°, 1772.

Alambic des Lois (l'), ou observation de l'ami des Français sur l'homme, sur les lois par (Rouillé d'Orfeuil). Hispahan, 1773, in-8°.

Trait de bienfaisance. *Mercure de France*, mai 1775.

Commentaire sur l'*Esprit des Lois*, par Voltaire. In-8°, Londres, 1777, 1778.

Les vrais principes du gouvernement françois, par un François (Gin). Genève, 1777, in-8°, et Genève et Paris, 1780, in-8°.

Mélanges littéraires ou *Journal des Dames*, par M. Dorat. Paris, 1778. Portrait de Montesquieu.

Panietnik o panu de M. Souvenir sur M. de Montesquieu. Leipsig et Dresde, librairie Grollowski, 1778, in-4°. On trouve p. 33 : « Miniature ou dépouillement en petites parties du livre de l'*Esprit des Lois*, » et p. 61 : « Défense de l'*Esprit des Lois*. (En polonais).

Anquetil Duperron. Législation orientale. 1778.

Robert Seiarts, comédie en 5 actes prose, par Madame de Montesson, dans ses œuvres anonymes, théâtre et mélanges. Paris, Didot, 1782-85, 8 vol. in-8°, t. II.

Discours sur l'*Esprit des Lois* de M. de Montesquieu, lu dans l'Université de Moscou, par Jacques Schneider, en français et en russe. Moscou, typographie de l'Université, in-8°, 1782.

Éloge de Montesquieu, adressé aux sages, par l'abbé Briquet de Lavaux, avocat au parlement de Paris. Londres et Paris chez Knapen, 1783, in-4°.

Idée du siècle littéraire présent, réduit à six vrais auteurs (Gresset, Crébillon, Trublet, Fontenelle, Montesquieu et Voltaire), par Daquin ou Blanchet. Sans date, in-12, 1784.

Montesquieu à Marseille, pièce en 3 actes, par Mercier. Lausanne, 1784, in-8°. Paris, Poincot, 1785, in-8°.

Le bienfait anonyme, comédie en 3 actes prose, par Jos. Pillies, Cailleau, 1785. Joué en 1783 au Théâtre-Français.

Muyart de Vouglans, conseiller : Lettre sur le système de l'auteur de l'*Esprit des Lois*, touchant la modération des peines. Bruxelles, (Paris, Durand), 1785, in-8°.

Éloge de Montesquieu, par Marat, 1785, dans l'*Avenir National* du 7 octobre 1866.

Traité des matières féodales et censuelles. Paris, Knaper, 1786, tome V.

Éloge de Montesquieu, par de Rutlidge. Londres, de Boe, 1786, in-8°.

Éloge de Montesquieu, suivi de l'analyse de l'*Esprit des Lois*, par M. B. (Beraud de Bordeaux). Londres, 1787, in-8° de 24 pages.

Imbert comte de Platière. Notice sur Montesquieu. 1787, 7 vol. in-4°. Voir 1er vol. Galerie-universelle, Paris.

Les Trois philosophes : Montesquieu, Rousseau et Raynal, sur la nature de la monarchie et l'administration des finances, in-8°. Londres, 1787. — Catalogue de la Chambre de commerce de Bordeaux, p. 73, n° 667, t. I. Économie politique, pièces diverses, vol. 3, folio 195.

Observations sur Montesquieu, par Lenglet, avocat au parlem. Lille, Houx, 1787. Essai ou observations sur Montesquieu, par E. Lenglet, juge au tribunal de Bayonne. Paris, Froullé, 1792.

Le Bon fils ou la vertu récompensée. *Almanach des Muses*, 1787.

Très-humbles et très-respectueuses remontrances de l'ombre de Montesquieu au roi. Champs-Elysées, le 25 mai 1788, in-8°, 7 pages.

Opinion du présid. de Montesquieu sur la question des délibérations par tête ou par ordre dans les Assemblées législatives et sur l'exercice de la puissance exécutrice. (s. l. n. i. d.), 7 pages in-8.

Le disciple de Montesquieu à MM. les députés aux états généraux, ou

Supplément à la pétition des bourgeois de Paris et au rapport. — Suivi de quelques réflexions sur des instructions attribuées à S. A. S. Mgr le duc d'Orléans, par P. M. L. au R. D. C., in-8°, s. l, 1789.

Lettres de M. Helvétius au présid. de Montesquieu et à M. Saurin, relatives à l'aristocratie de la noblesse, 23 pages. 1789.

De l'autorité de Montesquieu dans la révolution présente, par Grouvelle, s. l. n. l., 1789, in-8°, et dans la bibliothèque de l'homme public de Balestrier de Canilhac, sous les noms de Condorcet, Chapelier et autres, t. VII. 1re année.

Lectures ou *Political principes, the subjects of eighten books, in Montesquieu's spirits of laws*, By David Williams. London, John Bell, 1789, in-8°.

Lettres persanes, ou Contes de la mère Boby ; Journal pour 1789 et 1790, in-8°, 6 ou 12 n°s.

Théorie des lois politiques de la monarchie française, 1790. Théorie des lois politiques de la France, par Mlle de Lézardière.

Pétition à l'Assemblée nationale, par Montaigne, Charron, Montesquieu, rédigée par Hennet. Paris, Desenne, 1791, in-8°.

Réflexions sur Montesquieu, par Bonnin, an III, 1795, Paris, 1824.

Opuscula academica, par Heyne, 1796. — 1811, 6 vol. in-8°.

Éloge, par Beraud. En Suisse an V, 1797, in-8°.

Addition en forme de notes au livre de l'*Esprit des Lois*, s. l. s. e., in-8°, 1798 (par Linden de Blittenwich).

Montesquieu peint d'après ses ouvrages, par B. Barère, an V, in-8°. Suisse, France et Londres.

Montesquieu considéré dans une république, par le citoyen Delacroix. Paris, Moutardier, an VI, in-8°, pièce.

Duchesne, Proposition de former une république suivant le plan du présid. de Montesquieu dans les montagnes de la Guyanne française, an X. Blois, Masson, nivose an X, 1 vol. in-8°.

Continuation faite par le citoyen Duchesne, à sa proposition de former, etc. Blois, germinal an X.

Dialogue sur ces mots de Montesquieu : La vertu est la base des Républiques, par Durand, à la Société de Nancy. Paris, 1805, in-8°; Nancy, Delahay, 1805.

Gœthe. *Neveu de Rameau*, 1805.

Barère. Éloges académiques, contenant celui de Montesquieu. Paris, 1806, in-8°.

Journal des Débats. Juillet 1808. Article de Boissonade.

Montesquieu bon français. Paris, Méquignon, in-8°, 1814.

Éloge de Montesquieu, par Villemain. Paris, F. Didot, 1816, gr. in-4°.

Auger, Notice sur Montesquieu, dans l'édition de 1816. Lefèvre.

Réfutation de la doctrine de Montesquieu sur la balance des pouvoirs, par le comte de Saint-Roman. Paris, Perronneau, 1816, in-8°.

Villenave, Notice sur Montesquieu dans ses œuvres, Paris, Belin, 2 vol. 1817.

Commentaire sur l'*Esprit des Lois*, par Destutt de Tracy, suivi d'observations inédites de Condorcet. Liége, 1817. Paris, 1819, in-8°. Paris, 1822, in-12.

De Voltaire, de Jean-Jacques et de Montesquieu. Paris, J. G. Dentu, 1817, in-8.

C. Lami, Institution du Jury en France, ou Épître à Montesquieu. Août 1819.

La politique de Montesquieu, ou Introduction à l'*Esprit des Lois*, par Alex. Tissot. Paris, Desoer, in-8°, 1820.

Tableaux analytiques de l'*Esprit des Lois*, par M. Th. Regnault, in-4°. Paris, 1820. Janet et Cotelle.

Lacépède. Notice sur Montesquieu, 1822.

La fausse clef ou les deux fils, par Frédéric et Laqueyrie, mélodrame représenté à la Gaieté, le 22 janvier 1823.

Macaulay, Revue d'Édimbourg, 1823.

Montesquieu, Encyclopédie de Brewster, 1823, article de Carlyle.

Projet de fondation d'une rosière à La Brède, par Latapie. Bordeaux, 1823, in-8°.

Opinion des Anglais sur le livre de Montesquieu, par Delafons, in-12, Paris, 1823.

Éphémérides universelles (10 février). — Paris, Corby, 1824.

Montesquieu, poëme en dix chants, dédié au duc de Plaisance, par Honoré Dumont, employé des Douanes, 1824, in-8°, à Abbeville, Deverité.

Notice sur le baron de Montesquieu, petit-fils de Montesquieu, par le comte de Lynch. Paris (Boucher), 1824, in-4°.

Les jésuites peints par Henri IV et jugés par Montesquieu, Voltaire, Raynal, Buffon, etc., avec des notes et des observations, par MM. P. et A. Paris, Picard, 1825.

Annales des Concours généraux. Paris, Bredif, in-8°, 1825, p. 337. Poésie latine. 1er prix. Blondel, élève du lycée Napoléon : Montesquieu et le jeune Robert.

Depping? Notice sur Montesquieu. Œuvres. Édit., 1825, Dalibon.

Une soirée chez Kantemir, traduit du russe de Batuchkoff, par Loustaunou. (Les principaux interlocuteurs sont Kantemir, l'abbé de Guasco et Montesquieu.) Le *Bulletin du Nord*, journal scientifique et littéraire, publié à Moscou, par G. Le Cointe de Laveau, 2° année. 1er cahier, janvier, 1829.

Éloge de Montesquieu par Croussolle-Lami, Paris. Rignoux, in-8°, 1829.

Veitzel, Geschicte der Staatsw, 1832, t. I, p. 217.

Les Troglodytes, par H. Dumont, poëme in-4°; épisode tiré de Montesquieu et mis en vers. 2° édition. Morlaix, Guilmer, 1832.

Le château de La Brède par M. Labat, dans le Recueil de l'Académie d'Agen, t. III, 1834.

Schlosser, 1836.

Revue Germanique, mars 1837.

Griveau (Algar). *Étude sur un grand homme du XVIII° siècle* dans l'Université Catolique, 1839, 1840, 1841 et 1842.

Specimen inaugurale de Montesquivio. Submittit Janus Heemskerk, in-8°. Amstelodami, Van Heteren, 1839.

Notice sur le Château de La Brède, par Ch. Grouet. Bordeaux, 1839, in-8°.

Étude sur Montesquieu, par Amédée Hennequin. Paris, in-8°, 1840. Extrait de la Revue du XIX° siècle.

Vie et portrait en pied de Montesquieu, par Audibert, dans le Plutarque français. Paris, Mennechet, 1841, gr. in-8°.

De Pioger, Études sur l'*Esprit des Lois* (Revue d'Aquitaine. Saint-Brieuc, Prud'homme, 1843), t. II, p. 287.

Rousseau de Genève et Montesquieu, par Cl. Simpl. Constituantiski, 1844 (Vers).

Considérations sur l'*Esprit des Lois*, par M. de la Seiglière. Faye, Bordeaux, in-8°, 1846.

Montesquieu, par Fr. Riaux, dans le Dict. des sciences philosophiques. Paris, Panckouke, 1849, in-8°.

Revue sociale, par Villegardille, mars 1850.

Machiavel, Montesquieu et Rousseau, par Venedey, 1850.

Montesquieu et les Lettres persannes, par M. Mayer, dans *Études et critiques anciennes et modernes*. Paris, F. Didot, 1850, in-8°.

Sainte-Beuve, Causeries du Lundi, 1852.

Mancini, Machiavelli e la sua dottrina politica. Turin, 1852.

Montesquieu, Études sur la philosophie du xviii° siècle, par Em. Bersot. Paris, Ladrange, 1852.

Montesquieu et Machiavel, par Fréd. Sclopis. Paris, A Durand, 1856, in-8° (Extrait de la *Revue Historique de droit français et étranger*.

Esprit des Lois (Recherches historiques et critiques sur l') par Frédéric Sclopis. Turin, imprimerie royale, 1857, in-8°, et Académie des siences de Turin. Mémoires, 1858.

Inauguration des statues de Montaigne et Montesquieu à Bordeaux, 1858.

Généalogie de Secondat de Montesquieu. Extrait du *Nobiliaire de Guienne*, par O'gilvy, 1858. Bordeaux, Gounouilhac, in-4°.

Les *Publicistes* du xviii° siècle, par Ad. Franck, dans la *Revue contemporaine*, 30 avril et 15 mai 1858.

L'Édition originale des Lettres persannes, par Hiver de Beauvoir. Archives du bibliophile, 1859, n° 13.

The saturday review, march 10, 1860.

Montesquieu à l'Académie, par Gallien, dans la *Critique française*, t. 3, p. 265, 15 février, 15 mars, 15 avril 1862.

Le président de Montesquieu et l'Esprit des Lois. Discours prononcé par M. de Raynal, à la Cour de Cassation. In-8°, Paris, 1865.

Montesquieu et sa philosophie politique, par J. Milsand. *Revue Moderne*, 1er novembre 1865.

Gandar sur Montesquieu (*Revue des cours publics*). Germère-Baillière, 1865.

Dialogue aux Enfers entre Machiavel et Montesquieu, ou la Politique de Machiavel au xix° siècle, par un contemporain (Maurice Joly), Bruxelles, 1865.

L'*Histoire romaine* dans Montesquieu, par C. Dareste. Paris, 1866, broc. gr. In-8o. (Tiré des *Mémoires* lus à la Sorbonne).

Montesquieu à l'abbaye de Nizor, par M. Sacaze, In-8°. Jeux floraux, 1867.

Montesquieu, Bibliographie de ses Œuvres dans le *Bibliophile français*, n°° 3, 4, 7 et 14 de 1867. Nouvelle édition. Paris, Durand, in-12, 1872 ; nouvelle édition, Rouquette, in-8°, 1874.

O. Sigaudy. Discours à l'Académie de Montpellier sur Montesquieu, en 1867.

Discours, sur Montesquieu par M. Deltheil, substitut. Ducourtieux, Limoges, 1868, in-8°.

Études sur l'*Esprit des Lois* de Montesquieu, par Éd. Laboulaye. *Revue de droit national et de législation comparée*, 1869, 2° livraison.

Quelques mots sur Montesquieu, in-8°, 1869, par Jeandet. Bourg, Milliet-Bottié. (Extrait des *Annales* de la Société d'émulation de l'Ain, 1869).

Montesquieu. Sa réception à l'Académie française et la 2° édition des Lettres persanes Paris, in-8°, Didier, 1869.

Lamartine. *Cours familier de littérature*, t. XXVII. *Entretien* 158, février 1869.

L. Etienne. La littérature d'une génération. Avril, 1870. Revue des cours littéraires.

Idées économiques de Montesquieu, par Pascal Duprat, dans le *Journal des Économistes*, avril-juin, 1870.

Études sur Montesquieu, par F. Sclopis, dans la Revue de législation, juillet-août 1870.

La Monarchie de Montesquieu et la République de Jean-Jacques, par Ferd. Béchard, ancien député. (Extrait du *Correspondant*.) Paris, Douniol. 1872, in-8°

Montesquieu (le cardinal de Boisgelin, commentateur de), par le comte de Carné, dans le *Correspondant*, 10 mai 1874.

Montesquieu. L'*Esprit des Lois*. Son influence, par Em. Gimelle, avocat général. Discours à la Cour de Chambéry, in-8°. Chambéry, Puthod, 1874.

La véritable édition originale des Lettres persannes, par Arm. Landrin, conseiller du bibliophile du 1er juin 1876.

Bardoux, député. *Les Légistes, leur influence sur la société française*, in-8°, Paris, 1877, Germer-Baillière.

ICONOGRAPHIE DE MONTESQUIEU

Deux artistes firent, de son vivant, le portrait de Montesquieu.

L'un le représenta avec sa perruque et sa robe de magistrat. Voici comme un contemporain, Guasco, dans une note jointe à une lettre du 25 mars 1765 (*Lettres familières*, S. D. 1767), nous en parle :

M. de Montesquieu ne s'était jamais soucié de se faire peindre, et ce ne fut qu'après des difficultés infinies qu'il accorda, aux instances de M. l'abbé C. de Guasco, qui était à Bordeaux avec lui, de se laisser tirer par un peintre italien qui passait par cette ville en revenant d'Espagne. Cet ami possède ce portrait, qui est assez ressemblant, et le seul qui existe fait d'après nature. Il m'a dit que le peintre assurait n'avoir jamais peint un homme dont la physionomie changeât tant d'un moment à l'autre, et qui eût si peu de patience à prêter son visage.

Ce médiocre graveur d'estampes était italien et s'appelait Faucci (Carlo). J'ignore ce qu'est devenue son œuvre.

La représentation de Montesquieu qui a eu le plus de succès est due à Jacob-Antoine Dassier, célèbre graveur de médailles, né et mort à Genève, (1715 et 1759), qui était attaché à la monnaie de Londres. La suite de ses médailles, qui représentent les hommes les plus illustres de son temps, est remarquable par la finesse du dessin et par la ressemblance, qui en augmente le prix.

Le père de madame Cottin, Risteau, raconte dans une

lettre datée de 1778 comment Dassier fit la gravure de Montesquieu.

Je me trouvais à Paris, en 1752, en revenant de Bretagne ; j'y fis un séjour fort court. Deux ou trois jours avant mon départ pour Bordeaux, je fus dîner chez mes banquiers, MM. Dufour et Mallet. Ce dernier, me voyant arriver, me dit : « Je suis d'autant plus aise que vous soyez venu me demander la soupe aujourd'hui, que je vous ferai dîner avec un de nos anciens camarades de Genève. C'est notre ami Dassier, qui vient de Londres et qui va faire un tour chez lui. » Celui-ci arriva peu après. Nos premiers compliments faits, je lui adressai quelques questions sur le but de son voyage. Il m'avoua qu'étant occupé à faire une suite de médailles des grands hommes du siècle et ayant appris que M. de Montesquieu était actuellement à Paris, il y était venu exprès, et qu'il souhaitait que quelqu'un pût l'introduire auprès de lui pour lui demander la permission de prendre son profil et de faire sa médaille.

Alors, M. Mallet, l'interrompant, dit que personne mieux que moi ne pouvait lui procurer cet avantage. Je lui répondis que, quoique j'eusse pris congé de Montesquieu le matin même de ce jour, je me chargerais bien volontiers de la commission, sans oser me flatter de réussir ; et après quelques instances de Dassier, je me déterminai à écrire, sur une carte, à M. de Montesquieu, pour lui faire connaître le désir qu'avait Dassier de le voir et lui demander le moment qui lui serait le plus commode. J'envoyai cette carte par mon domestique, qui revint avec la réponse de Montesquieu, écrite avec du crayon sur la même carte, en ces mots : *Demain matin, à huit heures.*

Le lendemain, je me rendis avec Dassier chez M. de Montesquieu, rue Saint-Dominique. Nous le trouvâmes occupé à déjeuner avec une croûte de pain et de l'eau et du vin. Après toutes les politesses de part et d'autre, M. de Montesquieu demanda à Dassier s'il avait apporté avec lui quelques médailles ; sur quoi celui-ci lui en montra plusieurs. M. de Montesquieu s'écria en les examinant : « Ah ! voilà mon ami mylord Chesterfield, je le reconnais bien. Mais, monsieur Dassier, puisque vous êtes graveur de la Monnaie de Londres, vous avez sans doute fait la médaille du roi d'Angleterre ? — Oui, monsieur le président ; mais comme ce n'est qu'une médaille de roi, je n'ai pas voulu m'en charger. — A votre santé pour ce bon mot, monsieur Dassier, dit M. de Montesquieu, qui tenait alors un verre plein. »

La conversation s'anima et devint alors d'autant plus intéressante que Dassier avait beaucoup d'esprit. Aussi, au bout d'un quart d'heure, il fit venir très-adroitement la demande qu'il se détermina enfin à faire à M. de Montesquieu, de prendre son profil et de faire sa médaille. Il fit surtout valoir qu'il avait fait le voyage de Londres à Paris tout exprès dans l'espoir qu'il ne lui refuserait pas cette grâce.

Après un moment de réflexion de la part de M. de Montesquieu, qui occasionna une espèce de silence, il prit un ton sérieux et lui dit : « Monsieur Dassier, je n'ai jamais voulu laisser faire mon portrait à personne. Latour et plusieurs autres peintres célèbres, qu'il nomma, m'ont persécuté pour cela pendant longtemps. Mais ce que je n'ai pas fait pour eux, je le ferai pour vous. Je sais, dit-il en souriant, qu'on ne résiste pas au burin de Dassier, et même qu'il y aurait plus d'orgueil à refuser votre proposition qu'il n'y en a à l'accepter. » Dassier remercia M. de Montesquieu avec des transports de joie qu'il modérait avec beaucoup de prine. Il lui demanda enfin son jour. « Tout à l'heure, lui répondit M. de Montesquieu, car je compte aller, demain ou après-demain, à Pont-Chartrain voir M. de Maurepas, où je passerai quelque temps, et je ne pourrai disposer que de ce moment ; je vous conseille d'en profiter. » Sur quoi Dassier tira ses crayons de sa poche, et j'assistai une demi-heure à son travail. Il en était à l'œil lorsque je pris congé ; et alors se tournant vers moi : « Ah ! me dit-il, mon ami, le bel œil ! qu'il fera un magnifique effet ! »

Je partis le lendemain pour Bordeaux, et je ne vis plus Dassier qui lorsque la médaille fut frappée, m'en envoya six en présent. Je n'en voulus accepter qu'une, et lui tint compte des cinq autres que je distribuai à son profit. M. de Montesquieu me dit, l'année suivante, à Bordeaux, qu'à son retour de chez M. de Maurepas il avait encore donné plusieurs séances à Dassier, et qu'il avait été fort long.

Voilà au vrai ce qui s'est passé dans cette occasion : il n'y a point eu d'autre témoin que moi.

RISTEAU [1].

Cette médaille a servi de type à tous les artistes qui ont voulu reproduire les traits de Montesquieu. Le malheur est qu'elle est rare ; aussi beaucoup l'ont-ils copiée d'après d'autres, de seconde ou de troisième main. Pour la faire connaître j'en place le *fac simile* en tête de ce volume.

---

1. Bernadau, le *Viographe bordelais*, Bordeaux, in-8°, 1844.

COPIES DES PORTRAITS ORIGINAUX DE MONTESQUIEU

Statues.

Les principales ont été faites :

En 1783, par Clodion, terre cuite de 0ᵐ 40, à la manufacture de Sèvres (note de Chamfleury).

En 1822, par Raggi, au palais de justice de Bordeaux.

En 1858, par Maggesi, à la place des Quinconces, à Bordeaux.

En 1875, par X..., au palais de justice d'Amiens.

Bustes.

Les meilleurs ont été sculptés :

En 1768, par Lemoine, à la bibliothèque municipale de Bordeaux.

En 17..., par   —   , dans la collection de M. Double, à Paris.

En 18..., par   —   , au ministère des affaires étrangères (archives).

En 1867, par Mallet, à la bibliothèque Sainte-Geneviève, à Paris.

En 1872, par Cougny, à l'École normale supérieure de Paris.

Médailles.

Celle qui est donnée en prix par l'Académie de Bordeaux depuis 1864 ; elle est gravée par Bescher et Borrel.

Celle qui fait partie de la Galerie métallique des grands hommes français.

Portraits à l'huile.

Voir surtout la salle des séances de l'Académie de Bordeaux, et la salle des séances de l'Institut de France

Portraits divers.

Le portrait de Montesquieu, par Carlo Faucci, a été reproduit par Ambroise Tardieu, par Garneray, etc.

La médaille de Dassier a été copiée par A. Collas et notamment par Grateloup. Les principaux dessinateurs qui ont imité l'une ou l'autre de ces pièces sont Lemoine, Chaudet, Boilly, Burdey, Bonneville, Caunois, Chasselat, Desrais, de Tersan, Deveria, Delpech, Duponchel, Eisen, Finger, Julien, Hopwood, Marillier, Pourvoyeur, Saint-Aubin, Smith, Savoit, Savart, de Seve, Desmarest, Lebeau, Grevedon, etc.

HABITATION DE MONTESQUIEU

(CHATEAU DE LA BRÈDE)

Lithographies : Dans *La France Pittoresque*; dans le *Guide du Voyageur en France*. Paris, Didot; dans *La Brède*, par Grouet. Bordeaux, 1839.

Eau-forte : Dans *La Guyenne militaire*, par Léo Drouyn. Bordeaux, 1865.

Dessin : Jules de Gères.

Photographies : X, à Bordeaux.

ÉORITURE DE MONTESQUIEU

Voir : *Isographie des hommes célèbres*. In-4, 1823 à 1827, Paris.
Lavater, *Essais sur la physionomie*. 4 vol. in 4.
Œuvres de Montesquieu, édit Dalibon. 8 vol. in-8, 1822, Paris.

SCÈNES REPRÉSENTANT MONTESQUIEU

Ponce, Les *Illustres français*. Paris, 1790, in-8.

PRINCIPALES VIGNETTES QUI ONT ÉTÉ DESSINÉES ET GRAVÉES POUR LES ŒUVRES PARTIELLES ET COMPLÈTES DE MONTESQUIEU [1].

Le Temple de Gnide, revu, corrigé et augmenté. Londres (Paris, Huart, 1742). Petit in-8. — 1 titre gravé avec fleuron, 1 frontispice et 7 vignettes non signées, sans doute dessinées par Pierre, gravées par Watelet et terminées par Cochin.

Il templo di Gnido, tradotto del francese. In Londra (Paris) Pet. in-8. — Mêmes figures.

Le Temple de Gnide. Nouvelle édition. Londres, Dresde, Walter, 1758. In-8. — Frontispice, gravé, non signé. Bruke.

---

1. Voir l'Amateur de Livres à vignettes du XVIII° siècle, par Ch. Mehl, in-8°, Paris, Rouquette, 1877.

Il templo di Gnido, nuovamente transporlato Parigi 1767, in-12. — 1 titre et frontispice gravé et une vignette par Eisen et Legrand.

Le Temple de Gnide. Nouvelle édition, avec figures, gravées par N. Le Mire, d'après les dessins de Ch. Eisen. Le texte, gravé par Drouet. Paris, chez Le Mire, graveur, avec privilége du Roi, 1772. In-8 et in-4, 104 pp. — Titre gravé, frontispice renfermant le portrait de Montesquieu en médaillon, vignette en tête de la dédicace (armes d'Angleterre), et 9 très-belles figures dont 2 pour *Céphise et l'Amour*.

Il existe un exemplaire in-4° de ce chef-d'œuvre artistique du dix-huitième siècle, avec les figures avant la lettre, dont quatre (celles du frontispice, des chants I, III et IV) sont découvertes. C'est M. Eugène Paillet qui le possède dans sa bibliothèque merveilleuse.

Le Temple de Gnide, par Montesquieu. Paris, Didot jeune, an III (1794). Grand in-8, papier vélin. — Le portrait et les 9 figures de l'édition de 1772 en épreuves fatiguées, plus 2 figures par Le Barbier, gravées par Le Mire et Thomas, pour *Arsace et Isménie*, histoire orientale, qui dans cette édition suit le *Temple de Gnide*.

Ce sont les figures de l'édition de 1772, usées jusqu'à la corde.

Le Temple de Gnide, suivi d'*Arsace et Isménie*. Paris, Didot jeune, 1795. In-18. — 1 titre avec le portrait de Montesquieu par Saint-Aubin, et 12 figures, dont 10 de Regnault, gravées à l'eau-forte par Bertaux et terminées par Baquoy, de Ghendt, Halbou, Lingée, Patas et Ponce, et 2 de Lebarbier, gravées par Courde et Patas.

Le Temple de Gnide, suivi d'*Arsace et Isménie*, par Montesquieu. Paris, P. Didot l'aîné, l'an IV de la République. 1796. Grand in-4, papier vélin. — 1 frontispice et 7 figures par Peyron, gravés par Chapuy et Lavallée, tous coloriés. Le frontispice n'est pas signé.

Édition admirablement imprimée à 100 exemplaires. Les figures, plus que médiocres, font tache dans ce beau volume.

Le Temple de Gnide, suivi des romans de l'auteur. Paris, Bailly (impr. Charpentier), 1797. In-8 — 3 belles figures de

Clavareau, gravées par Férée dont une pour *Céphise et l'Amour.*

Le *Temple de Gnide*, de l'imprimerie d'Egron. Paris, chez les principaux libraires, s. d. — 1 frontispice et 9 figures non signées.

Le *Temple de Gnide.* Paris, Pinard, in-f°, avec préliminaires à Ch. Nodier, figures de Lafitte et Deveria, gravées par Thompson, tiré à 140 exemplaires.

Considérations sur les causes de la grandeur des Romains et de leur décadence. Amsterdam, Welstein, 1746, in-12, avec 1 frontispice non signé.

Considérations. Nouvelle édition, revue, corrigée et augmentée par l'auteur, à laquelle on a ajouté le dialogue de Paris, Gaillyn, 1748. In-12. — 1 frontispice par Eisen, gravé par Delafosse; 1 fleuron sur le titre et 1 vignette par Eisen, gravés par D. L. (de Longueil).

Considérations. Nouvelle édition. Lausane, chez Bousquet. 1749, in-12, avec un frontispice non signé et une vignette de Delamonce, gravée par Joubert.

Lettres persanes, suivies du *Temple de Gnide.* Genève, 1777, 2 vol in-18. — Joli front. de Marillier, gravé par de Launay.

Lettres persanes, 2 vol., 1784. In-18, portrait par Duponchel. Londres.

Œuvres. Londres, chez Nourse, 1767. 3 vol. in-4. — Beau frontispice dessiné par de Sève, gravé par Littret.

Œuvres de M. de Montesquieu. Genève, 4 vol. in-18. — 1777. 1 portrait de Marillier, gravé par de Launay.

Œuvres complétes de Montesquieu avec les nouveaux manuscrits. Paris, Plassan, an IV (1796). 5 vol. in-4. — 1 portrait par Chaudet, gravé par Tardieu, et 13 figures par Chaudet, Morreau, Perrin, Peyron et Vernet, gravées par de Ghendt, Girardet, Langlois jeune, Le Mire, Malapeau, Née, Patas et Pauquet.

Les figures existent avant la lettre sur grand papier vélin en grand in-4. Sept exemplaires ont été tirés in-folio avec les eaux-fortes.

MÉMOIRE

POUR SERVIR

A L'ÉLOGE HISTORIQUE DE M. DE MONTESQUIEU

PAR M. DE SECONDAT, SON FILS.

————

Charles de Secondat, baron de La Brède et de Montesquieu, ancien président à mortier au parlement de Bordeaux, de l'Académie française, etc., naquit à La Brède, à trois lieues de Bordeaux, le 18 janvier 1689, d'une famille assez noble de la Guyenne. Son troisième aïeul, Jean de Secondat, sieur de Roques, était maître d'hôtel d'Henri I, roi de Navarre ; et la fille de ce roi, Jeanne, reine de Navarre, qui épousa Antoine de Bourbon, fit présent à Jean de Secondat, par un acte du 2 octobre 1561, d'une somme de dix mille livres pour être employée à l'acquisition de la terre de Montesquieu. C'était, dit la reine dans cet acte, « pour les « très-grands et recommandables services que Jean de Se-« condat, sieur de Roques, son maître d'hôtel, avait ci-de-« vant et dès longtemps rendu au roi son père et à elle-« même, tant au fait de son état de maître d'hôtel qu'en « autres grandes et importantes charges qu'elle lui a com-« mises et lui commet journellement. »

Jacob de Secondat, fils de Jean, fut gentilhomme ordinaire de la chambre de Henri II, roi de Navarre, qui fut Henri IV, roi de France ; et en sa faveur ce roi érigea en baronie la terre de Montesquieu, « voulant, dit-il, reconnaître les bons, « fidèles et signalés services qui nous ont été faits par lui et « les siens. »

Ce n'était point une cour corrompue par une longue prospérité, où l'on prostituât à des services frivoles ou bas les marques d'honneur et les récompenses dues aux services réels. Un jour, la comtesse de Gulche, que le roi aimait, allait à la messe à pied, suivie seulement de sa fille de chambre et de son page, qui portaient, l'un un petit barbet, l'autre un perroquet. L'ambassadeur du roi de France en témoigna une grande surprise, disant que c'était tout autre chose à la cour de son maître pour le brillant et la magnificence, et le grand nombre de seigneurs qui formaient ordinairement le cortége de la maîtresse du roi. « C'est, lui « répondit un vieux gentilhomme, parce qu'il n'y a à cette « cour-ci d'autres perroquets, singes ou barbets que ceux « que vous venez de voir. » Jacob de Secondat fut aussi lieutenant-colonel du régiment de Châtillon et ensuite mestre de camp, par brevet du 6 mai 1615.

Jean-Gaston de Secondat épousa Anne de Bernet, fille de Joseph de Bernet, premier président au parlement de Bordeaux, et il acquit une charge de président à mortier qui fut possédée après lui par Jean-Baptiste de Secondat de Montesquieu son fils.

C'était un des plus beaux génies et peut-être l'homme le plus libre et le plus juste de son temps. La Compagnie le regardait comme son véritable chef. Ayant perdu un fils unique qu'il avait, il laissa ses biens et sa charge à son neveu Charles de Secondat, auteur de l'*Esprit des Lois.*

Le père du jeune Charles, qui avait servi avec distinction mais qui avait quitté le service de fort bonne heure, donna les plus grandes attentions à l'éducation d'un fils dont il avait démêlé le mérite : c'était le père le plus tendre et le plus éclairé.

A l'âge de vingt ans, Charles, que nous n'appelerons plus que M. de Montesquieu, avait fait des collections et des extraits des immenses volumes qui composaient le corps du droit civil. Il fit, à l'âge de vingt-deux ans, un ouvrage, en forme de lettres, dont le but était de prouver que l'idolâtrie de la plupart des payens ne paraissait pas mériter une damnation éternelle. Cet ouvrage brille d'esprit et de traits d'une imagination vive et lumineuse.

Il fut reçu conseiller au parlement de Bordeaux le 24 février 1714 et président à mortier le 3 juillet 1716. Étant venu à Paris en 1722, il fut chargé par le parlement de présenter les remontrances que cette compagnie fit à l'occasion d'un nouvel impôt de quarante sous sur la sortie de chaque tonneau de vin. On se rendit aux remontrances et à l'habileté du négociateur. Mais dès qu'on cessa de le voir et de l'entendre, les idées de justice et de modération, de compassion pour les peuples qu'il avait inspirées, et la vue des vrais intérêts de l'État furent insensiblement détruites par des idées plus enracinées et plus impérieuses. On avait aboli l'impôt, on y substitua celui de trois sous pour livre sur toutes les marchandises en sus des droits ordinaires d'entrée et de sortie. On ne l'établit d'abord que pour un temps, mais il a toujours subsisté depuis.

En 1725, il fit l'ouverture du parlement de Bordeaux par un discours où règne une éloquence rapide et une profondeur de pensée qui annonçaient de quoi il était capable dans des choses tout à fait sérieuses.

L'Académie de Bordeaux était encore bien près de sa naissance lorsque M. de Montesquieu y fut reçu, le 3 avril 1716. M. le duc de La Force venait de la fonder et y avait établi un prix de physique. Le génie du nouvel académicien ne contribua pas moins à tourner du côté des connaissances solides celui de ses confrères, qui ne s'étaient réuni d'abord que par le goût pour la musique et pour les fleurs de la littérature. Il proposa lui-même trois prix sur l'anatomie, de trois cents livres chacun.

En 1726, M. de Montesquieu vendit sa charge de président à mortier pour la vie de l'acquéreur. C'est peut-être le seul homme que l'on doive louer d'avoir quitté une fonction publique pour laquelle il avait des talents, pour se livrer à l'inspiration de son génie et jouir de toute sa liberté. Le bien qu'il a fait à toutes les nations du monde et surtout à la sienne, l'emporte de beaucoup sur tout celui qu'il aurait pu faire en suivant les routes ordinaires.

Les *Lettres persanes* parurent en 1721.

J'ignore la date précise de la première édition du *Temple de Gnide* qui fut, je crois, en 1724.

M. de Montesquieu se présenta, en 1728, pour la place de l'Académie française vacante par la mort de M. de Sacy. Il avait les suffrages des académiciens, lorsque M. le cardinal de Fleury ecrivit « que le Roi ne voulait point que l'on ad-« mit dans son Académie l'auteur des *Lettres persanes* ; qu'il « n'avait jamais lu ce livre, mais qu'il le connaissait suffi-« samment par un extrait fort fidèle qu'on lui en avait pré-« senté et qui faisait dresser les cheveux à la tête. » M. le maréchal d'Estrées entreprit de raccomoder tout. M. de Mon-tesquieu déclara « qu'il ne se disait point auteur des *Lettres* « *persanes*, mais qu'il ne donnerait point de désaveu qu'il les « eut faites, qu'il renoncerait à la place de l'Académie s'il « fallait l'acheter à ce prix. » M. le cardinal de Fleury fut . content de ce procédé, il lut les *Lettres persanes* et la paix fut faite. M. de Montesquieu fut reçu le 24 janvier 1728.

Le 5 avril 1728, M. de Montesquieu partit pour Vienne avec mylord Waldegrave, son intime ami, envoyé du roi d'Angle-terre à cette cour, que nous avons vu depuis, pendant plu-sieurs années, ambassadeur d'Angleterre en France.

M. de Montesquieu était l'Usbek et le Rica de ses *Lettres persanes*. « Ceux qui aiment à s'instruire ne sont jamais oi-« sifs, écrivait Usbeck à Rhedi ; quoique je ne sois chargé « d'aucune affaire importante, je suis dans une occupation « continuelle, je passe ma vie à examiner ; j'écris le soir ce « que j'ai remarqué, ce que j'ai vu, ce que j'ai entendu dans « la journée ; tout m'intéresse. Je vois les savants et les ar-« tistes célèbres, je fais des expériences de physique, etc. » Tel était alors M. de Montesquieu devenu même supérieur à Usbeck par toutes les études et toutes les réflexions qu'il avait faite depuis 1721.

Il eut souvent l'honneur de faire sa cour à Venise à M. le prince Eugène, auquel M. le duc de Bouillon l'avait particu-lièrement recommandé. Le prince lui demanda, un jour, en quel état étaient les affaires de la Constitution en France. M. de Montesquieu lui répondit que le ministère prenait des mesures pour éteindre peu à peu le Jansénisme et que, dan quelques années, il n'en serait plus question. — « Vous n'en « sortirez jamais, dit le prince ; le feu roi s'est laissé engager

« dans une affaire dont son arrière petit-fils ne verra pas
« la fin. »

M. de Montesquieu partit de Vienne pour étudier la Hongrie, que peu de gens connaissaient bien. Il a écrit avec soin
cette partie de ses voyages.

Il parcourut ensuite l'Italie. Il vit à Venise le fameux Law,
auquel ne restait de toutes les richesses de la France dont il
avait été le maître, qu'un assez beau diamant et la facilité
d'enfanter toujours de nouveaux projets. Il jouait aux jeux
de hazard; lorsqu'il avait perdu, il engageait son diamant et,
lorsqu'il avait gagné, il allait le retirer. Un jour, la conversation roulait sur le *système*. Comme en Angleterre, le ministère fait à peu près ce qu'il veut dans le parlement avec de
l'argent, M. de Montesquieu lui demanda pourquoi il n'avait
pas songé à corrompre par le même moyen le parlement de
Paris? « Ce ne sont pas de si grands génies qu'en Angle-
« terre, répondit Law, mais ils sont beaucoup plus incor-
« ruptibles. »

M. de Montesquieu vit plus souvent encore à Venise ce
trop célèbre comte de Bonneval qui, flatté de converser avec
un homme en état de l'entendre, lui parlait à cœur ouvert de
toutes ses aventures, de toutes les actions militaires auxquelles il avait eu part, et du caractère de tous les généraux
et de tous les ministres qu'il avait connus.

A Turin, M. de Montesquieu lia une étroite amitié avec
M. le comte de Breille, qui a été depuis gouverneur de son
A. R. M. le prince de Piémont, et avec M. le commandeur de
Solar qui a été plusieurs années ambassadeur du roi de Sar-
daigne en France et qui l'est actuellement à Rome.

C'est dans cette ancienne capitale du monde que M. de
Montesquieu s'arrêta le plus longtemps. Il eut le bonheur de
d'y voir souvent M. le cardinal de Polignac alors ambassadeur
de France et M. le cardinal de Corsini qui fut depuis élevé au
souverain pontificat sous le nom de Clément XII. On sait avec
quelle profondeur de vues M. de Montesquieu a examiné les
gouvernements des pays qu'il a parcourus. Il vit dans l'Italie
les ouvrages de Michel-Ange, de Raphaël et du Titien, avec ce
génie et ce goût qui en auraient fait un grand architecte et

un grand peintre, si l'ordre des choses l'avaient borné à cela.

De l'Italie, M. de Montesquieu rentra par la Suisse en Allemagne, et, ayant vu soigneusement tous les pays qui s'étendent de l'un et de l'autre côté du Rhin, il s'arrêta quelque temps dans les Provinces-Unies, et de là il passa en Angleterre où il resta près de deux ans.

Il eut souvent l'honneur d'y faire sa cour à la reine d'Angleterre, qui s'était plu à s'entretenir avec Newton et Locke. Dans ce pays, où l'on trouve assez de gens qui ne craignent point d'être à eux-mêmes et qui se préparent aux grandes choses par de grandes études et de grandes méditations, M. de Montesquieu eut le temps d'approfondir la nature de gouvernement, de former des liaisons intimes avec tous les hommes célèbres d'alors, avec tous ceux qui ont depuis joué de grands rôles; et il lui en resta encore assez de temps pour commencer ces lectures immenses qui ont été la base de son ouvrage sur les *Causes de la grandeur et de la décadence des Romains.*

De retour en France, M. de Montesquieu se retira pendant deux ans entiers dans la solitude de La Brède pour achever ce grand ouvrage. Entouré de ses livres dont il avait fait une collection nombreuse, d'abord qu'il avait été maître de son bien et sans presque se donner d'autres distractions que de percer des routes et des promenades dans des forêts, de donner un nouveau cours aux ruisseaux et de changer en prairies des terrains arides.

Enfin le livre *sur les Romains* parut en 1733. Selon bien des gens, c'est le plus parfait de ses ouvrages. Vous trouverez difficilement quelque chose à y ajouter et rien du tout à retrancher.

Le livre sur le gouvernement d'Angleterre, qui a été inséré dans l'*Esprit des Lois*, était fait alors, et M. de Montesquieu avait eu la pensée de le faire imprimer avec *les Romains*. Si cela n'eut pas lieu, ce n'est pas qu'il fut déterminé à entreprendre l'*Esprit des Lois.* La vaste étendue de ce projet, qu'il avait medité depuis longtemps, l'en avait souvent détourné; mais après deux ou trois mois de repos, le conseil de ses amis l'encouragea à s'y livrer. Il avait depuis longtemps rassemblé des matériaux. Si, en lisant l'*Esprit des Lois* on se rappelle les *Lettres persanes*, on verra dans celles-ci les germes de plusieurs idées que l'on trouve étendues, approfondies, rectifiées dans l'*Esprit des Lois*.

L'ouvrage parut en 1748. La mémoire du succès prodigieux qu'il avait eu en est encore récente. La gloire de M. de Montesquieu parvint à son comble. Il fallait bien qu'elle excitât quelque jalousie; on ne parle déjà plus des écrivains obscurs qui avaient cru se signaler en l'attaquant. On parlera longtemps de sa *Défense*, ouvrage peut-être plus admirable que l'*Esprit des Lois*, parce que, sans y penser, M. de Montesquieu s'y est peint au naturel et qu'il était supérieur à ses ouvrages mêmes. C'est le ton de la conversation, c'est lui-même; et ceux qui ne l'ont pas connu personnellement ne peuvent s'en former une plus juste idée que par cet écrit si court et si précieux.

M. de Montesquieu était directeur de l'académie française, en 1752, lorsque M. Piron se présenta pour remplir la place vacante par la mort de Mgr l'archevêque de Sens. Les suffrages des académiciens se réunirent en sa faveur, mais le directeur de l'Académie reçut ordre de se rendre à Versailles; et le roi lui dit qu'il ne voulait pas que Piron fut élu. Après avoir reçu cet ordre et en avoir rendu compte à l'Académie, M. de Montesquieu écrivit la lettre suivante à Madame la marquise de Pompadour, qui lui avait témoigné quelque estime et quelque confiance.

Juin 1753.

« MADAME,

« Comme vous êtes à Crécy, où il ne m'est pas permis d'aller, j'ai l'honneur de vous écrire ce qui se passa hier à l'Académie.

« J'y rendis compte des ordres du roi; et comme M. de Buffon avait prié ses amis de ne le point nommer dans ces circonstances, la plupart des académiciens n'ayant plus aucun sujet, se trouvèrent fort embarrassés, et demandèrent qu'on différât l'élection jusqu'à samedi en huit.

« Madame, Piron est assez puni pour les mauvais vers

qu'on dit qu'il a faits ; d'un autre côté, il en a fait de très-bons. Il est aveugle, infirme, pauvre, marié, vieux. Le roi ne lui accorderait-il pas quelque petite pension ? C'est ainsi que vous employez le crédit que vos belles qualités vous donnent ; et parce que vous êtes heureuse, vous voudriez qu'il n'y ait pas de malheureux.

« Le feu roi exclut La Fontaine d'une place de l'Académie, à cause de ses *Contes*, et il la lui rendit six mois après, à cause de ses *Fables* : il voulut même qu'il fût reçu avant Despréaux, qui s'était présenté depuis lui.

« Agréez, je vous supplie, le profond respect, etc. »

Deux jours après, M. Piron eut une pension de cent pistoles, et il a obtenu depuis d'autres grâces.

Ce fut aussi en 1752 que M. Dassier, qui a fait des suites admirables de médailles des rois, des princes et des grands hommes modernes, vint à Paris pour dessiner M. de Fontenelle et M. de Montesquieu, et en frapper des médailles. M. de La Tour, ce peintre inimitable, si digne des beaux siècles de la Grèce et de Rome par ses rares talents et son amour pour la patrie, avait ardemment désiré de peindre M. de Montesquieu, uniquement pour le plaisir d'avoir le portrait d'un grand homme. M. de Montesquieu ne voulait pas que M. de La Tour travaillât uniquement pour son plaisir, et comme il n'était pas fort riche, mais qu'il était au-dessus de toute espèce de petite gloire, il éluda poliment les plus puissantes sollicitations qui lui furent faites. Il avait pris d'abord le même parti avec M. Dassier. « Croyez-vous, lui dit celui-ci, qu'il ne pourrait pas y avoir autant d'orgueil à refuser qu'à accepter ce que je vous propose ? » M. de Montesquieu fut désarmé par cette plaisanterie, et il laissa M. Dassier faire tout ce qu'il voulut.

Je laisse aux génies les plus profonds, aux esprits les plus fins et les plus délicats, le soin de caractériser les différents ouvrages de M. de Montesquieu. Rien ne peut en donner une plus juste idée que ces ouvrages mêmes. Il y a peut-être autant de pensées dans l'*Esprit des Lois* que dans le recueil entier des lois romaines, fruit des méditations profondes des

plus grands génies qu'ait produit, depuis la naissance de la
République jusqu'à l'empire de Justinien, une nation faite
pour régir tous les peuples de la terre. On a dit avec assez
de justesse que l'*Esprit des Lois* est le tableau du monde
moral. Les lois de tous les temps, de toutes les nations y passent en revue ; l'esprit qui les a dictés, l'effet qu'elle ont
produit y sont développés ; ainsi les Académies de Paris, de
Londres, de Pétersbourg et de Berlin rassemblent tous les
faits physiques dont la réunion, sous un point de vue, ser-
vira peut être un jour à deviner le système de la nature.

L'ordre règne dans les grandes parties de l'*Esprit des Lois* ;
peut-être y en a-t-il moins dans les détails. Si ce désordre
apparent n'est pas un effet de l'art, c'est une ressemblance
fort heureuse de l'ouvrage avec son auteur. M. de Montesquieu était plus capable que personne d'une attention longtemps soutenue, et toujours il quittait le travail avant d'en
ressentir la moindre impression de lassitude. De là il se ré-
pandait dans le monde le plus brillant, le plus poli, le plus
aimable. Ce n'était point par le repos que son esprit se délassait ;
c'était par un nouveau genre d'action. Il avait reçu de la nature un fond de gaieté inépuisable, et il l'augmentait encore par l'étude et la réflexion. De là est née cette variété
dans l'*Esprit des Lois*. L'attention du lecteur, qui succombe-
rait sous tant de méditations est ranimée par les idées
riantes qui sont semées à chaque pas. Ainsi, dans la
divine Iliade, Homère interrompt quelquefois la violence
des combats, le trouble et le désordre de l'action pour présenter à son lecteur des scènes plus tranquilles et plus
riantes.

Les ouvrages de M. de Montesquieu feront la gloire du
siècle où nous vivons, comme les ouvrages immortels de
Corneille, de Racine et de Molière font la gloire du siècle
passé. Dans ceux-ci on trouvera peut être à un plus haut
point cet art si difficile, puisqu'il est si rare, de composer
un seul corps d'une infinité de parties différentes toutes
bien assorties. On y trouvera plus de naturel dans les pensées, dans les expressions, dans les liaisons, et ce beau fini
qui fait que les ouvrages paraissent toujours plus beaux,

plus ils sont regardés, mais on n'y trouvera pas un fonds d'idées plus riches et plus variées.

M. de Montesquieu était aussi admirable dans le monde que dans ses écrits; il avait une gaieté, une vivacité d'idées inexprimables; il se mettait à la portée de tous les esprits; il savait tout faire valoir. On ne sortait point d'avec lui sans être plus content de soi-même et sans reconnaître en même temps sa supériorité. Il ne disputait jamais qu'à propos, c'est-à-dire bien rarement. Il montrait alors de la vivacité et même du feu, mais encore plus de douceur et même d'aménité. La dispute finissait presque toujours par quelque chose d'obligeant pour son antagoniste, et il se faisait aimer de ceux qu'il n'avait pu convaincre.

Lorsqu'il fut question des Immunités ecclésiastiques, en 1751, il pensait que les droits du clergé devaient être respectés; que celui de contribuer librement aux charges de l'État lui ayant été commun autrefois avec tous les Français, l'ombre même devait nous en être chère. Il estimait beaucoup un petit livre qui parut quelques temps après sur l'utilité des états provinciaux.

Il disait qu'il n'y avait pas un mot de vrai dans tout le livre de l'abbé Dubos : *L'établissement de la monarchie française dans les Gaules*, et qu'il en aurait fait une réfutation suivie, s'il ne lui avait fallu le relire une troisième ou quatrième fois : ce qu'il regardait comme le plus grand des supplices.

Il respectait et chérissait de tout son cœur l'autorité des Parlements, mais il croyait que ces compagnies prennent souvent l'ombre pour la réalité, et que pour s'attacher à des minuties, elles se privent souvent des moyens d'être vraiment utiles à la patrie.

Il pensait qu'il fallait tenir la *Constitution* pour reçue et empêcher avec soin qu'elle ne servît de prétexte pour faire violence à qui que ce soit et pour favoriser uniquement ceux qni par les choses du ciel cherchent à s'élever à celles de la terre.

M. de Montesquieu n'avait de passion que pour la vraie gloire, et il dédaignait celle qui pouvait être souillée par la moindre tache. Il voulait s'élever au premier rang par la supériorité de ses efforts, et en même temps il cherchait à élever plutôt qu'à rabaisser ceux qui pouvaient y aspirer comme lui.

La facilité de plaire lui en inspirait le désir. Il était plus admirable encore dans la retraite que dans le monde : Sa conversation avec les gens de la campagne était toujours aussi gaie, aussi ingénieuse; il leur plaisait autant et paraissait se plaire autant avec eux. Il entrait dans tous les détails de leur vie privée; il prévenait ou accommodait leurs procès; il soulageait leur misère et surtout leur donnait de l'émulation pour le travail; dans les grandes nécessités comme dans la famine qui désola nos provinces, en 1749, il leur prodigua ses secours.

Il se maria, le 30 avril 1716, avec demoiselle Jeanne Lartigue, fille du sieur Pierre de Lartigue, lieutenant-colonel au régiment de Maulevrier, et il en a eu un fils et deux filles.

Il vivait avec beaucoup de frugalité et d'économie, et, par ce moyen, malgré les dépenses de ses voyages et de sa vie dans le grand monde, celles où l'engageait la faiblesse de sa vue et ce qui lui a coûté l'impression de ses ouvrages; il a transmis à ses enfants l'héritage médiocre qu'il a reçu de ses pères.

Toutes les *nouvelles publiques* ont annoncée sa mort comme l'événement le plus considérable et le plus funeste. Mylord Chesterfield fit insérer dans la *Gazette de Londres* l'article suivant :

« Le 10 février est mort à Paris, universellement et sincè-
« rement regretté, Charles de Secondat baron de Montes-
« quieu, président à mortier au parlement de Bordeaux. Ses
« vertus ont fait honneur à la nature humaine; ses écrits lui
« ont rendu et fait rendre justice. Ami de l'humanité, il en
« soutint avec force et avec vérité les droits indubitables et
« inaliénables... Il connaissait parfaitement bien et admirait
« avec justice 'heureux gouvernement de ce pays dont les
« lois fixes et connues sont un frein contre la monarchie qui

« tendrait à la tyrannie et contre la liberté qui dégénererait
« en licence. Ses ouvrages rendront son nom célèbre et lui
« survivront aussi longtemps que la droite raison, les obliga-
« tions morales et le vrai *Esprit des Lois* seront entendus,
« respectés et conservés. »

Voici ce qu'on lisait dans la *Gazette d'Amsterdam :*

« La république des lettres vient de faire une perte très-
« considérable dans la personne de l'illustre M. de Montes-
« quieu, ancien président à mortier au parlement de Guyenne,
« mort ici, le 10, d'une fièvre maligne. Il était membre de
« l'Académie française, de la Société royale de Londres et de
« l'Académie royale des sciences de Berlin. C'était un de
« ces hommes rares dont la nature ne produit qu'un petit
« nombre chaque siècle. Les *Lettres persanes* ont fait voir en
« lui un bel esprit philosophe ; les *Considérations sur les*
« *causes de la grandeur des Romains et sur celles de leur déca-*
« *dence*, un profond politique ; et l'*Esprit des Lois*, un des
« vastes et des plus sublimes génies qui aient paru de nos
« jours. Ce dernier ouvrage a essuyé de fortes critiques,
« mais il n'a pas laissé d'avoir beaucoup d'admirateurs.
« Tous les trois consacrent le nom de leur auteur à l'immor-
« talité, et il faut avouer que les grandes qualités de l'esprit,
« du cœur et de l'âme de M. de Montesquieu ont honoré son
« pays, son siècle et la nature humaine. »

14 mai 1755.

FIN DE L'APPENDICE.

ERRATA

—

Page 18. Remplacer la note par : Tamisey de Larroque, *Revue critique*, 27 avril 1878.

Page 245. Remplacer les lignes 2, 3, 4 et 5 par : espèces, les lois naturelles et les lois positives. La première des lois naturelles de l'homme est la conscience de sa faiblesse, qui engendre la crainte et qui lui fait souhaiter la paix ; le besoin de la conservation, l'attrait, etc.

Page 255. Remplacer les lignes 9, 10 et 11 par : telle que les temples, les ministres, les richesses du clergé, les monastères, le pontificat. Les moyens de conserver la religion et de la propager, la tolérance et les lois pénales en matière de religion achèvent ce sujet que Montesquieu a traité en homme d'État.

Page 255. Remplacer les lignes 21 et 22 par : le triomphe de la raison humaine consiste à savoir auquel de ces ordres se rapportent les choses sur, etc.

TABLE

—

APPENDICE

FIN DE LA TABLE.

Paris. — Imp. E. CAPIOMONT et V. RENAULT, rue des Poitevins, 6.

CPSIA information can be obtained
at www.ICGtesting.com
Printed in the USA
BVHW092149191118
533510BV00008B/458/P